陕西理工大学教材建设经费资助项目

计量经济学实验指导书

(适用于 EViews 7.0—9.0)

主　编　张正新
副主编　马　静　王　敏

西南交通大学出版社
·成　都·

图书在版编目（CIP）数据

计量经济学实验指导书 / 张正新主编. —成都：
西南交通大学出版社，2018.11
ISBN 978-7-5643-6498-4

Ⅰ. ①计… Ⅱ. ①张… Ⅲ. ①计量经济学 – 实验 – 高等学校 – 教学参考资料 Ⅳ. ①F224.0-33

中国版本图书馆 CIP 数据核字（2018）第 240432 号

计量经济学实验指导书

主　编	张正新
责任编辑	罗爱林
封面设计	何东琳设计工作室
出版发行	西南交通大学出版社 （四川省成都市二环路北一段 111 号 西南交通大学创新大厦 21 楼）
邮政编码	610031
发行部电话	028-87600564　028-87600533
官网	http://www.xnjdcbs.com
印刷	四川森林印务有限责任公司
成品尺寸	185 mm × 260 mm
印张	15
字数	373 千
版次	2018 年 11 月第 1 版
印次	2018 年 11 月第 1 次
定价	38.00 元
书号	ISBN 978-7-5643-6498-4

课件咨询电话：028-87600533
图书如有印装质量问题　本社负责退换
版权所有　盗版必究　举报电话：028-87600562

前　言

　　计量经济学概念是 20 世纪 80 年代初才引入中国的。根据《经济研究》统计，从 1979—1991 年，中国涉及计量的论文只有 1 篇；1992—1999 年，我国有关应用计量经济学论文的数量明显上升，但仍没普及；2000 年开始，计量经济学教育和培训才开始在我国普及，大学经济管理类专业开始讲授计量经济学课程。

　　2003 年，本人在陕西理工学院国际贸易系工作，开始尝试开设计量经济学实验课程，这应该算是国内较早尝试计量经济学实验教学。但如实讲，那时对计量经济学的认识比较肤浅，理论课也是机械地照本宣科地讲解计量经济学的公式函数。当时用于计量经济学实验的软件是 EViews3.0。尽管本人使用计算机比较熟练，也会数据库编程，EViews3.0 全英文操作无大碍，工作文件中的序列名不支持中文也理解，但第一次使用这个软件时，没意识到用中文工作文件的目录或文件名后会找不到或打不开文件！更让人感到困惑的是，Eviews 集成了大量计量经济学专用公式函数，在软件菜单或模型分析报告表中往往简写，以致不能较好地理解模型分析报告。同时，由于当时使用的 EViews 软件无任何帮助系统，国内没有较好的供参考使用的书籍，互联网又不发达，所以硬着头皮顺着菜单试着开设了三个 EViews 实验项目：一元回归、多元回归和异方差分析。现在看来，虽然当时的实验教学很简单，甚至肤浅，但它打开了一扇窗户，让老师和学生不再觉得计量经济学枯燥和难以琢磨：理论和实验相结合，使师生通过计量经济学实验，看到了 EViews 对经济数据模型的各种生动演绎、合理检验、具体解释和预测分析结果。从此计量经济学实验便成了学生非常喜欢的课程之一，教学效果有了质的飞跃。

　　近年来，有关 EViews 实验教材不断出现，但是适用于大学本科计量经济学实验的系统性教材几乎没有。网上有些计量经济学实验报告仅是片段性的，多数过于简单，也有不少错误。一些计量经济学实验教材机械地搬用西方经济理论，大量展示公式函数，但实际操步骤不详，使师生难以驾驭。为此，我们将自己多年来的计量经济学实验课指导书整理成册出版发行，以供高等院校经济管理类专业本科生或研究生使用，也可为研究 EViews 的科研工作者提供参考。使用本教材需注意以下几点：

　　（1）本教材第一部分是总体要求与说明，便于读者理解把握本书的要求、特点、重点和难点。第二部分经济数据的收集实验，这看似不应该是 EViews 实验的内容，但这是计量经济学实验的前期准备。因为在中国要进行计量经济学实验教学，最缺乏的就是合适的经济数据，为此，这一部分主要介绍了数据的获取途径、方法步骤和格式编排。第三部分是 EViews 各种实验项目，这才是本书的重点和难点部分。第四部分是附录，是 EViews 实验过程中检验操作时需要查看或计算临界值的各种专业检验值表以及主要菜单汉化解释等。

（2）本书中对于实验项目的编写格式比较固定，实验项目分实验目的、实验内容、实验课时、实验类型、知识回顾、实验要求、实验步骤几个部分。"实验步骤"讲解具体实验操作，是重点和难点部分。各个实验项目操作步骤和环节不一样，但基本分为：数据说明；工作文件的建立与数据输入；模型的建立；模型的检验分析；回归估计参数含义解释；解释模型的经济含义；学生自主实验；实验报告的撰写。这是按照大学实验教学课程要求编写的，也符合科学研究的基本要求。其目的是用这套较为严格规范的计量经济学实验操作流程来培养学生的科研能力，帮助其养成严谨的治学态度。

（3）我们曾使用过多种版本的 EViews 软件，本书实验软件以现在使用较为普遍的 EViews7.2 和 EViews9.0 版为主，希望读者能用 EViews9.0 来进行实验操作。本教材针对这两个版本不同的操作步骤和结果做了相应的标注，其目的是帮助学生在不同版本下能顺利操作，但尽管这样，我们也未能把所有不同点全部标注出来，还请大家谅解。

（4）我们把本书的使用者设定为已经学习过计量经济学理论的读者，因此除非必须讲解经济学理论公式函数，本书不再重复计量经济学和统计学中的公式和函数，更不再展示那些公式和函数的推导过程，我们把主要精力放在具体的实验操作、模型检验和数据分析上。

（5）为了适应高校教学管理和实验成绩评价，我们对实验分值计算办法做出了具体的说明，也对参与实验的实验室教师和实验指导教师以及学生提出了相应的要求。多年的实验教学经验告诉我们，实验课必须以实验任务为驱动，实验任务必须恰当具体，必须有可供查询的、规范的操作过程记录。为了形成较为良好的成绩评价机制，实现成绩评定的客观真实性，同时为了防止学生作弊，本教材对实验任务有明确的要求，对学生操作的文件夹、文件名、序列名、图表名和实验报告都有具体的要求。当然，进行实验操作时，在合理性基础上可以适当灵活的调整。

（6）为了便于学生快速准确理解和掌握实验内容，本教材图文并茂，语言通俗易懂。EViews 是基于计量经济学理论的专门从事数据分析、回归分析和预测的工具软件，但该软件是一个纯英文软件，国内出现的版本有 3.0、3.5、5.0、6.0、7.0、7.2、8.0、9.0、10.0，每个版本的界面都有所变化，7.0 版后的操作变化很大。国内虽有 EViews 实验操作类的书籍，但基本上都是针对早期版本的。没有经验的学生使用

EViews7.0 后版本操作时，往往很难从那些 EViews 实验操作书中得到全面有效的帮助。我们使用较新的 EViews 版本，采用图文并茂的讲解方式，详细地讲解了实验的具体操作步骤，对繁杂的英文界面进行必要的汉语解释。模型和数据分析方法较全面，用语通俗，甚至口语化。但这也许会带来另一个问题：个别用语可能有失专业性，请大家批评指正。

（7）本教材中使用了许多图表，都直接来源于对实验操作屏幕的抓取。但是为了排版需要，我们对表格中空白行进行了必要的删减，所以有些图表看似和 EViews 输出的图表不一样。为了便于对比数据或便于学生快速看懂图表数据的含义，我们对图表中的重要数据使用了加粗显示，有些地方还用加粗的文字提醒读者如何操作或分析，希望能对读者有相应的帮助。

（8）本教材附录部分收录了计量经济学实验用的各种专业检验值表。这些检验值表的使用方法，在教材中结合实验项目都有详细的说明，可以起到举一反三的作用。不过有些完整的检验值表是比较长比较宽大的，考虑到学生实验的样本数不是太大，以及显著性或临界值的一般性要求，为了排版的需要，我们收录的检验值表并不是很全，但足以满足学生实验的需要。另外，"附录 6　Dickey-Fuller（DF）单位根临界值表"和"附录 7　EG 协整临界值表"是我们根据有关资料整理出来的，为了便于学生实验，将原表格中的英文用 EViews 的英文进行了相应的标识和汉化，表格形式也稍作调整，但数据数值及其关系并没发生实质变化。为了学术上的严谨性和对读者负责，对这两个附录表我们做了特别说明，如有不妥之处，请批评指正。

计量经济学 EViews 实验教学的研究这几年发展比较快，尤其是有关时间序列数据和面板数据的实验检验理论，当然 EViews 软件版本升级也比较快。本实验指导书尽量跟踪了一些新的理论和实验检验方法，但限于篇幅和学校实验课时的安排，我们未能对此进行全面介绍，望读者理解。

张正新

二〇一八年六月十一日于陕西理工大学

目 录

第一部分 总体要求与说明 ··· 1
    一、实验的地位和作用 ··· 1
    二、实验开设对象 ··· 1
    三、实验目的 ··· 1
    四、实验分值计算办法 ··· 1
    五、对指导教师、实验准备教师和学生的要求 ····························· 2
    六、实验设备配置 ··· 2
    七、教学课时 ··· 2
    八、实验时数安排 ··· 3

第二部分 经济数据的收集实验 ··· 5
    一、了解经济数据收集的方法 ··· 6
    二、收集数据的过程 ··· 6
    三、本次实验数据的收集 ··· 7
    四、本次实验数据的整理 ··· 8
    五、填写实验数据及结果 ··· 8
    六、实验报告及要求 ··· 9

第三部分 EViews 实验内容与过程 ·· 10
    实验项目一 EViews 基本操作 ·· 10
        一、EViews 的基本操作 ·· 11
        二、EViews 工作文件的操作 ·· 13
        三、数据的输入和编辑 ··· 22
        四、修改工作文件数据结构或取值容量范围 ··························· 35
        五、数据的输出 ··· 36
        六、方程模型的设定 ··· 39

七、分析回归参数：估计、检验与诊断 ································· 40

　　八、解释模型的经济含义 ··· 40

　　九、实验报告及要求 ··· 40

实验项目二　一元线性回归 ··· 41

　　一、一元线性回归实验一 ··· 42

　　二、一元线性回归实验二 ··· 57

　　三、实验报告及要求 ··· 62

实验项目三　多元线性回归 ··· 63

　　一、多元线性回归实验一 ··· 64

　　二、多元线性回归实验二 ··· 79

　　三、实验报告及要求 ··· 92

实验项目四　异方差检验 ·· 93

　　一、数据说明 ··· 94

　　二、建立工作文件 ··· 95

　　三、简单的图形和残差分析 ·· 96

　　四、异方差检验 ·· 98

　　五、异方差的修正 ··· 114

　　六、异方差检验结论 ·· 118

　　七、实验报告及要求 ·· 120

实验项目五　序列相关性 ·· 121

　　一、数据说明 ··· 122

　　二、建立工作文件 ··· 123

　　三、回归模型的设定 ·· 123

　　四、参数估计 ··· 124

　　五、序列相关性的检验 ··· 125

　　六、序列相关性（自相关性）的修正 ······································ 136

　　七、重新设定新模型中的解释变量 ··· 143

　　八、解释模型的经济含义 ··· 144

　　九、实验报告及要求 ·· 144

实验项目六 多重共线性 ··· 145
    一、数据说明 ··· 146
    二、工作文件的建立与数据输入 ··· 147
    三、建立多元线性回归模型 ··· 148
    四、是否具有多重共线性的判断 ··· 149
    五、多重共线性回归模型检验 ··· 150
    六、对修正后的模型进行序列相关检验和异方差检验 ··· 152
    七、解释本模型的经济含义 ··· 154
    八、学生自主实验 ··· 154
    九、实验报告及要求 ··· 154

实验项目七 时间序列数据模型分析 ··· 155
    一、单整时间序列分析 ··· 157
    二、对居民消费水平时间序列 XF 的平稳性检验 ··· 182
    三、时间序列的协整检验 ··· 183
    四、用 VAR 向量自回归建立协整修正模型 ··· 194
    五、修正协整模型的经济意义 ··· 201
    六、学生自主实验 ··· 204
    七、实验报告及要求 ··· 205

第四部分 附录 ··· 206

参考文献 ··· 228

后 记 ··· 229

第一部分　总体要求与说明

一、实验的地位和作用

计量经济学是经济学科类各本科专业的核心课程之一，同时也是一门实践性非常强的专业基础课。由于现代经济学研究具有重实证分析、轻定性分析的特点，因此现代经济学数学化和定量化已成为经济学研究的重要标志和普遍趋势。经济管理类专业学生学习掌握用定量方法描述和研究经济问题，成为重要的培养目标和任务。要完成这样的培养计划，就需要既重视理论学习，更要有扎实的实践操作能力的培养。通过计量经济学实验，学生可以学会数据信息的采集、归纳和科学管理，学会运用 Eviews 软件进行计量经济学研究分析，养成严谨的治学态度。

经济管理类专业毕业生能否用计量方法来描述、讨论经济现象，已经成为衡量评价高校经济管理专业教学质量高低的重要标志。

二、实验开设对象

本实验开设对象为高等院校经济管理类专业开设有"计量经济学"课程的本科生或研究生，也可以适用于其他研究和使用 Eviews 软件的科研工作者和爱好者。

本书默认使用本教程者都是学习并理解了经济管理类专业所开设的"高等数学""统计学"和"计量经济学"基本原理的读者，因此为了更简洁直观，本书对一些繁杂的统计学和计量经济学函数公式不做详尽的展示和描述。

三、实验目的

通过本教材的学习与实验操作，学生能更深刻地理解计量经济学的基本理论，熟练掌握 Eviews 软件的使用，使其能运用计量经济学理论建立多种计量经济学模型，理解并掌握对各种模型数据的解释与经济意义的分析。

四、实验分值计算办法

为了适应高校教学成绩统计需要，本教材的实验分数分为操作分和实验报告分，各占 50%。本实验操作的具体分类如表 1-1-1 所示。

表 1-1-1　本实验的具体分植

| 实验纪律（10） | 职业素养（10） | 操作规范性10） | 操作环境（10） | 完成情况（60） |

"实验纪律"是指实验积极性、旷课、迟到和早退现象，迟到早退者扣除 10 分，每旷课一次在总平分中扣 20 分；"职业素养"是指认真程度、职业意识、职业语言行为是否文明；"操作规范性"指操作的流程、内容、方法的规范性、合理性；"操作环境"是指实验设备是否摆放整齐，垃圾是否清理干净；"完成情况"是指是否完成当天实验项目以及实际效果。

五、对指导教师、实验准备教师和学生的要求

1. 对指导教师的要求

指导教师可以是理论课教师，也可以是非理论课教师，但他必须熟练掌握本教材的内容，必须熟练掌握 EViews 软件的使用，对实验内容应事先全部运行测试过。同时，指导教师还要密切配合实验室教师，协调好实验教学。在每次实验前，指导教师应给学生讲解实验目的、基本原理、实验要求等，并指导学生在规定的时间内完成相关实验内容。此外，指导教师还要及时完成实验报告的批阅，尽快将实验报告的情况反馈给学生。

2. 对实验准备教师的要求

实验准备教师一般是实验室专职实验教师，在技术上具有很大的优势，同时应该对该实验内容有足够深入的了解。实验准备教师必须保证实验设备和软件的正常运行，保证所有实验计算机都能上网，并且提前将一些权威的经济数据网站添加到收藏夹。实验准备教师应和指导教师密切合作，给予指导教师足够的技术支持和帮助。

3. 对参与实验学生的要求

学生应提前预习实验指导书，复习相关的理论知识，准备好自己的实验用具：U 盘、数据线和笔。每次实验必须在实验指导书上记录相应的数据和笔记，必须按时提交实验项目报告。

六、实验设备配置

硬件：每人配置 1 台计算机，并可访问 Internet。
软件：操作系统 Windows 系统；操作软件 EViews7.2 或 9.0 版本；辅助软件 Office 或 WPS 以及图像处理软件。

七、教学课时

38 课时。

八、实验时数安排

实验时数安排如表 1-1-2 所示。

表 1-1-2 实验时数安排

实验项目	实验内容	实验类型	操作类型	计划课时
经济数据的收集实验	1. 学习掌握经济数据的收集及采集的方法。 2. 学会使用各种网络搜索引擎收集经济数据，了解我国主要经济数据权威网站的基本情况。 3. 学习并掌握将采集到的经济数据进行归纳整理，保存为电子表格 Ecxel 格式的文件	验证型	选做	4
实验项目一 EViews 基本操作	1. 学习掌握 EViews 软件的基本操作，了解 EViews 软件界面特点，学会建立工作文件的方法。 2. 学习掌握 EViews 软件的数据处理的基本操作。 3. EViews 软件的数据绘制图表的方法及过程。创建图对象、表对象，并掌握将分析报告表、图对象、方程模型描述等对象的导出至其他 Windows 程序的方法步骤。 4. 学习掌握 EViews 数据预测及分析，判断确定建模类型	验证型	必做	4
实验项目二 一元线性回归	1. 以 1978—2014 年中国国内生产总值和财政收入数据为例，学习并建立工作文件，掌握具体数据的输入方法。 2. 学习并掌握建立一元线性回归模型的实验步骤，并对 EViews 产生的分析报告数据进行解释。 3. 对一元线性回归模型进行显著性检验，并揭示本次实验模型的估值意义和经济意义。 4. 学生自主完成我国 1981—2013 年人均收入与消费的一元线性回归实验分析	验证型	必做	6
实验项目三 多元线性回归	1. 本次第一个实验是以 1978—2002 年中国税收收入、国内生产总值、财政支出、商品零售价格指数等数据为研究对象，使用强行进入法建立影响中国税收收入的多元线性回归模型，并检验模型的合理性，分析模型各种影响因素的经济学意义 2. 通过对有关农民收入的历史数据和现状进行分析，确定影响农民收入的主要因素，运用 EViews 建立影响中国农民收入的多元线性回归模型，并对模型进行有效性、合理性检验分析，在此基础上对如何增加农民收入提出相应的政策建议。 3. 本次第二个实验以影响中国农民收入增长因素为研究对象，选择 1986—2005 年影响农民收入增长的 7 种变量，使用逐步消除法建立多元线性回归模型，进行检验分析并提出政策建议	综合型	必做	6

实验项目	实验内容	实验类型	操作类型	计划课时
实验项目四 异方差检验	1. 以中国1990—2013年能源消费与GDP的数据为研究对象，创建回归模型并使用多种异方差检验方法检验模型是否存在异方差，分析出现异方差的原因。 2. 修正原模型的异方差，建立新的模型并再次进行异方差检验，确定合理正确的模型，同时分析新模型的经济意义	综合型	必做	4
实验项目五 序列相关性	1. 以我国1985—2007年农村居民人均收入和消费数据为研究对象创建回归模型，验证该模型的合理性，通过多种验证检验方法检验模型是否存在序列相关性。 2. 对存在序列相关性的模型进行修改调整，建立科学合理的新模型，并分析新模型的经济意义	综合型	必做	4
实验项目六 多重共线性	1. 复习多重共线性的基础知识，以我国1978—1997年钢铁生产方面的有关数据为例，学习建立多元回归模型，并检验模型是否存在多重共线性。 2. 对存在多重共线性的回归模型进行修正，进而建立合理的多元回归模型，并分析影响该模型的经济意义	综合型	必做	4
实验项目七 时间序列数据模型分析	1. 回顾复习时间序列数据的含义等基本概念、时间序列模型分析和检验原理。 2. 以我国1978—2016年的GDP与居民消费数据为例，学习掌握时间序列数据模型单整检验与误差修正模型建立的方法步骤。 3. 学习掌握时间序列协整性检验与误差修正模型建立的方法步骤，并能分析修正协整模型的经济意义	综合型	必做	6

第二部分 经济数据的收集实验

【实验目的】

(1) 理解经济数据获取的重要性。在进行经济实证研究时,经济数据是我们产生某种认知的基础,它是最基本的经济研究加工对象。一般而言,如果研究由于无法获得或不能使用适用的数据,那么研究是不可能有效进行的。如果要把经济研究上升到更深刻、更具有前瞻性的科学理论研究层面,运用概念假设、经验检验和理论框架,估计各种关系中的参数,确定各种关系和关系框架的可应用性,那么必须使用更真实规范的经济数据。

(2) 尽管本部分的内容不能严格地称之为"实验",但本部分主要是学习掌握经济数据的收集及采集的方法和途径,为经济学实验研究做好基础工作。因此,我们仍将其称之实验。

【实验内容】

(1) 学习掌握经济数据的收集及整理的方法。

(2) 学会使用各种网络搜索引擎收集经济数据,了解我国主要经济数据权威网站的基本情况。

(3) 学习并掌握将采集到的经济数据进行归纳整理,保存为电子表格 Ecxel 格式的文件。

【实验课时】

4 课时。

【实验类型】

验证型。

【实验要求】

以统计学和计量经济学基本理论为指导,以网络搜索为工具,以经济权威网站为主要经济数据采集点。

1. 对实验指导教师的要求

实验指导教师在本学期授课前应给学生发放实验指导书,讲清实验要求,提前要求学生利用课余时间浏览这些网站收集经济数据。

2. 对实验准备教师的要求

实验准备教师必须保证实验设备正常运行,所有实验计算机都能上网,并且提前将一些权威的经济数据网站添加到收藏夹。这些网站至少应该有：

（1）中华人民共和国财政部/中国财政年鉴：http://www.mof.gov.cn/zaixianfuwu/baokannianjian/CaiZhengBuBaoKanNianJian/CaiZhengBuNianJian/CaiZhengBuZhongGuoCaiZhengNianJian/200806/t20080604_45050.html。

（2）中华人民共和国国家统计局——国家数据：http://data.stats.gov.cn/。

（3）中国经济信息网：http://www.cei.gov.cn/。

（4）中国产业经济信息网：http://www.cinic.org.cn/。

（5）人民日报经济数据库：http://www.people.com.cn/GB/jinji/222/8428/。

（6）中国数据研究中心：http://www.datatechnology.com.cn/。

（7）新华社的全球经济数据：http://dc.xinhua08.com/。

（8）数据中心——东方财富网：http://data.eastmoney.com/cjsj/。

3．对学生的要求

学生应提前预习实验指导书，选好数据采集对象，设计好数据采集方法，认真做好数据采集。

【实验步骤】

一、了解经济数据收集的方法

数据收集的方法分为以下两大类：

（1）直接方法：直接观察、测量、调查和实验等。其数据采集方式又可以分为入户访问、拦截访问、邮寄问卷调查、留置问卷调查、电话调查、网络调查、深度访问法、座谈法等。

（2）间接方法：查阅文献资料、使用互联网查询等。

我们的实验数据收集采用间接方法，主要是使用互联网查询收集数据。

二、收集数据的过程

（1）明确调查目的。

（2）确定调查对象。

（3）选择调查方法。

（4）具体进行调查。

（5）记录调查结果。

当我们选定了相应的研究设计之后，一个重要的问题就是如何准确有效地收集数据，从而客观全面地反映所要研究问题的真实状况。通常，收集数据的方法包括观察法、访谈法、问卷法、测验法、语义分析法、内容分析法等。观察法、访谈法、问卷法、测验法等是非常有效的数据收集法。

三、本次实验数据的收集

（一）数据直接采集法

（1）数据采集项目的选择。

学生可独自一人或组队（成员不能大于5个）进行，学生可自拟项目，数据采集内容可根据实际需要扩充数据序列。为了便于排版，简单提示如表2-1-1所示。

表2-1-1　数据采集项目

项目名	项目意图	数据序列1	数据序列2	数据序列3	主要方法	项目成员
农村医疗参保情况统计	了解农村农合家庭经济状况	家庭年收入	家庭人均年龄	文盲率	调查、问卷	
大学生勤工俭学情况调查	了解大学生勤工俭学状况	来源收入	学生月收入金额	学生月消费金额	调查、问卷	
手机对学生听课的影响	了解手机对学生听课的影响	上课带手机玩手机人数	上课带手机做课堂笔记人数	上课带手机成绩优良率	观察、实验	
学习记忆方法效果调查	不同记忆方法对学习成绩的影响	形象记忆	概念记忆	联想记忆	观察、实验	

（2）学生选择适当的采集方法，编写数据采集表。

（3）教师指导学生完成数据采集。

（二）数据间接采集法

互联网时代给我们提供了许多有用的经济数据，但获取这些数据的途径和成本是不一样的，权威机构经济数据的获取往往需要付费，但我国各级省市的地方志网——地情网是免费的。地情网上的经济数据是官方数据，是较为可信的，不过地情网上的数据不是电子表格形式，复制后需要重新编制成电子表格。

可以免费获取的权威部门的经济数据大多数是证券公司购买或统计的数据，我们重点推荐"数据中心——东方财富网"：http://data.eastmoney.com/cjsj/。这个网站数据中心的数据比较全面，对国内外都有比较完整及时的数据，同时在网页下面也标注出了各种数据的来源，更重要的是这个网站的数据可也免费复制到Excel电子表格中。不过由于数据很多，表格往往不是一个二维表，且时间列是中文的，不是英文格式，因此首先需要对表格时间进行必要的修改转换，使其中文时间列变为EViews能接受的英文列，并重新进行升序排序（网站的数据是倒序）。还要对一些数据进行必要的筛选和组合，以达到我们获取研究数据的目的。

要求：学生从"数据中心——东方财富网"：http://data.eastmoney.com/cjsj/获取"中国居民消费价格指数（CPI）"数据，并修改时间序列，进行倒序排序。表头部分如表 2-1-2 所示。

表 2-1-2　表头部分数据

数据来源于财政部，东方财富网：http://data.eastmoney.com/cjsj			
中国居民消费价格指数（CPI）2008 年 1 月—2017 年 12 月			
年月	全国累计	城市累计	农村累计
2008 年 1 月	107.1	106.8	107.7
2008 年 2 月	107.9	107.6	108.5
2008 年 3 月	108	107.8	108.7
……	……	……	……

四、本次实验数据的整理

在 D 盘建立一个自己的文件夹，文件夹的名字为：你的班级+姓名+数据整理实验。

注意：文件夹名中没有"+"号。

将调研的数据编写成合适的 Excel 电子表格。要求如下：

（1）从中国国家统计网或其他网站下载的数据格式或数据要做必要的计算和转化，这要根据实验需求而定。

（2）为了适应 EViews 的使用，学生编制的 Excel 电子表格必须是二维表，即行和列不可以分叉，且第一列不能是空白列，表头以下部分不能有合并的单元格。

（3）Excel 表中的数值部分必须是在半角英文状态下输入，不要用全角符号，不要在数据前后添加特殊的符号，如空格或占位符。

（4）为了数据的真实性和一惯性，在 Excel 文件中，数据表"Sheet1""Sheet2""Sheet3""Sheet4"可分为"原始表""过渡表""结果统计表""EViews"。后几种表的数据是对"原始表"用函数或公式分类统计而已。

（5）Excel 的数据表特别多时，如果使用 EViews9.0 及其更高的版本，Excel 数据表名可以使用中文命名，存盘时选择当前数据表为 EViews 实验要导入的数据表。

五、填写实验数据及结果

完成本次实验操作后，填写表 2-1-3 中的内容。

表 2-1-3　填写实验数据及结果

你使用的计算机名称			
你使用的搜索引擎			
你的数据来源网站			

六、实验报告及要求

撰写实验报告是科技实验工作不可缺少的重要环节。本次实验报告的要素和内容必须包含以下几点：

（1）实验课名称、实验项目名称、实验学时、实验类型、实验起止日期、实验目的要求、实验原理或实验方案、使用的主要仪器设备、材料或软件、方法步骤、实验数据及处理、心得体会与建议。

（2）本次实验报告重点记录：实验过程的方法步骤、实验数据及处理（图、表）、实验结果（分析结论）以及心得体会与建议。

第三部分　EViews 实验内容与过程

实验项目一　EViews 基本操作

【实验目的】
（1）通过本次实验，学生能对计量经济学实验课有一个较为具体的认识，明白并掌握计量经济学实验操作的基本过程。
（2）学习掌握 EViews 数据处理的基本操作，能根据需要绘制图表，学习数据预测及分析并能确定建模类型。

【实验内容】
（1）学习掌握 EViews 软件的基本操作，了解 EViews 软件界面特点，学会建立工作文件的方法。
（2）学习掌握 EViews 软件的数据处理的基本操作。
① 序列对象的基本操作：创建、编辑序列对象，数据的输入输出等；
② 方程模型对象的组建和设定；
③ 模型报表的分析。
（3）EViews 软件的数据绘制图表的方法及过程。创建图对象、表对象，并掌握将分析报告表、图对象、方程模型描述等对象导出至其他 Windows 程序的方法步骤。
（4）学习掌握 EViews 数据预测及分析，判断确定建模类型。

【实验课时】
4 课时。

【实验类型】
验证型。

【实验要求】
（1）复习有关计算机操作的基本知识和计量经济学的有关知识。
（2）将实验产生的工作文件保存到规定的文件夹下。

【实验步骤】

一、EViews 的基本操作

（一）建立文件夹

首先在 D 盘建立一个自己的文件夹。文件夹的名字为：你的班级+姓名+实验项目一。
注意：文件夹名中没有"+"号。

然后在自己的文件夹下建立一个 Word 文件，文件名为"实验项目一截图"，准备适当抓取图表并保留到自己的"实验项目一截图"Word 文件内，为写实验报告做好准备。

特别提醒：如果实验软件是 EViews3.0 或 5.0，那么不可以使用中文命名文件夹和文件名，7.0 及其以后的版本才可以使用中文命名文件夹和文件名。

（二）启动 EViews 软件

EViews 是纯英文软件，除了注释性的单元能用中文，其他数据单元都不能使用中文。为了方便实验学习，可以先启动有道词典软件，并设置允许屏幕取词。

1. 启动 EViews

可以双击桌面上的 EViews 快捷方式，进入 EViews 窗口，也可以从"开始"—"所有程序"—找到 EViews 程序—单击启动。

2. EViews7.2 窗口界面

EViews7.2 窗口界面如图 3-1-1 所示。

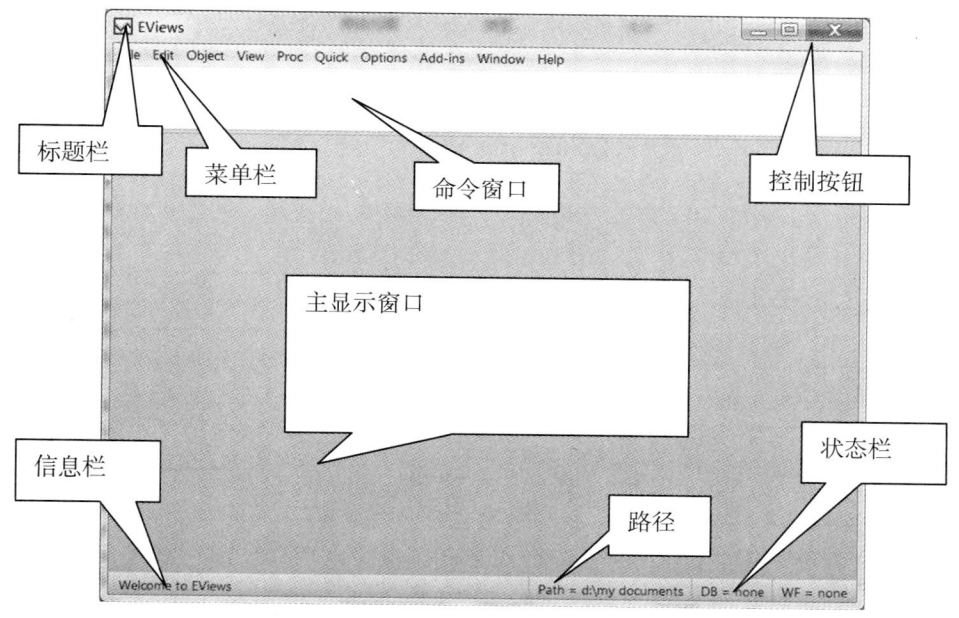

图 3-1-1

EViews 窗口功能介绍如下：

标题栏：窗口的顶部是标题栏。标题栏的右端有三个按钮：最小化、最大化（或复原）和关闭，点击这三个按钮可以控制窗口的大小或关闭窗口。

菜单栏：EViews7.2 标题栏下是主菜单栏。主菜单栏上共有 10 个选项：File（文件）、Edit（编辑）、Objects（物体）、View（视图）、Procs（程序、过程）、Quick（快速查询）、Options（选择）、Add-ins（插件）、Window（窗口）、Help（帮助）。用鼠标点击可打开下拉式菜单（或再下一级菜单，如果有的话），点击某个选项电脑就执行对应的操作响应（File, Edit 的编辑功能与 Word, Excel 中的相应功能相似）。

命令窗口：主菜单栏下是命令窗口，窗口最左端闪烁的一竖线是提示符，允许用户在提示符后通过键盘输入 EViews（TSP 风格）命令。如果熟悉 EViews 的命令可以直接在此键入，如同 VFP 计算机一样使用 EViews。按 F1 键（或移动箭头），键入的历史命令将重新显示出来，供用户选用。

主显示窗口：命令窗口之下是 EViews 的主显示窗口，以后操作产生的窗口（称为子窗口）均在主窗口内，不能移出主窗口外。

状态栏：主窗口之下是状态栏，左端显示信息，中部显示当前路径，右下端显示当前状态，如有无工作文件等。

3. EViews9.0 界面

EViews9.0 界面如图 3-1-2 所示。

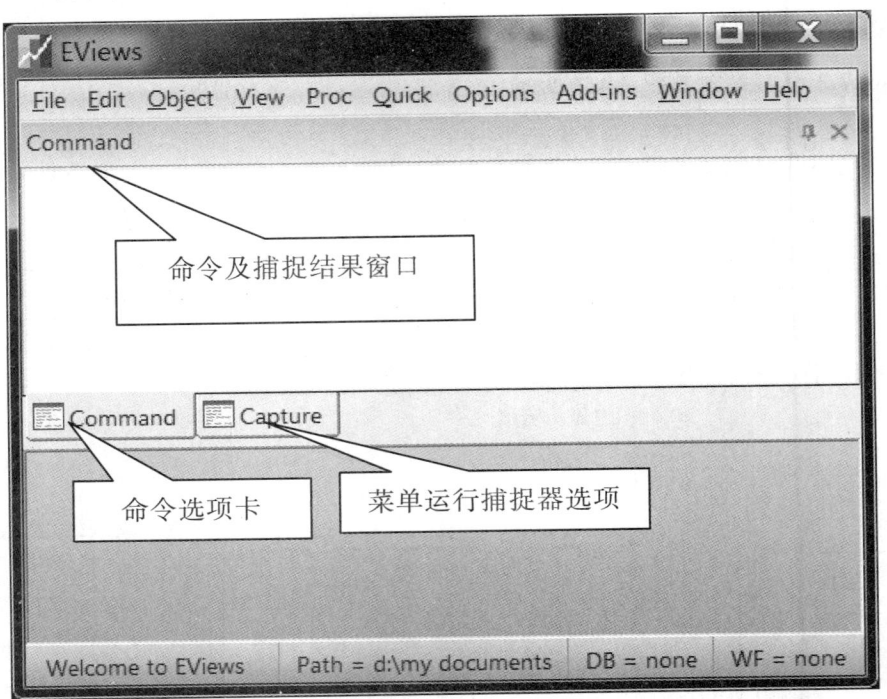

图 3-1-2

EViews9.0 界面和 EViews7.2 的界面基本保持一致，只是在原来的命令窗口下添加了两个选项卡："Command"命令选项卡和"Capture"菜单运行捕捉器选项卡。系统默认的是 Command 选项卡，命令窗口的功能和过去的版本一样供用户运行命令；而"Capture"选项卡的功能是对用户通过菜单操作成功的命令函数的捕捉，其实是 EViews 内部脚本语句的显示，这个功能可供用户深入理解 EViews 的命令和函数，进而提高用户的编程能力。

实验要求：

Eviews 有四种工作方式：① 鼠标图形导向方式；② 简单命令方式；③ 命令参数方式（①与②相结合）；④ 程序（采用 EViews 命令编制程序）运行方式。用户可以选择自己喜欢的方式进行操作。

二、EViews 工作文件的操作

EViews 的操作在工作文件"Workfile"中进行，故首先要有工作文件，然后进行数据输入、分析等操作。

EViews 的工作文件"Workfile"不是一般的计算机文件，而是类似于面向对象编程语言（如 Visual Foxpro 或 Visual Basic）的项目管理器，并且比对象编程语言的项目管理器有更强大的综合管理能力：它不仅可以保存和管理序列数据，还可以保存方程、模型、回归系数、图像、矩阵、分析报告等许多对象，同时这些对象都不再是单独的文件，而是直接保存在工作文件中。

工作文件是用户与 EViews 对话期间保存在内存之中的信息，包括对话期间输入和建立的全部命名对象，所以首先必须建立或打开一个工作文件用户才能与 EViews 对话。我们建立对象或处理数据后要先将这些数据或对象保存到工作文件里，及时保存工作文件。如果不保存工作文件，工作文件中的资料在关闭机器时将会丢失。

进入 EViews 后的第一项件工作是创建新的工作文件或打开原有的工作文件。只有新建或打开原有工作文件，EViews 才允许用户输入或处理数据。

（一）建立工作文件表的数据结构

EViews 是对一系列数据的处理，要求必须有严格规定的数据库结构。学过数据库原理的人应该非常了解，数据库结构是建立数据和处理数据的基础。

1. 建立 Workfile 工作文件

特别提醒：EViews7.0 以上 Workfile 的文件主名可以使用汉字，文件名不超过 256 个字符。

首先确认默认路径是否正确，如果不正确请修改默认路径。方法：双击 EViews 右下边"PATH="后的路径名—选择自己 D 盘的文件夹—点击"OK"确定。

建立工作文件的方法有以下两种：

（1）菜单方式建立 Workfile 工作文件。

先点击主窗口菜单："File"（文件）—"New"（新文件）—"Workfile"（工作文件）。

然后弹出建立工作文件的对话框如图 3-1-3 所示。该对话框分四个区域："数据结构类型"区、"日期类型规格说明"区、"文件名及其页名"区、"确定"或"取消"按钮。

用户一次选择数据结构选项卡下的数据结构类型：无时间规律型截面数据（Unstrustured/Undated）、有时间规律型时间序列数据（Dated-regular frequency）、时间序列数据和截面数据两者相结合的面板数据型（Balanced panel）。

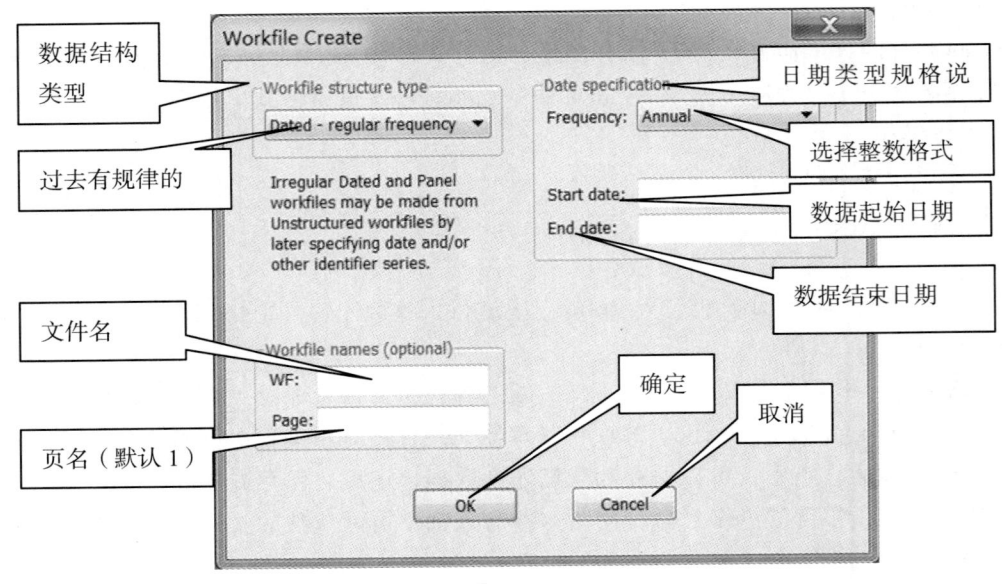

图 3-1-3

学生实验操作题：

要求：使用菜单建立工作文件并保存到自己的文件夹下；并在自己的文件夹下建立一个 Word 文件，文件名为"实验项目一截图"，适当抓取局部图表并保留到自己的"实验项目一截图"Word 文件内，为写实验报告做好准备。

EViews7.2 和 9.0 有规律频率的数据格式有 14 种格式选择（见图 3-1-4）。

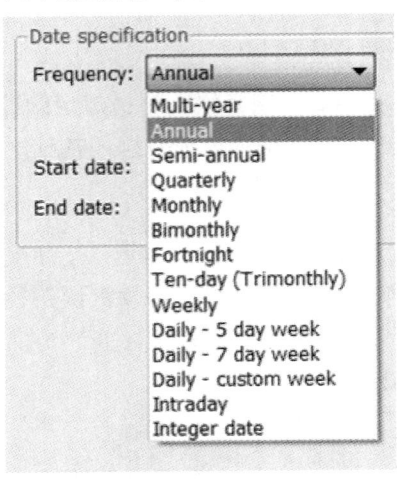

图 3-1-4

分别是：

Annual: 年度的；

Semi-annual: 半年度的；

Quarterly: 每季的；

Monthly: 每月的；

Weekly: 每周的；

Daily-5day week: 每日-5 天一周计算；

Daily-7day week: 每日-7 天一周计算；

……

Inteqer date:整数日期的。

实验操作时，"Frequency"（频率）选项卡中，对时间性日期输入有特别的格式规定：

时间序列数据：

Annual（年度） 选项：可以用四位年份如 a 2015 2016，在 1900 年和 2000 年之间的年份只需要后两位即可，大于 2000 年的必须输入四位数年份。例如：A 1978 2018。

注：表示 1978—2018 年。必须用英文符号。

Quarterly（季）选项，输入格式为：q 年：季度 年：季度。

例如：q 2016:1 2016:4。

注：表示 2016 年 1 至 4 季度。必须用英文符号，年后面的数值表示季度。年后面只能跟 1，2，3，4 代表季度。

Monthly（月）选项，输入格式为：m 年份：月份 年份：月份。

例如：m 2016:1 2016:11。

注：表示 2016 年 1 月到 11 月。必须用英文符号，年后面的数值表示月份。

weekly（每周）选项，输入格式为：w 月份/日期/年份 月份/日期/年份。

例如：w 2/15/94 10/28/94。

注：表示自 1994 年 2 月 15 日这一天开始的星期到 1994 年 10 月 28 日结束的星期。必须用英文符号，用 "/" 符号间隔日期。自动认为第一天为周一，和正常的周不同。

Daily（7 day week）：7 天为一周。输入格式为：d7 月份/日期/年份 月份/日期/年份。

例如：d7 3/1/2018 6/31/2018。

注：表示以 7 天为一周计算日期，从 2018 年 3 月 1 日这一天开始的星期到 2018 年 6 月 31 日为结束日期的星期。必须用英文符号，用 "/" 符号间隔日期。

非时间序列数据：

左侧 "Workfile structure type"（数据结构类型）选项卡下的 "Unstructured/ Undated"（松散/无限期的）选项为非时间日期数据。输入格式为：U 样本数。

例如：U100。

注：表示无序的非时间序列数据，有 100 个样本（行记录）。

学生用菜单完成以下频率的工作文件建立。

① 利用菜单建立一个时间频率类型为年度型，起始期为 1988 年，结束期为 2018 年的工作文件。文件保存到自己的文件夹下，文件名保存为：1988—2018 分析。

实验操作主要界面如图 3-1-5 所示。

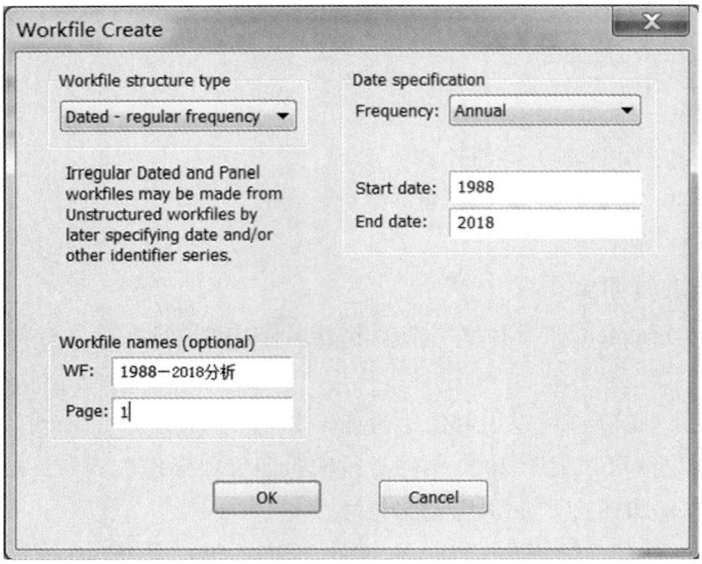

图 3-1-5

注意：一定要保存工作文件。

方法是单击菜单栏中 File（文件）—Save（存盘）。如果首次存盘或再次存盘，在单击"保存"后会弹出右边的对话框，在"Series storage"（系列存储）选项卡下，列举了三种数据精度让用户选择：单精度、双精度和使用压缩方式。系统默认为双精度，因为我们的实验数据不大，所以无须压缩文件，可单击"OK"确定存盘（见图 3-1-6）。

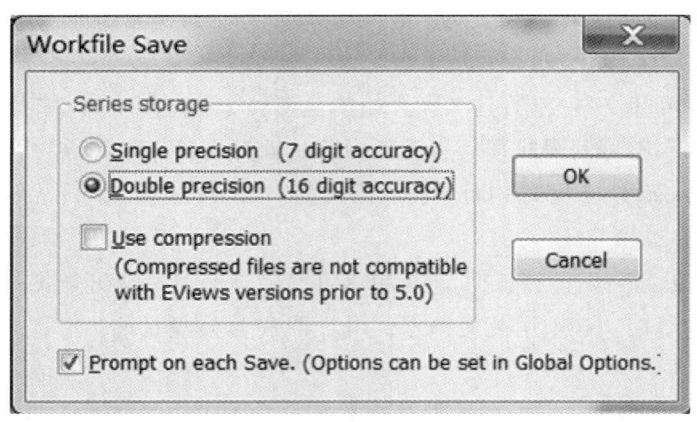

图 3-1-6

如果单击菜单栏中 File（文件）—Save as（另存为）—弹出 Windows 存盘对话框，可选择路径、输入文件名、选择文件类型（工作文件必须是默认的 WF）—单击"保存"。

② 利用菜单建立一个时间频率类型为月型，起始期为 2013 年 1 月，结束期为 2013 年 9 月的工作文件。文件保存到你的文件夹下，文件名保存为：2013 年 1—9 月。

实验操作提示：先在左侧"Workfile structure type"（工作文件数据结构类型）选项卡中选择"Dated regular frequency"（有规律的频率），然后在右侧"Frequency"（频率）选项卡中选择 Monthly（月），在起始日期 Start date 后输入 2013：1；在结束日期 End date 后输入 2013：9。注意要保存工作文件。

③ 利用菜单建立一个时间频率类型为季型，起始期为 2016 年第一季，结束期为 2016 年第三季的工作文件。文件保存到你的文件夹下，文件名保存为：2016 前三季。

实验操作提示：在"Frequency"（频率）选项卡中选择 Quarterly（季度），在起始日期"Start date"后输入 2016：1；在结束日期"End date"后输入 2016：3。注意要保存工作文件。

④ 利用菜单建立一个数据结构为无序的工作文件，文件中需要保存 80 个数据。文件保存到你的文件夹下，文件名保存为：无序数据 1。

实验操作提示：先在左侧"Workfile structure type"（工作文件数据结构类型）选项卡中选择"Unstructurea Undated"(松散/无限期的)，在右侧"Observations"（观测值）输入：80。注意要保存工作文件。

（2）命令方式建立 Workfile 工作文件。

命令格式如下：

CREATE　[<工作文件名>]　　<时间频率类型>　<起始期>　<结束期>

命令解释：CREATE 是命令动词，不分大小写；方括号[ ]表示此项为可选项，即行使该命令时可以输入工作文件名，也可以不输入工作文件名。但是如果建立工作文件时没有输入工作文件名，那么保存文件时就必须输入工作文件名；尖括号< >表示此选项是必选项，即行使该命令时必须有"时间频率类型""起始期"和"结束期"这些操作对象；时间频率类型只能是"数据格式"选项栏中选项的第一个字符 a、s、q、w、m、d7、d5 等 14 种类型；命令动词和其他操作对象之间至少要有一个空格；命令动词和子句必须是英文；输入时不需要输入方括号[ ]和尖括号< >。

（3）实验具体操作要求如下：

① 建立一个时间频率类型为年度型，起始期为 2005 年，结束期为 2018 年的工作文件。文件保存到你的文件夹下，工作文件名保存为：2005—2018。

命令提示：

CREATE　2005—2018　A　2005　2018

注意：一定要保存工作文件。

② 建立一个时间频率类型为月型，起始期为 2015 年 1 月，结束期为 2015 年 12 月的工作文件。文件保存到你的文件夹下，文件名保存为：2015 年每月分析。

命令提示：CREATE　2015 年每月分析　m　2015:1　2015:12

然后保存工作文件。

③ 建立一个时间频率类型为季型，起始期为 2014 年第一季，结束期为 2014 年第四季的工作文件。文件保存到你的文件夹下，文件名保存为：季度分析。

命令提示：CREATE　季度分析　q　2014:1　2014:4

④ 建立一个数据结构为非时间序列数据的工作文件，文件中需要保存 150 个样本数据。文件保存到你的文件夹下，文件名保存为：非时间序列数据。

命令提示：CREATE　非时间序列数据　U　150

2. 保存 Workfile 工作文件

可以用三种方法保存 Workfile，第一种方法点击主窗口中 File（文件）—Save（存盘）；第二种方法 File（文件）—Save As（另存为）按钮即可以保存；第三种方法是在没保存文件时而直接关闭文件，系统会提示保存文件，用户选择保存文件。具体操作前边已讲过。

3. 打开 Workfile 工作文件

用 File（文件）—Open（打开）—Eviews Workfile（工作文件）的方式可以打开以前保存的工作文件。

4. Workfile 工作文件的修改

（1）修改工作文件页码。

Workfile 工作文件左下角现有的页码编号，右键单击页码编号可弹出对话框，选择"Rename Workfile Page"（重新命名工作文件页名）可修改页码编号。工作文件页码编号可以是数字、英文、汉语拼音，但不可以是中文。

（2）增加工作文件新页。

① 页码区的操作法。

单击 Workfile 工作文件左下角页码区中的"New page"（新页）—选择第一个选项"Specify by Frequency（按频率指定）—Range…（范围）"，这时 EViews 将弹出类似新建工作文件的对话框。我们可以像描述一个新的工作文件一样来描述这个工作文件的数据类型、格式和页码编号，然后单击"OK"确定。

注意：此时的对话框与新建工作文件一样，但功能不一样，此对话框仅仅只是在本工作文件中添加新页，但不建立新工作文件，如图 3-1-7 所示。

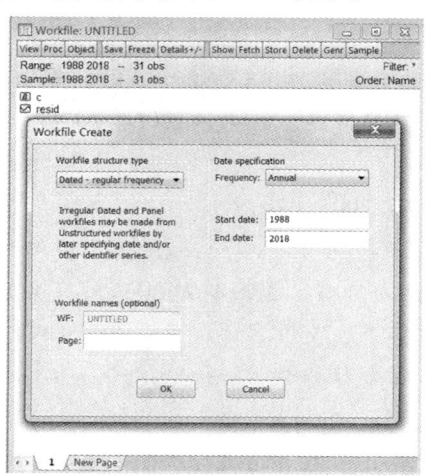

图 3-1-7

如果选择 Specify by identifier Series…（按标识符指定系列），EViews 打开一个对话框。可以在 Date ID series 和 Cross ID series（横截面 ID 系列）框中输入一个或多个序列。EViews 将使用特定的序列来构建标识符指定样本中标识符的唯一值将被用来创建新的工作页。

如果在页码区添加新页时选择 Load Workfile Page（加载工作文件页面），会弹出打开文件对话框中，可选择已经存在的 EViews 工作文件将其添加到本工作文件中。

② 工作文件菜单操作法。

选择工作文件菜单：首先选中要复制的工作文件中的页码，然后单击菜单"Proc"（程序过程）—"Copy/Extract from Current Page"（从当前页面复制/提取）—"By Link to New Page…"（通过链接到新页面…）或"By Value to New Page or Workfle"（按值提取到新页面或工作文件），系统将打开对话框，默认选定所有对象，当然用户也可指定要复制的新工作文件页的对象和数据。选择"By Value to New Page or Workfle"后的对话框如图 3-1-8 所示。

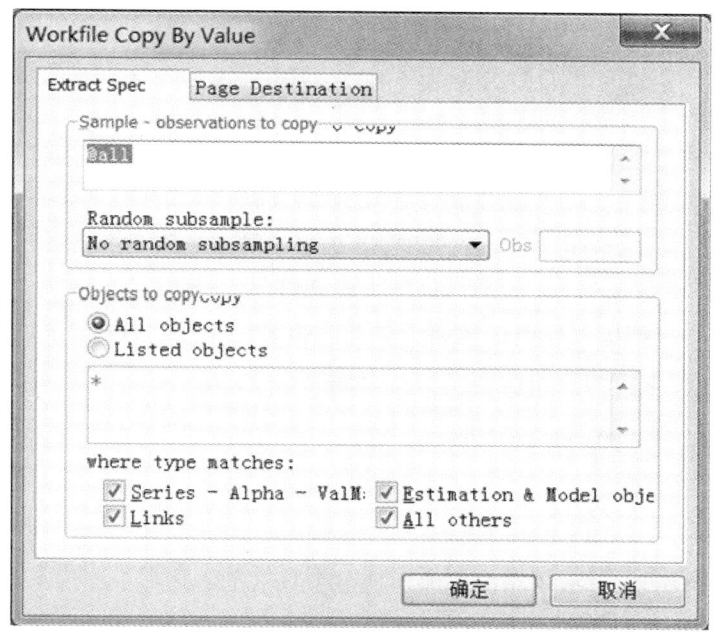

图 3-1-8

一般按默认方式单击"确定"，这样就将选中的工作文件页码中的所有对象复制到新的页码中，同时在新页码中增加一个新对象"obsid"（对象 ID 号），活动页将是最新的页。

（二）数据序列的操作

1. Workfile 工作文件序列的基本知识

（1）序列的含义。

建立了工作文件也就建立了相应的数据结构，不过新建立的工作文件的数据表是空白的，因此必须为其添加"Series"（序列）和输入数据。在 Excel 中，表的纵向数据名称为"列"，在 VFP 中数据表的纵向数据名称为"字段",而在 EViews 中,数据表的纵向数据名不叫"列",也不叫"字段",而是称为"Series"(序列)。也就是说,EViews 中的序列 Series 和一般数据库中的字段是一样的,就相当于电子表格 Excel 中的列号列名。

EViews 中的"Series"(序列)的 Name 不支持中文,但它的演示标签名"Display name for labeling tables and graphs(optional)"(用于标记表格和图表的显示名称[可选])允许用中文标识。

(2)两个特别的序列。

EViews 一旦建立了工作文件,系统会自动添加这两个序列对象。一个是序列对象是 C。它是用来说明回归中的常数而建立的序列,就是常说的计量经济学回归模型中的截距项,也称为常数项,用于保存估计系数。这个内部序列 C 除了说明方程外不能使用它。它是缺省系数向量,初始值全为 0,只有当通过列出变量名的方式说明方程时,Eviews 才会根据变量在列表中出现的顺序在这个向量中存储估计系数。

另一个自动产生的序列对象是"Resid"——残差序列对象,用于保存最近预测后的残差值,实际值与拟合值之差,简写符号为 e 或 e,初始值为空值(NA),当有方程时 EViews 会把最新的残差序列储存在 Resid 中。

特别提醒:统计学和计量经济学理论公式函数中随机干扰项的通用符号是 μ_i,在 EViews 中,可用残差代替随机干扰项,残差通用符号是 e;统计学和计量经济学理论公式函数中,回归函数的回归系数(估计量)通用符号是 β,而在 EViews 中"Estimation Equation"(估计方程)和"Forecasting Equation"(预测方程)中用符号 C 表示。

在 EViews 中,小图标上标识出对象的类型。每做一次回归分析,EViews 会把最新的系数值储存在 C 中,把最新的残差序列储存在 resid 中。

2. Workfile 工作文件序列的建立

(1)菜单方式建立序列。

菜单方式 1(添加一个序列):

功能:依据当前数据格式添加一个新序列,不打开输入窗口。

具体步骤:在 EViews 软件主窗口或工作文件窗口点击"Objects"(对象)—"New Object"(新对象),在弹出的对话框中选择对象类型"Type of Object"(对象类型)选项卡中 Series(序列),在名称"Name for Object"(对象名称)框输入序列名后点击"OK"确定。

EViews7.2 有 25 种对象,EViews9.0 有 26 种(多了个 Useobj 对象),常用对象小图标的含义如图 3-1-9 所示。

例如:"Objects"—"New Object"—"Type of Object"中选"Series"——"Name for Object"中输入:ab。

菜单方式 2(数组方式添加多个序列):

功能:依据当前数据格式添加多个新序列,并打开输入窗口。

具体步骤:在主菜单上点击"Quick"(快速)—"Empty Group(Edit Series)"[空白的

组序列（编辑序列）]，进入数据窗口编辑窗口，点击 obs 行没有数据的第一列单击右键—选择"Insert Series"（插入序列），弹出对话框，可输入一个新的序列名—点击"OK"，再次弹出新对话框后点击"OK"确定，依次类推可添加多个新序列。

Alpha 字符串向量　　　　Model 模型　　　　String 字符串
Coef 系数向量 回归系数　　Pool 合成数据　　　System 系统
Equation 方程　　　　　　Rowvector 行向量　　Table 表格
Graph 图表图像　　　　　Sample 样本　　　　Text 文本
Group 群组　　　　　　　Scalar 标量　　　　　Valmap 值图
Logl 对数似然函数　　　　Series 序列　　　　　Var 向量自回归
Matrix 矩阵　　　　　　　Sspace 状态空间　　　Factor 因子系数
Useobj 用户自定义　　　　Serieslink 系列链接　SymmM 对称矩阵

图 3-1-9

（2）命令方式建立序列。

命令方式 1：

DATA<序列名 1>　<序列名 2>……<序列名 n>

功能：依据当前数据格式添加一个或多个新序列，同时打开输入窗口。

例如：Data GDP Shui

命令方式 2：

Series　<序列名> 或 Series　<序列名>=<表达式>

功能：依据当前数据格式添加一个新序列，新序列为空值。

例如：Series　x1　　　　　注：添加序列 x1
　　　Series　y1　　　　　注：添加序列 y1

命令方式 3：

Genr　<序列名/变量>=<表达式>

功能：依据当前数据格式添加一个新序列，并按表达式给序列赋值。

例如：Genr x2=x1*5

3. Workfile 工作文件序列对象的选择

（1）单选：单击要选择的对象；

（2）连续多选：先选择预选择的一个对象，然后按住 Shift 键不放，再选择预选择的最后一个对象；

（3）不连续多选：按住 Ctrl 键不放单击要选择的对象，注意选择顺序，如建立方程模型时选中的第一个就是被解释变量；

（4）放弃选择：单击无对象区域放弃所有选择；按住 Ctrl 键不放单击已经选择的对象则放弃该对象。

用打开组"Open Group"方法可以打开一个序列组窗口，并且通过这种方法打开的序列组窗口，还可以继续将其他序列直接拖入该窗口进行编辑。

4. 修改 Workfile 工作文件序列名

选择要修改的序列—按 F2 或单击右键或单击主菜单"Object"—"Rename selected…"（选择重新命名），弹出对话框，EViews 的序列名只能用英文单字节字符，因此在上边的名称框输入英文的序列名，在下边演示名称框可输入汉字进行直观的备注与解释。

实验要求：将"GDP"的演示名称改为"国内生产总值"；"Shui"改为"税收"。

5. Workfile 工作文件序列的删除

选择要删除的序列—单击右键或单击工作文件窗口主菜单"Object"—"Delete selected…"（选择删除），弹出对话框，单击"Yes"可删除该序列，单击"Yes to All"则删除与该序列有关的数据。

实验要求：删除序列"x1"和"y1"。

三、数据的输入和编辑

（一）数据说明

EViews 建立了序列后，就可以输入和编辑数据。输入数据的方法有多种，基本方法有：Data 命令方式、用工具按钮方式、外部文件数据导入方式。

1998 年我国省市城镇居民人均可支配收入与人均消费性支出如表 3-1-1 所示。

表 3-1-1　1998 年我国城镇居民人均可支配收入与人均消费性支出　　单位：元

地区	可支配收入 (inc)	消费性支出 (consum)	地区	可支配收入 (inc)	消费性支出 (consum)
北京	8 471.98	6 970.83	河南	4 219.42	3 415.65
天津	7 110.54	5 471.01	湖北	4 826.36	4 074.38
河北	5 084.64	3 834.43	湖南	5 434.26	4 370.95
山西	4 098.73	3 267.70	广东	8 839.68	7 054.09
内蒙古	4 353.02	3 105.74	广西	5 412.24	4 381.09
辽宁	4 617.24	3 890.74	海南	4 852.87	3 832.44
吉林	4 206.64	3 449.74	重庆	5 466.57	4 977.26
黑龙江	4 268.50	3 303.15	四川	5 127.08	4 382.59

续表

地 区	可支配收入 (inc)	消费性支出 (consum)	地 区	可支配收入 (inc)	消费性支出 (consum)
上 海	8 773.10	6 866.41	贵 州	4 565.39	3 799.38
江 苏	6 017.85	4 889.43	云 南	6 042.78	5 032.67
浙 江	7 836.76	6 217.93	陕 西	4 220.24	3 538.52
安 徽	4 770.47	3 777.41	甘 肃	4 009.61	3 099.36
福 建	6 485.63	5 181.45	青 海	4 240.13	3 580.47
江 西	4 251.42	3 266.81	宁 夏	4 112.41	3 379.82
山 东	5 380.08	4 143.96	新 疆	5 000.79	3 714.10

注：这里的省市并没列举完，只选取了部分省市的数据，下文也是如此。

为了方便印刷，我们将数据表排成了6列16行，如果Eviews要引用此表必须排版成3列30行。

实验练习要求：

（1）工作文件名中"XXX"表示学生的姓名，文件要保存到自己的文件夹下。

（2）实验目的：通过研究我国城镇居民消费与可支配收入的关系来学习EViews的应用。

（二）具体操作步骤

使用Excel建立一个电子表格，数据如表3-1-9所示，三列，数据为3列30行，把电子表格保存到自己的文件夹下，文件名为："1998年我国城镇居民人均可支配收入与人均消费性支出"，以备实验使用。

1. 建立工作文件

点击"File"（文件）—"New"（新建文件）—"Workfile"（工作文件）。

2. 分析选择数据结构

打开工作文件时间频率和样本区间对话框，输入频率和样本区间，本表是一个无序的数据，即截面数据。但对无序数据的结构可以用两种方法来设计数据格式：一是采用无序数据结构，从表中可以看出非时间序列提供最大观察的个数是30个，所以在数据格式序列数中输入30，选择工作文件数据结构和数据格式如图3-1-10所示；二是采用有序数据结构，但在数据格式中选择整形数据，有30行数据，故起始日设置为1，结束日设置为30，选择工作文件数据结构和数据格式如图3-1-11所示。

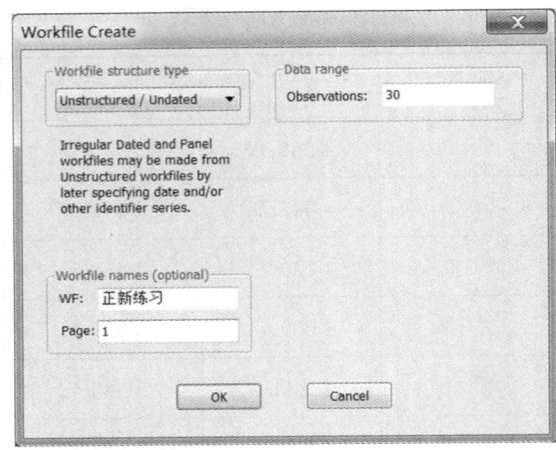 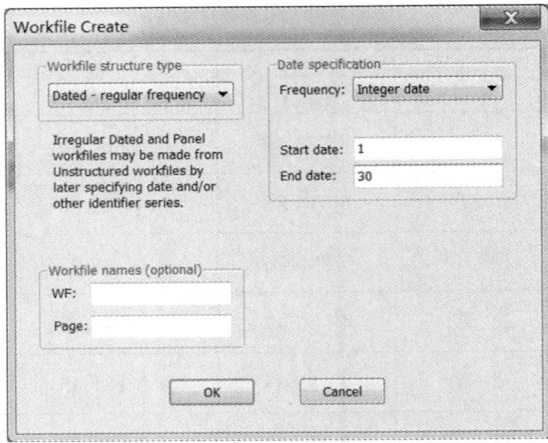

图 3-1-10 无序数据结构——截面数据　　　图 3-1-11 有序数据结构——整形格式

实验要求：操作时文件名"WF"后的文本框内输入："XXX 实验项目一（1）"，XXX 是自己的姓名。输入页码号。

学生操作时文件名按要求输入，点击"OK"确认，新建工作文件后窗口界面类似图 3-1-12。

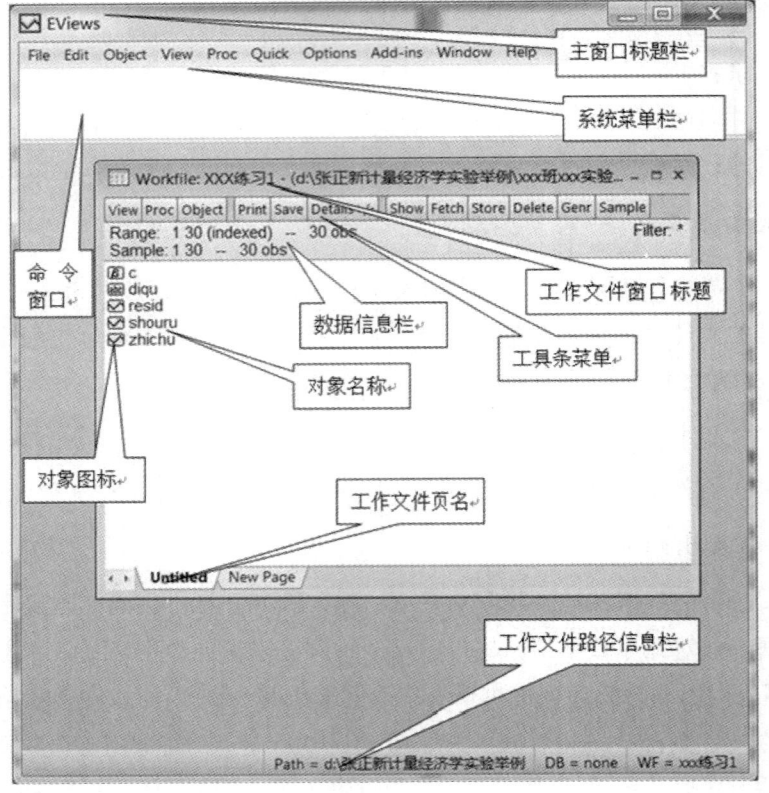

图 3-1-12

3. 工作文件窗口介绍

工作文件窗口是 EViews 的子窗口。它有标题栏、控制按钮和工具条。标题栏指明窗口的类型 Workfile、工作文件名。标题栏下是工作文件窗口的菜单栏，菜单栏上有一些菜单按钮：Views 观察按钮、Proc 过程按钮、Save（保存）工作文件、Sample（设置观察值的样本区间）、Gener（利用已有的序列生成新的序列）、Fetch（从磁盘上读取数据）、Store（将数据存储到磁盘）、Delete（删除）对象。此外，可以从工作文件目录中选取并双击对象，用户就可以展示和分析工作文件内的任何数据。

用户选择 EViews 对象后双击鼠标左键或直接使用 EViews 主窗口顶部的菜单选项，可以对工作文件和其中的对象进行一些处理。

此时我们的工作文件里并没有我们需要的经济数据，可以手工输入或从其他表格中导入。

4．保存工作文件

将工作成果保存到磁盘，方法是单击菜单栏中 File（文件）—Save（存盘）或 Save as（另存为）—选择路径—输入文件名，本实验的工作文件名为"XXX 实验项目一（1）"—单击"保存"—选择数据精度或直接默认为双精度单击"OK"就保存了本次工作文件。

5．添加序列并输入编辑数据

EViews 只能接受数值型数据，故数据序列只考虑 Excel 表格 1 中的可支配收入(inc)和消费性支出(consum)，并且序列名不能是中文，可用英文或汉语拼音。

方法一：

菜单方式：点击"Quick"（快速）—"Empty Group (Edit Series)"（编辑空白的组序列），进入数据编辑窗口，点击 obs 行没有数据的第一列—单击右键—Insert Series（插入序列）—然后输入序列名，输入序列名—选择数据类型—点击 OK 确定。此时直接进入数据输入编辑窗口，如果要编辑多个序列，可以直接从工作文件中把要输入数据的列拖拉进输入窗口，如此可编辑多个序列。

方法二：

菜单方式：点击"Objects"（对象）— "New object"（新对象）， 选择数据类型，如要输入数值则选择"Series"（序列）—输入序列名称—点击 OK。进入数据编辑窗口，点击 Edit+/-打开数据编辑状态（用户可以根据习惯点击 Smpl+/-改变数据按行或列的显示形式）。然后输入数据，多序列输入方式同上。

EViews7.2 的数据类型如图 3-1-13 所示。

特别提醒：要建立包含汉字的序列，可选 Series Alpha（字符串序列）。这个序列可以输入汉字，但该序列无法进行回归分析。

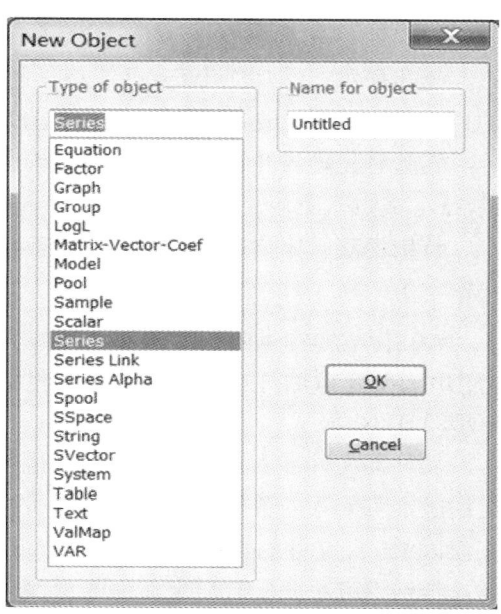

图 3-1-13

命令方式：命令格式为：data <序列名 1> <序列名 2>……<序列名 n>，序列名之间用空格隔开。

本实验命令为：data　inc consum。

命令输入后回车就进入数据编辑窗口，如图 3-1-14 所示。用户可以按照 Excel 表格 1 的数据输入习惯输入数据。

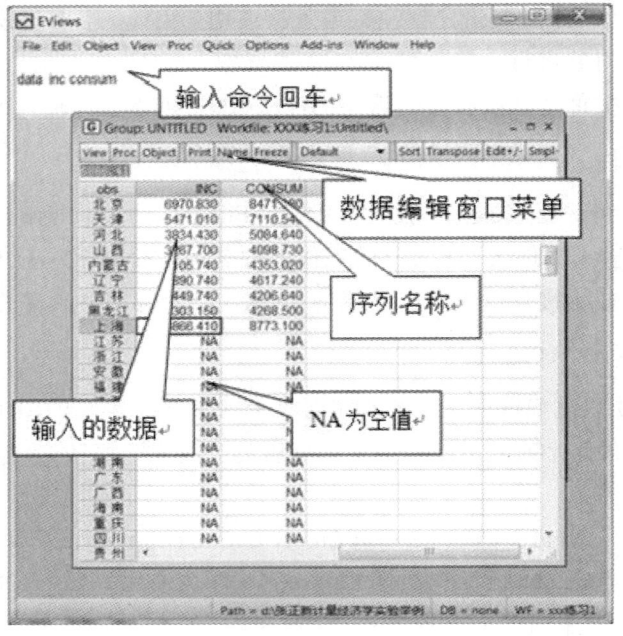

图 3-1-14

技巧提示：可以打开 Excel 表格复制要输入的数据，然后单击 Eviews 序列中要输入数据的列单元格，再 Ctrl+V 粘贴数据可快速输入数据。

实验时先输入几行即可，数据输入后可以关闭数据输入窗口，点击工作文件窗口工具条的 Save 或点击菜单栏的 File — Save 将数据存入磁盘。

特别提醒：序列对象和自定义变量不能用下面的名称（这些是 EViews 的函数和命令——保留字）：

ABS, ACOS, AR, ASIN, C, CON, CNORM, COEF, COS, D, DLOG, DNORM, ELSE, ENDIF, EXP, LOG, LOGIT, LPT1, LPT2, MA, NA, NRND, PDL, RESID, RND, SAR, SIN, SMA, SQR, THEN 等。

从外部文件导入数据：可以从其他程序建立的数据文件中直接输入数据。EViews7.0 以上的版本可导入的数据文件类型多达 26 种，我们最常用的是从电子表格 Excel 中导入数据。下面以 Excel 文件的数据导入为例讲解导入数据的主要步骤。

特别提醒：此实验要求在你的文件夹下要有一个 Excel 文件，该文件名为"1998 年我国各省市城镇居民人均可支配收入与人均消费性支出"统计数据。可以看出这不是一个时间序列数据，而是一个截面数据。

从外部文件导入数据的方法（1）

该方法适用于 EViews 各版本。前提是先根据数据类型，建立空白的工作文件，然后从外部导入相应的数据。

具体操作如下：

（1）先建立空白工作文件。由于"1998 年我国各省市城镇居民人均可支配收入与人均消费性支出"是一个非时间序列的截面数据，样本数有 30 个，因此我们打开 Eviews 软件，先建立一个非时间序列的工作文件。

单击菜单"File"（文件）—"New"（新建）—"Workfile"（工作文件）。弹出的对话框如图 3-1-15 所示。

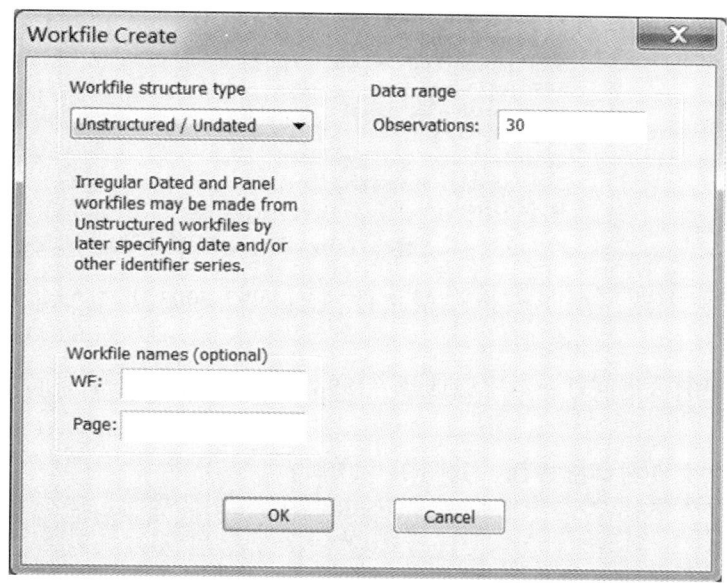

图 3-1-15

数据结构选择无序的（Unstructured/Undataed），数据样本数范围（Data range）输入 30，单击"OK"将产生一个空白的工作文件，样本数为 30 个。

（2）导入数据。导入数据的操作菜单有两处：

一个在主窗口：点击主菜单中的"File"（文件）—"Import"（导入）—"Import from file"（从文件导入），或如果已经打开了工作文件，那么单击菜单"File"（文件）—"Open"（打开）—"Open foreign data as workfile"（打开外部数据作为工作文件）。

另一个操作菜单在打开的数据窗口，单击菜单中的"Procs"（过程）—"Import"（导入）—"Import from file"。

两种操作都需要进一步选择要导入的数据文件类型，EViews 可以导入的数据文件类型如图 3-1-16 所示。

```
All files (*.*)
EViews Workfile (*.wf1)
Access file (*.mdb; *.accdb)
Aremos TSD - as workfile (*.tsd)
Binary file (*.bin)
dBASE file (*.dbf)
Excel 97-2003 file (*.xls)
Excel file (*.xlsx; *.xlsm)
Gauss Dataset file (*.dat)
GiveWin/PcGive - as workfile (*.in7)
HTML file (*.htm; *.html)
Lotus 123 file (*.wk1; *.wk3; *.wks)
ODBC Dsn file (*.dsn)
ODBC Query file (*.dqy)
MicroTSP Workfile (*.wf)
MicroTSP Mac Workfile (*.*?)
Rats 4.x - as workfile (*.rat)
Rats Portable - as workfile (*.trl)
SAS file (*.sd2; *.sas7bdat)
SAS Program file (*.sas)
SAS Transport (XPORT) file (*.xpt; *.stx; *.tpt)
SPSS file (*.sav)
SPSS Portable file (*.por)
Stata file (*.dta)
Text file (*.txt; *.csv; *.prn; *.dat)
TSP Portable - as Workfile (*.tsp)
ODBC Database...
```

图 3-1-16

实验时对话框中选择电子表格类型文件"Excel97-2003file（*.xls）"或"Excel file (*.xlsx;*.xlsm)"。

然后选择合适的数据文件，本实验选择"1998年我国各省市城镇居民人均可支配收入与人均消费性支出"。

再次弹出读入文件对话框界面，如图 3-1-17 所示。

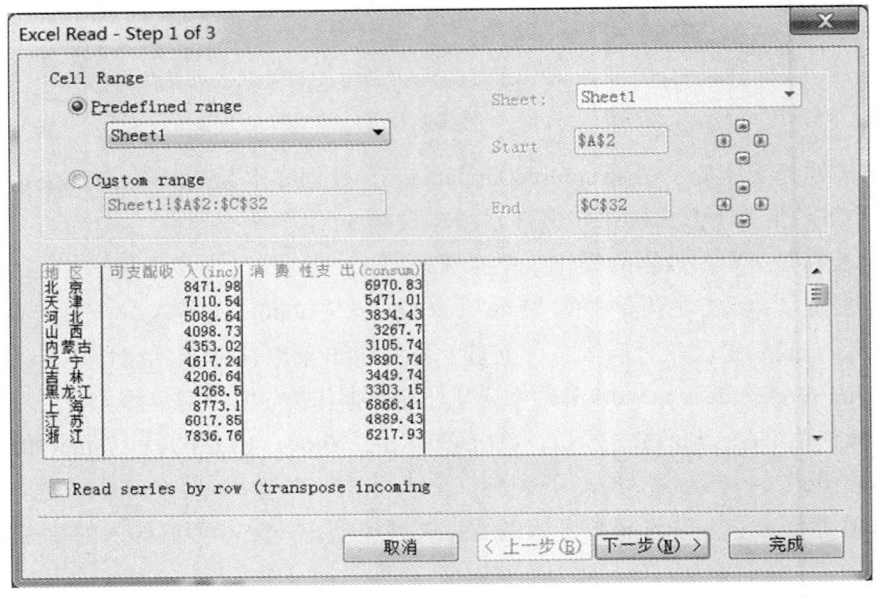

图 3-1-17

第一步：对话框中的"Cell range"选项卡的作用是以列单元格方式导入数据；"Predefinde rang"（定义导入数据的范围），这个下拉框可供用户从整个 Excel 电子表中选择一个工作表（Sheet）导入数据；而"Custom range"的作用是供用户制定读取的单元格范围，用户可选择特定的单元格导入数据。单选按钮"Read serise by row（transpose incoming）"是按照逐行读取的方式从 Excel 表中读取数据并转换为 EViews 序列。

具体操作一般是选择 Predefinde rang—选择 Excel 中的工作表名—点击"下一步"，于是弹出新的对话框如图 3-1-18 所示。

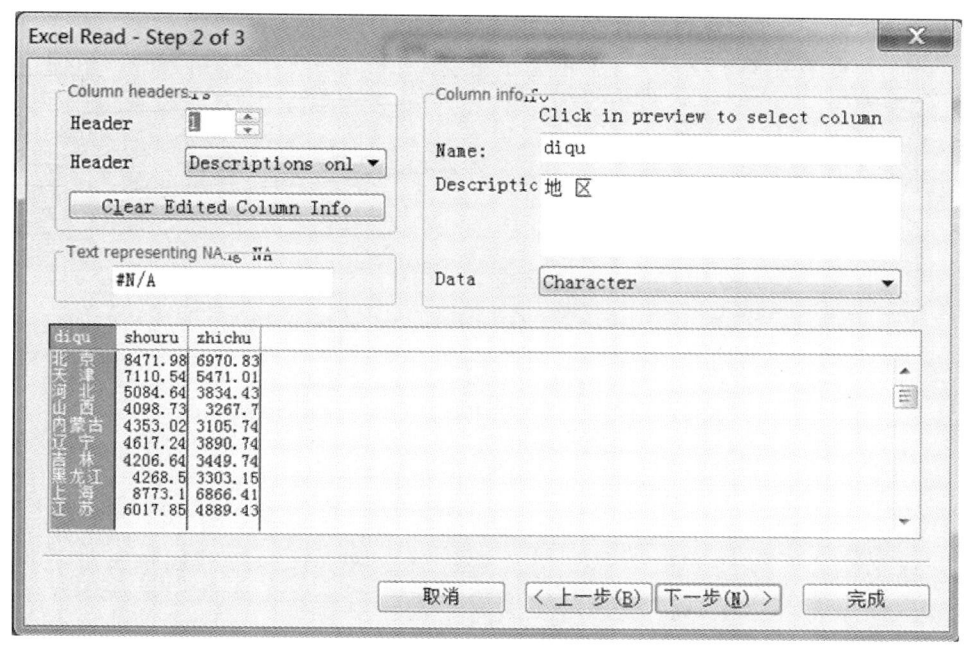

图 3-1-18

第二步：从电子表格中读入的数据显示在对话框的下部区域组合框内，用户可分别单击每一列，然后在"Name"后输入序列的英文名或汉语拼音名，一般教材常用 X、Y 之类的英文单字母表示。为了便于直观阅读，本书建议用可理解的拼音，但是绝对不可以用汉字。EViews 软件不接受任何非英文的命令名、函数名和变量名。不过为了方便用户记住自定义的序列名、变量名和函数名，EViews 对用户自定义的列名、变量名和函数名提供了演示标签的功能，我们可以在"Header"（页眉）选项卡后选择"Description only"（仅描述说明），EViews 将自动把 Excel 表列名选为解释说明性的文字，序列名自动设置为"Series01""Series02"……当然，我们可以在文本框内输入英文序列名和描述解释性汉语。这些描述解释性汉语在以后的各种 EViews 分析结果中都会显示出来，非常便于我们理解分析。

实验要求：将刚才建立的电子表格的数据导入工作文件，导入后的"地区"序列名为"diqu"、"可支配收入（inc）"序列名为"shouru"、"消费性支出（consum）"序列名为"zhichu"。

然后单击"下一步"，再次弹出对话框。若发现有错误可单击"Back"返回上层，也可适度修改后单击"Finish"（完成），但为了更准确、精细地反映数据结构，可以单击"下一步"。

第三步：弹出的对话框变为全英文，在"Import method"（导入法）选项卡中选择"Create new page"（创建新页），那么在工作文件中将产生一个新页。这样 EViews 默认数据库结构为无日期的序列，并将"Identifier series"（标识符序列——序列 ID 号）设置为字符串向量的"diqu"（见图 3-1-19）。这样做的最大好处是，无日期的非时间序列的数据编号不再是无意义的阿拉伯数字，而是具体的汉字。设置好后单击"Finish"（完成）。

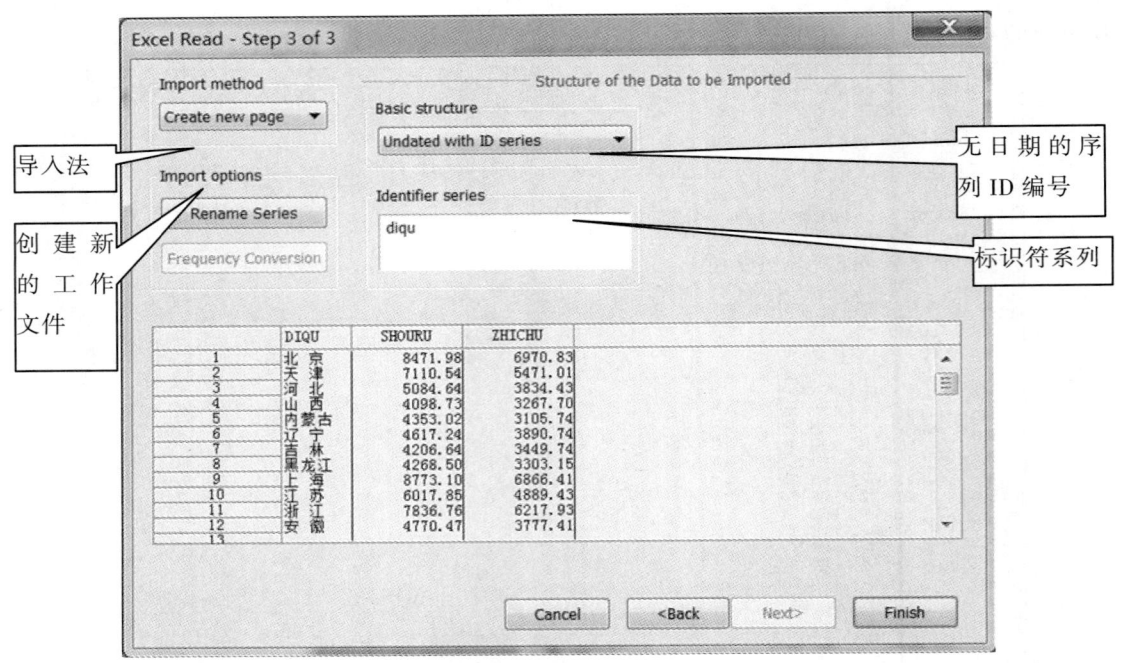

图 3-1-19

特别提醒：本实验关键是第三步在"Import method"（导入法）选项卡中选择"Create new workfile"（创建新的工作文件），其他默认 EViews 的选择。这样做，我们的数据编号是具体的汉字，最后单击"Finish"（完成）。

第四步：最后弹出是否确定的信息对话框，"Link imported series and alpha object（s）to external source?"（以外部数据源形式将导入序列和字符串序列对象？），单击"Yes"确定完成数据的导入。（见图 3-1-20）

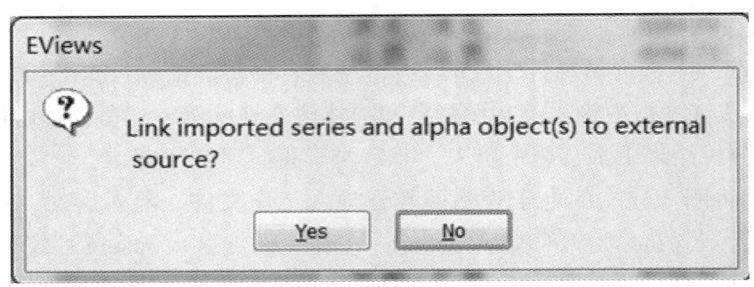

图 3-1-20

（3）显示导入的数据。

按住 Ctrl 选择"Diqu""Shouru"和"Zhichu"三个序列，单击右键"Open"（打开）——"as group"（一个组）可以打开三个序列数据。

当然如果同时选择"Diqu""Shouru"和"Zhichu"三个序列，再单击"Quick"—"Show"—"OK"，也可以显示数据。

EViews7.2 显示的数据表如图 3-1-21 所示。

obs	DIQU	SHOURU	ZHICHU
北京	北京	8471.98	6970.83
天津	天津	7110.54	5471.01
河北	河北	5084.64	3834.43
山西	山西	4098.73	3267.70
内蒙古	内蒙古	4353.02	3105.74
辽宁	辽宁	4617.24	3890.74
吉林	吉林	4206.64	3449.74
黑龙江	黑龙江	4268.50	3303.15
上海	上海	8773.10	6866.41
江苏	江苏	6017.85	4889.43
浙江	浙江	7836.76	6217.93
安徽	安徽	4770.47	3777.41
福建	福建	6485.63	5181.45
江西	江西	4251.42	3266.81
山东	山东	5380.08	4143.96
河南	河南	4219.42	3415.65
湖北	湖北	4826.36	4074.38
湖南	湖南	5434.26	4370.95
广东	广东	8839.68	7054.09
广西	广西	5412.24	4381.09
海南	海南	4852.87	3832.44
重庆	重庆	5466.57	4977.26
四川	四川	5127.08	4382.59
贵州	贵州	4565.39	3799.38
云南			

图 3-1-21

注意：EViews 软件有个 BUG，在导入 Excel 文件时常常会出现导入的序列数据为空值 NA，可以关闭 EViews，然后再次打开工作文件，会正常显示数据的值。

如果要保存这一组观测数据对象，可单击本窗口菜单"Name"按钮，在对话框中输入英文名和演示标签名，单击"OK"即可，如图 3-1-22 所示。

保存工作文件：将工作成果保存到磁盘。方法是单击菜单栏中 File（文件）—Save（存盘）或 Save as（另存为）—选择路径—输入文件名，本实验的工作文件名为"XXX 实验项目一（2）"—单击"保存"—选择数据精度或直接默认为双精度单击"OK"就保存了本次工作文件。

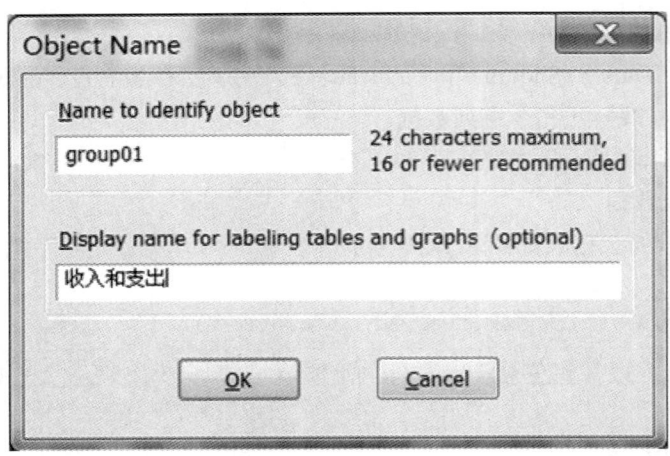

图 3-1-22

从外部文件导入数据的方法（2）

该方法适用于 EViews9.0 版本，其特点是不需要先建立空白 EViews 工作文件，而是直接导入 Excel 数据并新建 EViews 工作文件。

首先打开 EViews 软件，然后点击主菜单中的"File"（文件）—"Import"（导入）— "Import from file"（从文件导入），或如果已经打开了工作文件，那么单击菜单"File"（文件）—"Open"（打开）— "Open foreign data as workfile"（打开外部数据作为工作文件）。（见图 3-1-23）。

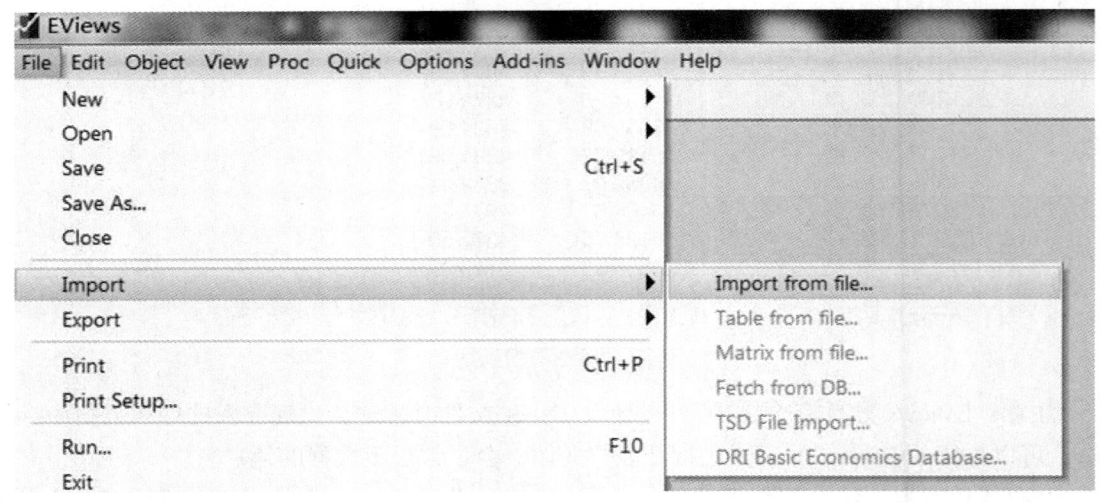

图 3-1-23

在弹出的对话框中选择合适的文件类型和文件导入，本实验选择"1998年我国各省市城镇居民人均可支配收入与人均消费性支出"，弹出的文件选择对话框如图 3-1-24 所示。

第一步：对话框中的"Cell Range"选项卡的作用以列单元格方式导入数据；"Predefinde rang"（定义导入数据的范围），这个下拉框可供用户从整个 Excel 电子表中选择一个工作表（Sheet）导入数据；而"Custom range"的作用是供用户制定读取的单元格范围，用户可选择特定的单元格导入数据。单选按钮"Read serise by row (transpose incoming)"是按照逐行读取的方式从 Excel 表中读取数据并转换为 EViews 序列。

具体操作一般是选择 Predefinde rang—选择 Excel 中的工作表名，后面的操作和导入方法（1）基本相似，在此不再赘述。

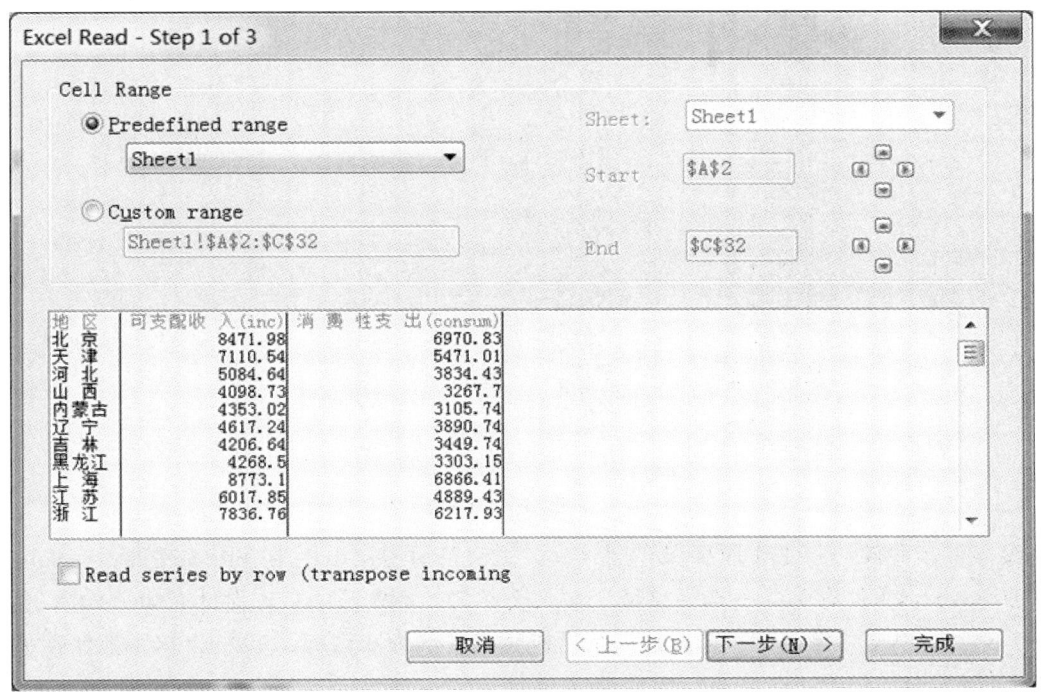

图 3-1-24

用这种方法建立的 Eviews 工作文件，工作文件名默认"UNTITLED"（无标题）。

特别提醒： 从外部导入数据时，关键是对数据结构的甄别以及对序列的选择与命名。

用这种方法建立的 EViews 工作文件，默认的工作文件名为外部数据源的文件名。本实验默认工作文件名为"1998 年我国各省市城镇居民人均可支配收入与人均消费性支出"。EViews9.0 用本方法导入的工作文件如图 3-1-25 所示。

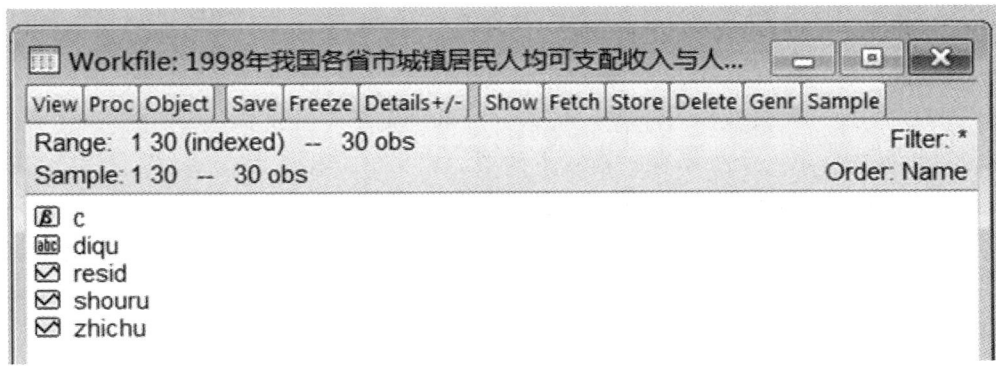

图 3-1-25

打开选择"Diqu""Shouru"和"Zhichu"三个序列组数据如图 3-1-26 所示。

DIQU	SHOURU	ZHICHU
北京	8471.98	6970.83
天津	7110.54	5471.01
河北	5084.64	3834.43
山西	4098.73	3267.70
内蒙古	4353.02	3105.74
辽宁	4617.24	3890.74
吉林	4206.64	3449.74
黑龙江	4268.50	3303.15
上海	8773.10	6866.41
江苏	6017.85	4889.43
浙江	7836.76	6217.93
安徽	4770.47	3777.41
福建	6485.63	5181.45
江西	4251.42	3266.81
山东	5380.08	4143.96
河南	4219.42	3415.65
湖北	4826.36	4074.38
湖南	5434.26	4370.95
广东	8839.68	7054.09
广西	5412.24	4381.09
海南	4852.87	3832.44
重庆	5466.57	4977.26
四川	5127.08	4382.59
贵州	4565.39	3799.38

图 3-1-26

保存工作文件：将工作成果保存到磁盘，方法是单击菜单栏中 File（文件）—Save（存盘）或 Save as（另存为）—选择路径—输入文件名，本实验的工作文件名为"XXX 实验项目一（3）"—单击"保存"—选择数据精度或直接默认为双精度，单击"OK"就保存了本次工作文件。

6. 对现有的序列进行数据输入或编辑

方法一：打开一个或多个序列后，就进入数据浏览和编辑窗口，在该窗口中可以手动进行数据编辑输入。

方法二：打开一个或多个序列后，就进入数据浏览和编辑窗口，可以在序列之间进行数据的复制粘贴。使用这种方法要注意数据类型的一致性，并且数据前后不能有空格。

如果序列不允许编辑，可能是数据处于保护状态，可单击数据表窗口菜单"Edit +/-"按钮，在编辑模式与保护模式之间进行切换。

特别提醒：在实验操作中，发现 EViews9.0 版本，从外部导入的数据，有时单元格会始终处于保护模式。如果数据处于保护状态，可单击菜单"Edit+/-"，打开编辑模式。但是 EViews9.0 版本选择了一个处于保护模式下的单元格，单击菜单"Edit+/-"，打开编辑模式，EViews 在编辑窗口显示信息："The cell cannot be edited."（单元格不能编辑）。EViews 不允许对这类单元进行编辑，造成这种后果的原因是原来的 Excel 文件中的数据有非法字符，如空格，但很可能是 EViews9.0 版本的 BUG，因为用 EViews7.0 打开工作文件后发现是可以编辑的。

在完成数据编辑以后，还可单击菜单"Edit +/-"，关闭编辑模式，以免数据被意外修改或删除。

7. 对现有的序列进行复制

当需要复制序列时，可以在主窗口菜单中选择"Objects"（对象）—"Copy selected"（复制选中），也可以在工作文件窗口中，先选中序列然后单击鼠标右键选择"Object copy"（复制对象），再在弹出的对话框上面空行中输入复制源序列名称，在下面空行中输入新序列名称，输入完成以后点击"OK"，此时一个序列就复制成功了。

四、修改工作文件数据结构或取值容量范围

（一）修改数据结构或取值容量范围的原因

工作文件建立后数据取值容量范围就确定了，但有时候需要对工作文件追加数据，或者要对模型进行预测，而预测数据超出或小于工作文件创立时所确定的起止日期（或数据容量），于是就需要对工作文件的数据区间范围进行调整（扩大或缩小）。

注意：刚才实验产生的工作文件"XXX 实验项目一（1）""XXX 实验项目一（2）"和"XXX 实验项目一（3）"是截面数据——非时间序列的数据，不适合用于修改数据结构和取值范围，因此我们必须再建立一个时间数列的工作文件来练习。

在命令窗口输入以下命令：

CREATE　XXX 练习 2　A　1990　2006

这样就建立了一个名为"XXX 练习 2"（XXX 表示学生的姓名）以"年"为序列的从 1990 年至 2006 年的工作文件。

（二）修改数据结构或取值容量范围的方法

方法一（菜单法）：

可双击工作文件序列名表上边栏目中的"Range"（范围），然后在弹出的对话框中选择数据结构、数据格式或输入新的起始日期和终止日期。点击"OK"确定，如图 3-1-27 所示。

方法二（命令法）：

前后都扩大范围的命令格式：

expand　<新起始年>　<新终止年>

例如，原来的范围是 1990—2006 年，现想改为 1980—2015 年，则输入命令：

expand 1980　2015

如果不是全部扩大数据范围，或全部缩小取值范围，即既有缩小又有扩大，那么就不能用"expand"命令，而应用改为"range"命令。

"range"命令格式：

range　<新起始年>　<新终止年>

例如本来的范围是 2005—2017 年，现在想改为 2000—2018，那么命令为：

range　2000　2018

由于缩小或扩大了数据范围，会造成数据丢失或扩大，系统会弹出对话框提醒用户扩大或移除的序列数，并要用户确认，单击"OK"即可。

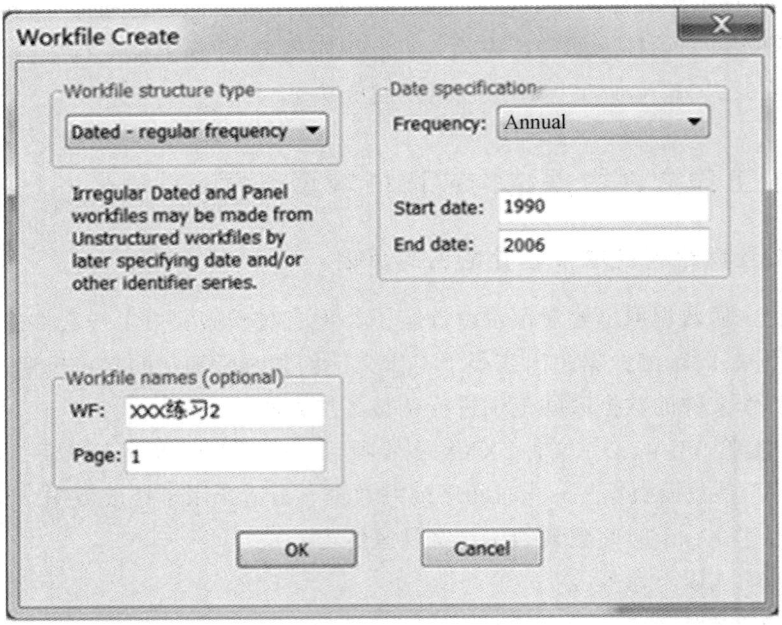

图 3-1-27

五、数据的输出

（一）输出转换为其他文件

实验要求：

（1）首先确定当前打开的文件是前面实验的工作文件：XXX 练习 1。

（2）打开本次实验文件夹下"实验项目一截图"Word 文件，为粘贴截图做好准备。

Eviews 可以直接将数据输出成其他程序建立的数据文件类型。点击主菜单中的"File"（文件）—"Export"（输出）—"Write Text-Lotus-Excel"（写入文本或试算表或电子表格文件），或者单击工作文件菜单中的"Procs"（程序过程）——"Export"（输出）—"Write Text-Lotus-Excel"（写入文本或试算表或电子表格文件）也可，然后选择文件类型、目录。

实验要求：导出的文件保存到你的实验文件夹下；文件类型为 Excel（*.XLS）文件；文件名是"XXX 导出的数据"。

注意："XXX"表示学生的姓名，最后保存文件。

（二）绘制成图表输出

绘制图表图形的方法有很多，下面介绍几种较简单的方法。

1. 单个序列操作

在工作文件窗口双击该序列的名称,弹出序列窗口,依次单击该窗口中的 View/Graph…,然后选择图形类别和图像风格,可以显示该序列的图表形状。本例选择"Bar"(条状),具体如图 3-1-28 所示。

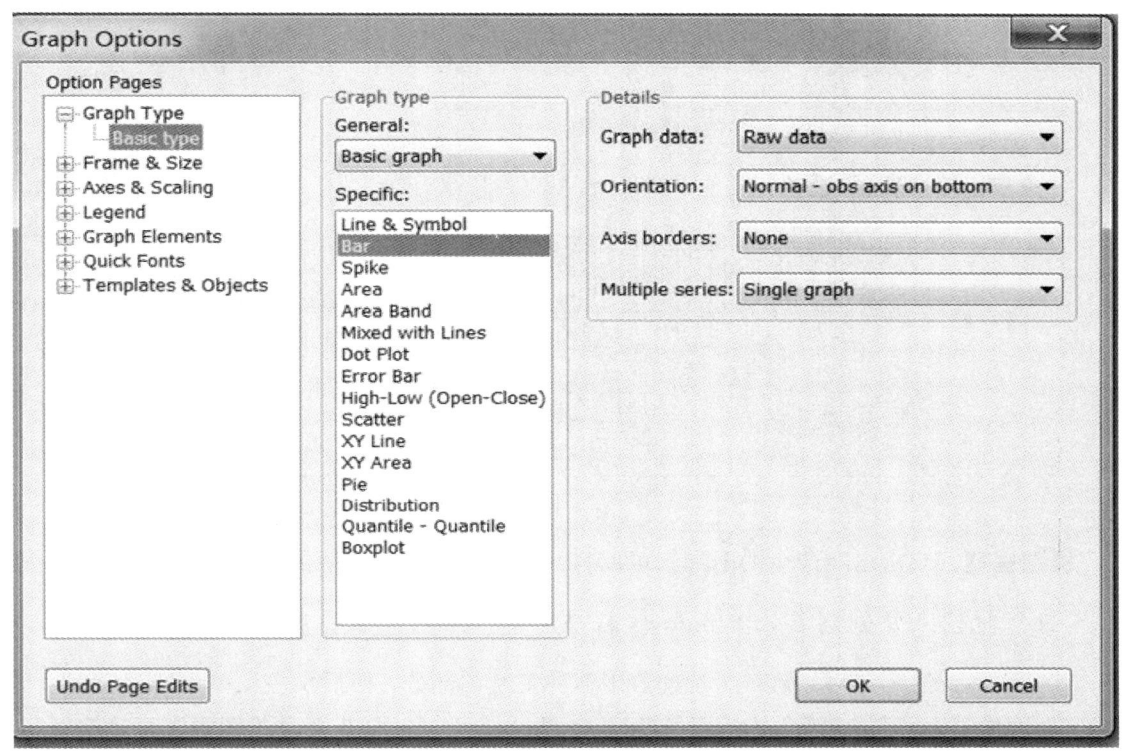

图 3-1-28

要保存这个图表对象,可在图 3-1-28 的菜单中单击"Name"修改显示标题(可用中文),单击"Optios"菜单或双击图形,选择其他图形显示图表。

实验要求:将图形复制出来保存到 Word 文件中。方法是先单击图形,Ctrl + C 复制图形,然后再复制到 Word 文件中。

2. 多个序列操作

方法是在工作文件中利用 Ctrl(不连续多选)或 Shift(连续多选)键选中多个要画图的序列,然后双击,单击对话框中的"Open Group"选项,再在打开的窗口单击菜单"View"—"Graph…",然后弹出的图形类型对话框"Graph Options"(图形选项),供用户选择图形类别和图像风格,最后单击"OK"就可以显示该序列的图表形状。

也可以用以下方法绘制图表,在主菜单中依次单击"Quick"—"Graph…",在弹出的对话框中输入画图的多个序列名称(中间用空格隔开),点击"OK",然后在弹出的图形类型对话框中选择图形类别和图像风格,最后单击"OK"就可以显示该序列的图表形状(见图 3-1-29)。

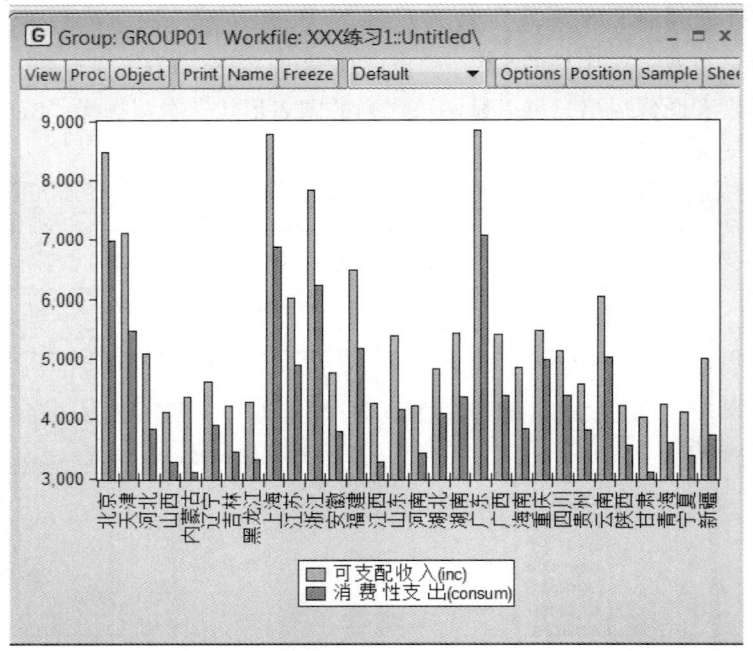

图 3-1-29

提别提醒：双击已经产生的图形，可以打开图形，选择对话框供用户修改图形类型。

（三）把图表复制到其他 Windows 程序

首先激活要复制的对象窗口，选择表中需要复制的部分，然后从主菜单中选"Edit"（编辑）—"Copy"（复制），或单击右键"Copy to clipboard…"。如果对象是图表则直接被复制，如果对象是一般数据会弹出对话框。该对话框中如果选 Formatted-Copy numbers as they appear in table（按照格式复制表中的数据），则 EViews 将表复制成格式化的文本，它允许保存表的格式信息。如果选择 Unformatted-Copy numbers at highest precision（无格式以最高精度复制数字），则将表复制为非格式化的文本。点击"OK"可复制图表，最后可将此图表粘贴到其他文件中。

实验要求：学生将图表粘贴到"实验项目一截图"Word 文件内，为写实验报告或进行学术研究做好准备。

（四）图表对象的保存

如果想把序列的视图保留下来，需要点击该序列窗口工具栏中的 Freeze（冻结），这时会创建一个包含该视图的"快照"，冻结后的表是原表的结果，其数据不能再编辑了。但是如果希望将这个冻结表保存在工作文件中，就必须对这个图的对象命名，点击工具栏中的 Name，并输入一个名字即可。

EViews 实验中，通过点击 Freeze 菜单来冻结各种模型、报表和图表作用很大，常用来对比各种模型、报表和图表，进而做更深入精细的研究。

六、方程模型的设定

一般来讲，计量经济学的建模与分析的过程步骤如下：

确定研究对象及其影响因素—理论模型的设定—样本数据项的设定及其数据的获取—画变量散点图—模型参数的估计—模型的检验诊断—模型的应用（模型结构分析、经济预测、政策评价、经济发展决策参考）（见图 3-1-30）。

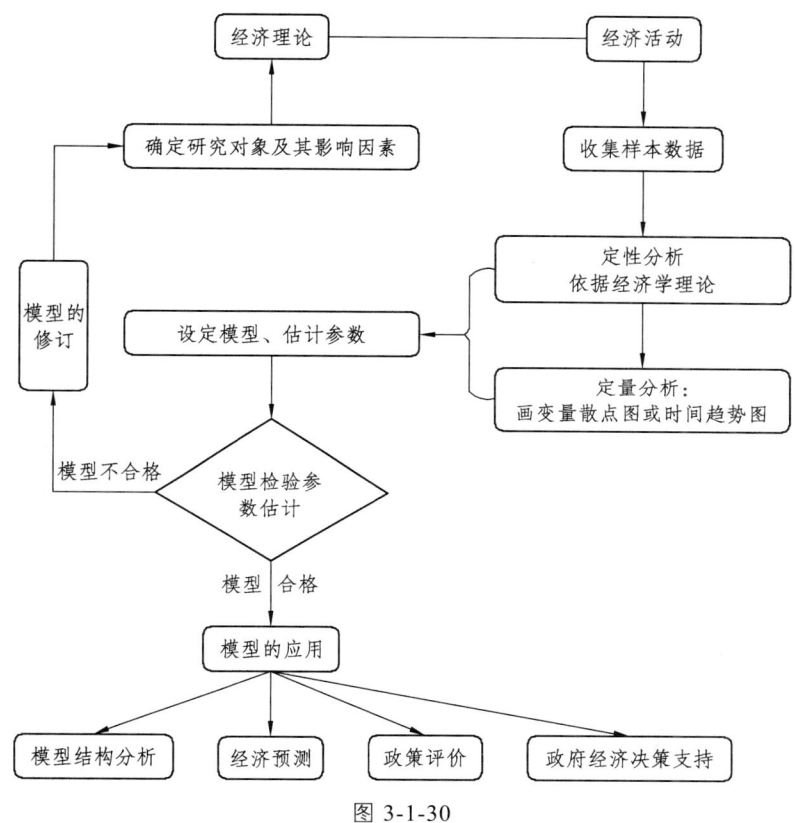

图 3-1-30

根据数据结构模式，初步确定模型形式：是线性还是非线性？是否存在结构变化？是否存在异常值，什么原因？如为时间序列，存在季节性吗？可能存在异方差吗？

建立数据模型前，应先根据已有的数据画出变量散点图。其简单方法是，画散点图或时间趋势图或折线图，观测数据是函数关系还是相关关系，然后根据情况确定数据分析模型。对数据模型检验意义不明显、不合格的可不必再做研究，或重新确定研究对象的影响因素，校验和补充数据后再重新建立模型进行分析。

传统手工操作一般先画散点图，再推断数据间的关系，现在使用 EViews 可以直接画折线图来判断数据间的关系。

画散点图得到的图形可反映出数据间的关系类型，经典的散点图如图 3-1-31 所示。

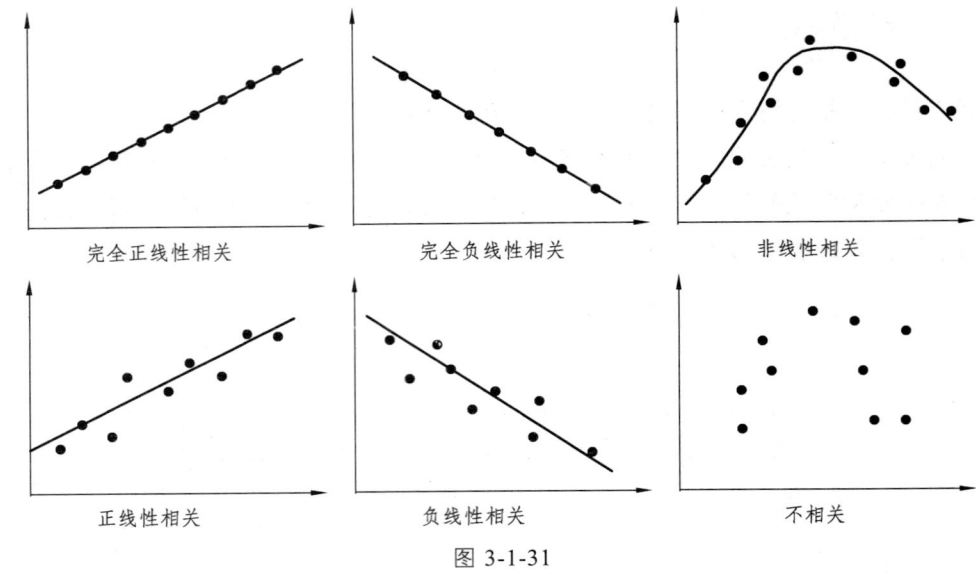

图 3-1-31

EViews 可以用 scat <横轴序列名> <纵轴序列名>的命令观察变量间相关程度、相关类型（线性、非线性）。

对于属于线性关系的变量可以建立线性回归模型分析，对于非线性关系的变量可进行相关性关系分析，并且由此可以确定建立何种模型来进行数据分析。

七、分析回归参数：估计、检验与诊断

实验的这一步主要是对模型运行结果中各种估计值进行分析，对模型可能出现的不良情况进行检验与诊断，并且在此基础上修整出更合理的模型。

八、解释模型的经济含义

EViews 的主要功能是数据的分析预测。对合理的模型或修正调整后的模型，应分析指出这一模型的经济意义，包括模型结构分析、经济预测、政策评价等，以作为政府经济发展政策决策参考。这些将在以后的实验中逐步学习。

九、实验报告及要求

本次实验报告要素和内容必须包含以下几点：

（1）实验课名称、实验项目名称、实验学时、实验类型、实验起止日期、实验目的要求、实验原理或实验方案、使用的主要仪器设备、材料或软件、方法步骤、实验数据及处理、心得体会与建议。

（2）本次实验报告重点记录：实验过程的方法步骤、实验数据及处理（图、表）、实验结果（分析结论）以及心得体会与建议。

实验项目二　一元线性回归

【实验目的】

（1）深入理解理论联系实际的意义，理解并掌握根据研究目的或对象采集样本数据的渠道和方法；

（2）完整地学习并掌握一元线性回归模型的建立过程，理解并学会对一元线性回归模型的显著性进行检验；

（3）学习如何分析线性回归模型的估值意义和模型的经济意义；

（4）认真完成本次实验后，学生对 EViews 软件的界面、实验术语、实验过程等有更全面的了解，为以后其他各类实验打好基础。

【实验内容】

（1）以 1978—2014 年中国国内生产总值和财政收入数据为例，学习并建立工作文件，掌握具体数据的输入方法。

（2）学习并掌握建立一元线性回归模型的实验步骤，并对其产生的 EViews 分析报告数据进行解释。

（3）对一元线性回归模型进行显著性检验，并揭示本次实验模型的估值意义和经济意义。

（4）学生自主完成我国 1981—2013 年人均收入与消费的一元线性回归实验分析。

【实验课时】

6 课时。

【实验类型】

验证型。

【知识回顾】

1. 回归分析（Regression Analysis）

回归分析是研究一个变量（被解释变量）关于另一个（些）变量（解释变量）具体依赖关系的计算方法和理论。从一组样本数据出发，确定变量之间的数学关系式并对这些关系式的可信程度进行各种统计检验，从影响某一特定变量的诸多变量中找出哪些变量的影响显著，哪些变量的影响不显著。利用所求的关系式，根据一个或几个变量的取值来预测或控制另一个特定变量的取值，并给出这种预测或控制的精确程度。

回归分析目的在于通过后者的已知或设定值，去估计和（或）预测前者的（总体）均值。

人们一般将前一个变量称为被反应变量（Response Variable）或因变量（Dependent Variable），将后一个（些）变量称为解释变量（Explanatory Variable）或自变量（Independent Variable）或回归变量。

由于变量间关系的随机性，回归分析关心的是根据解释变量的已知或给定值，考察被解释变量的总体均值，即当解释变量取某个确定值时，与之统计相关的被解释变量所有可能出现的对应值的平均值。

2. 模型与方程关系

模型和方程本来是两回事，是两个概念，但是在 EViews 实际操作运用中，许多人似乎把他们混为一谈了。但模型与方程之间是有区别的。

回归分析是计量经济学的基础，回归分析的方法是要建立回归方程或者说建立回归函数。方程由变量和系数组成，例如：$y = \beta_0 + \beta_1 x$ 是一个线性回归函数（方程），但计量经济学的研究除了思考被解释变量 y 受解释变量 x 的系统影响，还特别重视受其他未包括在方程中的诸多因素的随机干扰因素的影响。人们将综合看待这些影响因素，通常用 μ 表示，于是方程被演化为 $y = \beta_0 + \beta_1 x + \mu$，而这时的该方程就被称为"计量经济学模型"。

因此可以说，引入了随机干扰项的方程就是计量经济学模型。

方程是把模型"翻译"成数学方程式的过程，把非正规的、概念的构思转换成正式的定量的数学表达式——规范的方程。

EViews 中的样本回归函数具体形式是：$y = \hat{\beta}_0 + \hat{\beta}_1 x + e_i$。$e_i$ 被称为样本残差项（residual），代表了其他影响 y 的随机因素的集合。尽管残差项 e_i 不是严格意义上的随机干扰项 μ_i，但它可以被当作随机干扰项加以使用。由于方程中引入了随机项，该方程函数也就成为计量经济学数学模型。用来进行回归分析的数学模型（含相关假设）称为回归模型，若只含有一个变量的回归模型称为一元回归模型，否则称为多元回归模型。

任何模型都是基于一些假设的，即必须进行模型检验。

【实验要求】

复习计量经济学回归分析知识，实践过程、实践所有参数与指标、理论依据说明等，简单线性回归分析（包括模型设定，估计参数，模型检验，模型应用）。必须将本次工作文件保存到自己的文件夹下。

【实验步骤】

一、一元线性回归实验一

（一）数据说明

1. 实验数据的采集与整理

计量经济学研究的对象或目的不同，对数据的采集思路、渠道、整理归纳也就不同。本实验是为了学习掌握一元回归模型的实验方法步骤与模型意义分析，可根据计量经济学最基本的理论知道现实社会经济活动中，适合建立一元回归模型的数据类型以及采集数据的渠道。例如，影响财政收入的因素可能有很多，如国内生产总值、经济增长、零售物价指数、居民收入，消费等。但为研究国内生产总值对财政收入是否有影响，二者有何关系，那只需要某一阶段国内生产总值和财政收入的数据即可。

至于国内生产总值和财政收入数据的采集可从国内权威的国家统计局网站上间接获取，但需要对数据进行必要的整理以适合 EViews 实验要求（数据本身没变，只是归纳整理与排版方式变化）。

2. 本实验的数据来源

第一个实验的数据来源于《中国统计年鉴2014》（中国统计出版社，2014）。

实验要求根据 1978—2014 年中国国内生产总值 X 和财政收入 Y 数据，运用 EViews 软件对我国国内生产总值和财政收入做简单一元线性回归分析，包括模型设定，参数估计，模型检验，模型应用，得出回归结果。

第一个实验为学生自主实验，其数据也来源于《中国统计年鉴2014》。

（二）工作文件的建立与数据输入

首先在 D 盘建立一个自己的文件夹，文件夹的名字为：你的班级+姓名+实验项目二。

（三）建立工作文件

首先启动 EViews，进入 EViews 主窗口。

修改默认目录，方法：双击 EViews 右下方"PATH="后的路径名—选择自己 D 盘的文件夹—单击"确定"。

1. 菜单法建立工作文件

点击"File"（文件）—"New"（新文件）—"Workfile"（工作文件），系统默认为有序数据结构，且日期频率（Frequency）为年度（Annual），符合本次实验，因此在弹出的对话框中输入起始年 1978 和结束年 2014。

其他输入框可以不输入，直接点击"OK"，这样就建立了一个空白数据的工作文件，如图 3-2-1 所示。

2. 命令法建立工作文件

在命令栏输入命令并回车：

CREATE　A 1978 2014

3. 保存工作文件

方法一：单击"File"—"Save"。

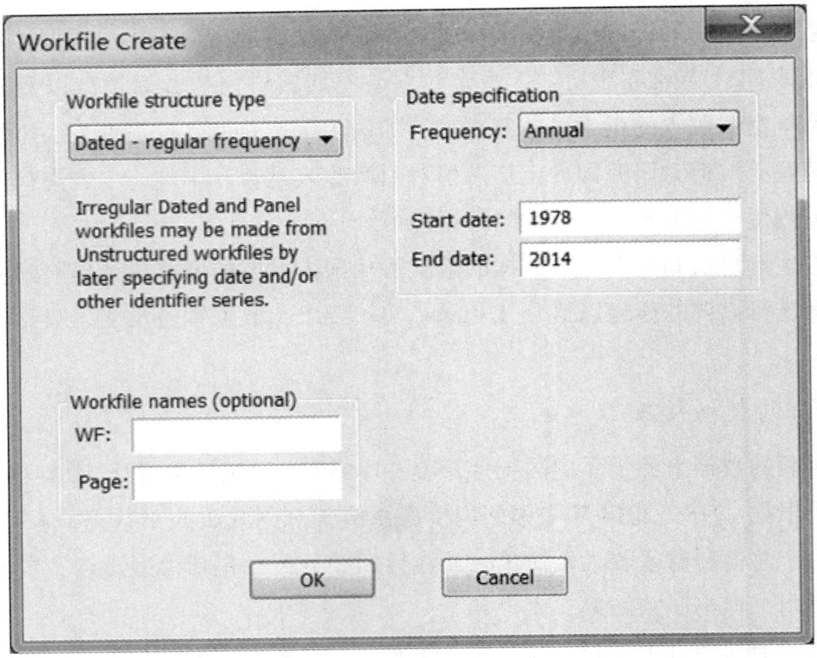

图 3-2-1

方法二：Ctrl + S。

方法三：在命令栏输入命令并回车：wfsave(1)。

方法四：在命令栏输入命令并回车：wfsave(2)。

在弹出的对话框中输入文件名，然后单击"保存"即可。

实验要求将本次工作文件保存到你的本次实验文件夹下，文件名为"XXX 一元线性回归实验（一）"。（注意：文件名中的"XXX"应该为学生自己的姓名）在弹出的对话框中输入文件名，然后单击"保存"即可。

（四）输入数据

1. 命令法输入数据

命令格式为：data <序列名 1> <序列名 2>……<序列名 n>，序列名之间用空格隔开。

EViews 中所谓的序列名相当于 VFP 数据库中表的字段名，也就是说相当于 Excel 表中的列名。

（1）本次实验采用建立序列命令：DATA X Y。

这样就弹出了已经建立的序列 X 和 Y 的空值表供用户输入数据。

（2）为序列变量 X 和 Y 输入统计数据。

学生用键盘直接输入，方法是：点击 Edit+/-打开数据编辑状态（用户可以根据习惯点击 Smpl+/-改变数据按行或列的显示形式），然后输入数据，多序列输入方式同上。

数据如表 3-2-1 所示。为了印刷排版方便，本表数据进行了折叠排版，输入数据时要按年份顺序输入。

表 3-2-1　中国 1978—2014 年国内生产总值 GDP 和财政收入　　　　　单位：亿元

年份	国内生产总值 GDP（X）	财政收入（Y）	年份	国内生产总值 GDP（X）	财政收入（Y）
1978	3 605.60	1 132.26	1997	41 955.00	8 651.14
1979	4 092.60	1 146.38	1998	45 184.60	9 875.95
1980	4 592.90	1 159.93	1999	48 414.20	11 444.08
1981	5 008.80	1 175.79	2000	51 643.80	13 395.23
1982	5 590.00	1 212.33	2001	109 028.00	16 386.04
1983	6 216.20	1 366.95	2002	120 475.60	18 903.64
1984	7 362.70	1 642.86	2003	136 613.40	21 715.25
1985	9 076.70	2 004.82	2004	160 956.60	26 396.47
1986	10 508.50	2 122.01	2005	187 423.50	31 649.29
1987	12 277.40	2 199.35	2006	222 712.50	38 760.20
1988	15 388.60	2 357.24	2007	266 599.20	51 321.78
1989	17 311.30	2 664.90	2008	315 974.60	61 330.35
1990	19 347.80	2 937.10	2009	348 775.10	68 518.30
1991	22 577.40	3 149.48	2010	402 816.50	83 101.51
1992	25 807.00	3 483.37	2011	472 619.20	103 874.40
1993	29 036.60	4 348.95	2012	529 399.20	117 253.52
1994	32 266.20	5 218.10	2013	586 673.00	129 209.64
1995	35 495.80	6 242.20	2014	643 974.00	140 350.00
1996	38 725.40	7 407.99			

2. 文件导入数据

如果已经把 1978—2014 年中国国内生产总值和财政收入数据保存到诸如 Excel 的电子表格中，我们可以直接将数据导入到 EViews 工作文件中。

确保已经建立了适合本实验数据序列的工作文件，并且确保实验计算机上有诸如 Excel 的电子表格类的数据文件，我们可以直接将数据导入到 EViews 工作文件中。

打开 EViews 工作文件，然后点击主菜单中的"File"（文件）—"Import"（导入）— "Import from file"（从文件导入）或工作文件菜单中的"Procs"（过程）— "Import"（导入）— "Import from file"—选择要导入的文件目录—选择 Excel 的文件（或其他数据文件）— "打开"—在"Predefined range"（预定义范围）选项卡下选择具体的表名—然后选择数据列，修改列名（重点是去掉中文）按照提示完成数据输入。

特别提醒：其实我们也可以先不建立 EViews 工作文件，可以直接采用导入数据文件的方法一次性导入数据并建立 EViews 工作文件。具体操作是：单击菜单"File"（文件）—"Open"（打开）—"Foreign data as workfileo"（外部数据作为工作文件），然后选择电子表格 xls 文件。

修改 X 和 Y 序列的演示标签名分别为："国内生产总值 X"和"财政收入 Y"。

（五）散点图分析

根据以上数据，做财政收入 Y 和国内生产总值 X 的散点图（Scatter），命令是：

SCAT x y

在图形上单击右键选择"Add Text…"可以给散点图添加一个标题："财政收入 Y 和国内生产总值 X 的散点图"，点击"OK"后如图 3-2-2 所示。

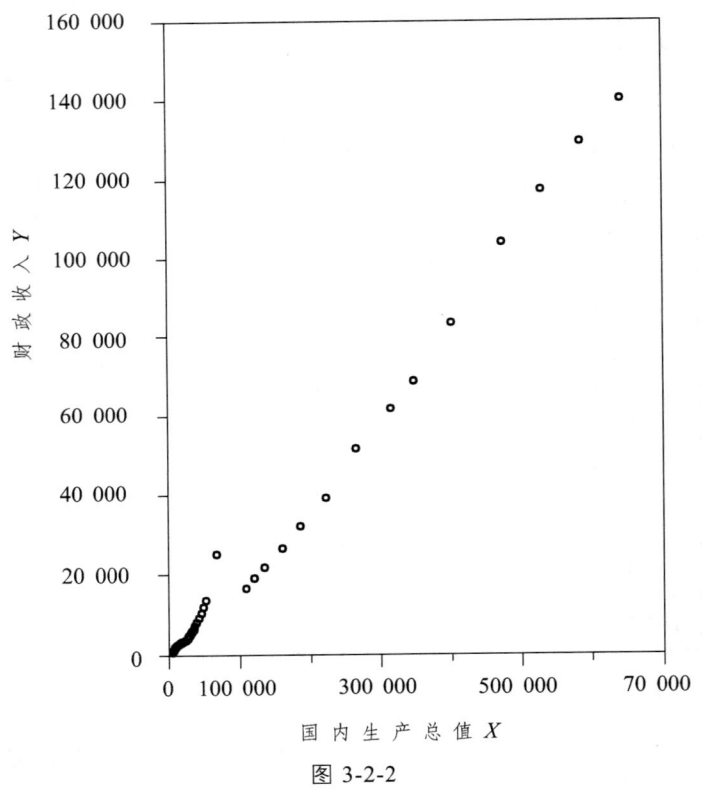

图 3-2-2

单击本窗口菜单"Name"，在这个图形名称框输入"sdt"，在演示标签名输入"财政收入 Y 和国内生产总值 X 的散点图"，可以长久保存此散点图表。（见图 3-2-3）

从散点图可以看出，财政收入 Y 和国内生产总值 X 大体呈现为线性关系。

特别提醒：本次实验是运用经典的计量经济学一元回归模型，我们暂时不考虑时间序列的平稳性和其他问题。本次实验是其他实验的基础。

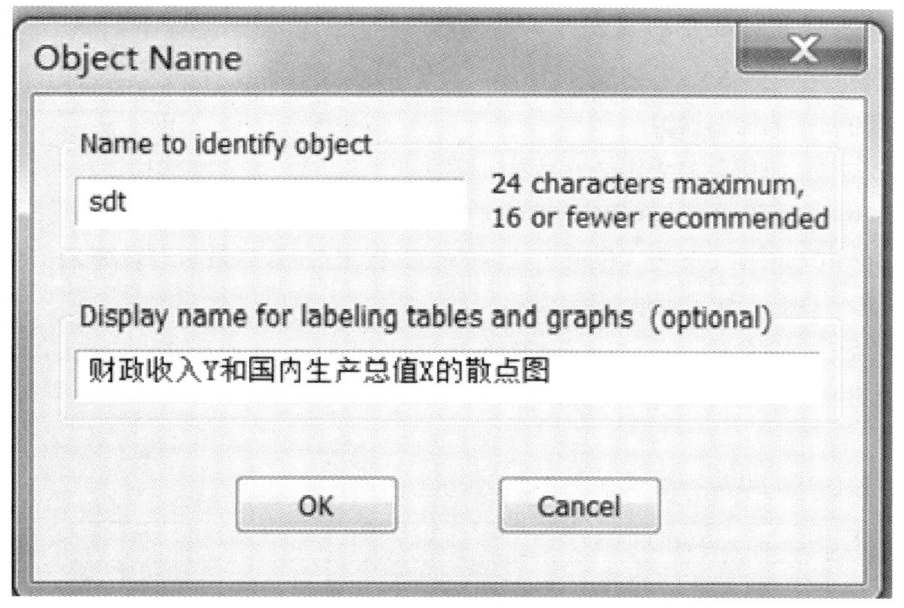

图 3-2-3

(六) 建立一元线性回归模型

1. 模型设定

经济理论告诉我们,国内生产总值对财政收入有显著影响,但具体到特定的国家、地区以及不同的时期,它们之间的关系到底如何,必须还要进行细致的研究分析,这就需要用经济理论模型的实验来检验。我们可以将 1978—2014 年中国国内生产总 GDP 的值作为自变量 X,财政收入作为因变量 Y 建立一个一元回归模型进行实验。

回归方程必须要有自变量(解释变量)和因变量(被解释变量)。回归分析只是研究自变量和因变量之间的相关关系,并不能说明自变量就是"原因"而因变量就是"结果"。根据最基本的经济学知识可以确定本例的自变量为 X,因变量为 Y。

本例财政收入 Y 和国内生产总值 X 大体呈现为线性关系,所以建立的计量经济一元回归方程为:

$$\hat{y} = \hat{\beta}_0 + \hat{\beta}_1 x$$

方程和模型本来是两个概念,在 EViews 里方程和模型的关系极为密切,以至于人们往往直接把方程称之为模型或方程模型。因为 EViews 依照统计学和计量经济学原理对现有的样本数据进行合理的运算,回归分析时自动为方程添加随机误差项 μ,于是将我们输入的方程变为一元线性回归模型。模型形式为:$y_i = \beta_0 + \beta_1 x_i + \mu_i$。

因此在使用 EViews 时,我们直观地感觉建立方程就是"建立模型"。其实我们只是"建立方程却得到模型"。

2. 一元线性回归模型的建立

首先打开自己的"XXX 一元线性回归实验（一）"工作表文件，然后使用以下任意一种方法都可以建立一元回归模型。

（1）方法一：使用菜单法建立一元回归模型。

在 EViews 主页界面点击菜单中"Quick"（快速）—"Estimate Equation"（估计方程）—"Equation Specification"（方程式说明）对话框，选择 OLS（普通最小二乘法）估计，输入"Y C X"，点击"OK"，即出现回归结果表。

（2）方法二：命令法。

在命令窗口直接输入下列命令后回车：

LS　Y　C　X

两种方法的回归结果分析表如图 3-2-4 所示。

Dependent Variable: Y			
Method: Least Squares			
Date: 03/21/18　　Time: 10:23			
Sample: 1978 2014			
Included observations: 37			
Variable	Coefficient	Std. Error	t-Statistic	Prob.
C	-1868.122	731.0033	-2.555558	0.0151
X	0.215038	0.003235	66.47008	0.0000
R-squared	0.992141	Mean dependent var	27165.10
Adjusted R-squared	0.991916	S.D. dependent var	39655.68
S.E. of regression	3565.472	Akaike info criterion	19.24852
Sum squared resid	4.45E+08	Schwarz criterion	19.33560
Log likelihood	-354.0976	Hannan-Quinn criter	19.27922
F-statistic	4418.272	Durbin-Watson stat	0.332023
Prob(F-statistic)	0.000000		

图 3-2-4

（七）回归估计值含义解释

1. 一元线性回归模型分析报告解释

EViews 回归分析输出结果指标为英文，现用中文解释如图 3-2-5 所示。

2. 一元线性回归模型的保存

方法为单击本窗口菜单"Name"输入英文名称为"xxmx1"，显示标签名为中文"XXX 一元线性回归模型"（注：XXX 为学生的姓名）。

为了方便编写实验报告或论文等研究写作，可给这个模型添加标题注解。方法是：单击本窗口菜单"Object"—"View options"—"Title…"，或者在回归结果分析表上单击右键—选择"Title…"，然后在弹出的对话框中输入标题名："一元线性回归模型分析"。

Dependent Variable:	Y 因变量			
Method: Least Squares	方法：最小二乘			
Date: 03/21/18 Time: 10:23	日期：			
Sample: 1978 2014	样本 1978 2014			
Included observations: 37	包含的观察样本数量 37			
Variable 变量	Coefficient 回归系数（斜率项 β）	Std. Error 系数标准差	t-Statistic T 统计量	Prob. 概率 （P 值）
C 截距项	-2508.923	1025.620	-2.446250	0.0151
X 解释变量	0.215471	0.004523	47.64029	0.0000
R-squared 决定系数拟合度 R^2	0.992141	Mean dependent var 被解释变量均值	27165.10	
Adjusted R-squared 调整后的决定系数 $R^{2\sim}$	0.991916	S.D. dependent var 被解释变量标准差	39655.68	
S.E. of regression 回归标准误差 $\hat{\sigma}_u$	3565.472	Akaike info criterion 赤池信息准则	19.24852	
Sum squared resid 残差平方和 RSS	4.45E+08	Schwarz criterion 施瓦茨准则	19.33560	
Log likelihood 似然函数的对数	-354.0976	Hannan-Quinn criter. 汉南-奎因准则	19.27922	
F-statistic F 统计量	4418.272	Durbin-Watson stat DW 统计量	0.332023	
Prob(F-statistic) F 统计量的概率即 P 值	0.000000			

图 3-2-5

3. 一元线性回归模型分析报告的导出

有时为了方便编写实验报告或论文等研究写作，需要将一元回归模型分析报告导出，可以直接在分析报告上选择要导出的数据区域，然后单击右键 Copy（复制）或 Ctrl + C，弹出复制选择对话框如图 3-2-6 所示。

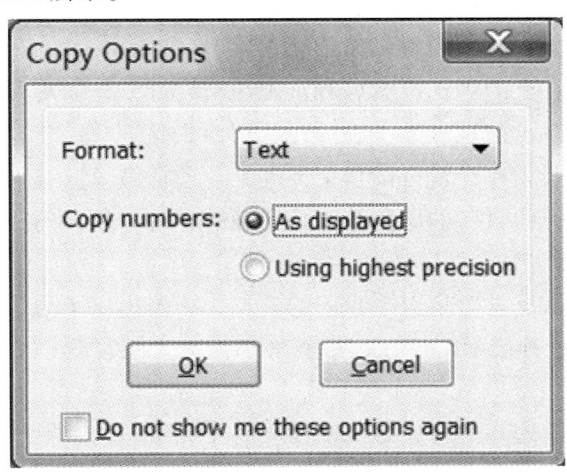

图 3-2-6

Format（格式）有两种选择"Text"（文本）和"HTML"（网页），系统默认为文本"Text"；"Copy number"（复制数）下有两个单选"As displayed"（如表显示）和"Using highest precision"（使用最高精度，小数点可保留 12 位）；"Do not show me these options again"的作用是"不要再向我展示这些选项"，如果选中今后的复制将不再显示选项，采用默认选择。由于实验精度不需要太高，所以可默认系统选择，直接单击"OK"确定。然后将复制的分析报告数据粘贴到 Word 文件中。

（八）一元线性回归模型统计检验

1. 模型统计检验的必要性

对于一个数据样本，可以设定多个模型，这就必然会产生一个问题：哪个模型合理？因此模型建成之后，必须对模型进行检验。

由于社会经济现象和发展过程十分复杂，经济理论模型的整个建立过程，从模型设定到参数估计，都可能存在一定的偏误。模型出错的原因很多，一方面在模型设定过程中，可能由于所依据的经济理论对研究对象的解释不充分，或者由于自身对研究对象认识的欠缺，导致变量选择的偏差或模型函数形式设定错误。另一方面在模型参数估计过程中，可能由于样本数据的统计错误、代表性差，或者由于其他信息的不可靠，也会导致参数估计值与真实值存在较大差距。此外，无论是单方程计量经济学模型，还是联立方程计量经济学模型，都是建立在一定的假设前提下的。如果模型的建立违背了计量经济学的基本假设，必然导致错误的结果。所以计量经济学实验对模型的检验是重点和难点。

EViews 对模型统计检验的方法主要有：① 方程的显著性检验——F 检验；② 变量的显著性检验——T 检验；③ 拟优合度检验——R^2 检验。

不过检验的结果是看检验的值是否拒绝原假设，因此必须了解原假设的含义。

2. 原假设的含义

计量经济学模型总是建立在一定假设条件之上的，我们拟定的模型假定是正确的，但事实上可能有误，怎么办呢？只能通过一些原理来检验。而在计量经济学检验理论中包含了几个概念，容易使学生产生误会，现解释如下：

我们写论文，提出自己的观点，观点有正确与错误之分，而实证的方向有以下两个：

（1）我们正面假设自己的观点是正确的，从正面来验证它，于是我们收集证据予以支持自己的论点，这个正面假设在计量经济学中被称为"备择假设"，研究中一般用 H_1 表示。这就是说，一个研究者想证明自己的研究结论是正确的，备择假设的方向就要与想要证明其正确性的方向一致。

（2）但是也有人会从反方向来否定我们的观点，即他提出了另一个假设，并收集证据证明我们的观点不正确。这种反面假设在计量经济学被称为原假设（或零假设），研究公式一般用 H_0 表示。

计量经济学假设检验的基本思想是概率性质的反证法。计量经济学中的"原假设"从反面实证我们的模型，即"原假设"是假定我们的模型会产生不可预知的小概率事件（随机事项)。虽然这种小概率事件(随机事项)往往不可避免,但如果它的发生概率超过一定值,那么这个"原假设"就是成立的,我们当前的模型就失去了意义。因此,如果检验的结果是拒绝"原假设"实际就是肯定我们的模型,如果接受"原假设"实际就是否定我们的模型。

3. 一元线性回归模型显著性检验

为了方便用户,计量经济学 EViews 给出了拒绝零假设的随机事件发生概率 P。用"Prob"来表示双侧概率(简称 P 值),是 T 统计量的伴随概率。这里的概率是指以估计系数 = 0 为原假设,根据数理统计原理构造出已知分布的检验统计量,再代入具体的样本值,可以确定是否有小概率事件发生,以此来决定是否推翻原假设。

显著性检验是我们对总体所做的假设做检验,其原理就是"小概率事件实际不可能性原理"来接受或否定假设。所谓"显著",就是指两种或多种处理试验结果之间,本身确实存在差异,即"小概率事件实际不可能性"概率大。如果是"不显著",就说明它们之间的差异是由抽样或偶然的因素引起的,不是真正有实际差异存在,即"小概率事件实际不可能性"概率小。

在数理统计中,一般以概率(P)5%作为显著评定标准,即在 100 次试验中,"小概率事件实际不可能性"在 5 次以上,由于偶然的随机因素造成差异的可能性在 5 次以上,自变量对因变量影响不显著。如果概率为 5%的范围内,出现这样概率的机会非常小。但出现了那么我们就认为自变量对因变量具有显著影响。如果概率为 1%以下作为,那么我们就认为自变量对因变量具有极显著的影响。

计量经济学 EViews 中假设显著性检验采用观察 P 值的方法最直接最简单,具体如表 3-2-2 所示。

表 3-2-2 P 值的详细说明

P 值	小概率事件实际可能性、或随机事件可能性	对无效性假设(对随机事件不可能性假设)	是否拒绝原假设(零假设)	模型统计分析意义
$P>0.05$	可能性大于 5%	不能否定无效假设	接受原假设	差异无显著意义
$P<0.05$	可能性小于 5%	可以否定无效假设	拒绝原假设	差异有显著意义
$P<0.01$	可能性小于 1%	可以否定无效假设	拒绝原假设	差异有非常显著意义

本实验回归结果中,本例的 t 统计量的相伴概率 P 值即 t 统计量右边的 Prob.的值为 0,即 X 的回归系数对应的 P 值为 0<0.01,因此在 0.01 的水平上拒绝 H_0,即回归参数都十分显著。拒绝原假设,说明该回归系数与零的差异显著,即这个自变量对因变量有显著的影响。如若 X 回归系数对应的 P 值大于 0.01,也大于 0.05,没有通过检验,说明这个自变量对因变量的影响在统计学意义上不显著。

4. 拟合优度检验(R^2 检验)

分析模型整体拟合程度,主要指标为 R-squared 和 Adjusted R-squared(二者差别主要在于后者加上了自由度,使结果更准确)。通过观察,我们可知模型整体拟合度是否良好。F 检验是针对整个模型所做的检验，说明模型整体显著，但是并不代表各参数显著。

R-squared 为决定系数拟合度 R^2，表示在回归方程中，自变量对因变量的解释比例。这一比例越大，回归方程可以解释的部分越多，模型越精确，回归的效果越显著。R^2 是一个介于 0 到 1 的数，越接近 1 说明回归拟合效果越好。一般地，如果 R^2 的取值超过 0.8，认为模型的拟合优度比较高。在本例中，R^2 为 0.992 141，表示拟合程度很好。

5. 回归结果的图形分析

在 "Equation"（方程）子窗口框中，点击菜单 "Resids"（残差分布图），出现的回归结果如图 3-2-7 所示。

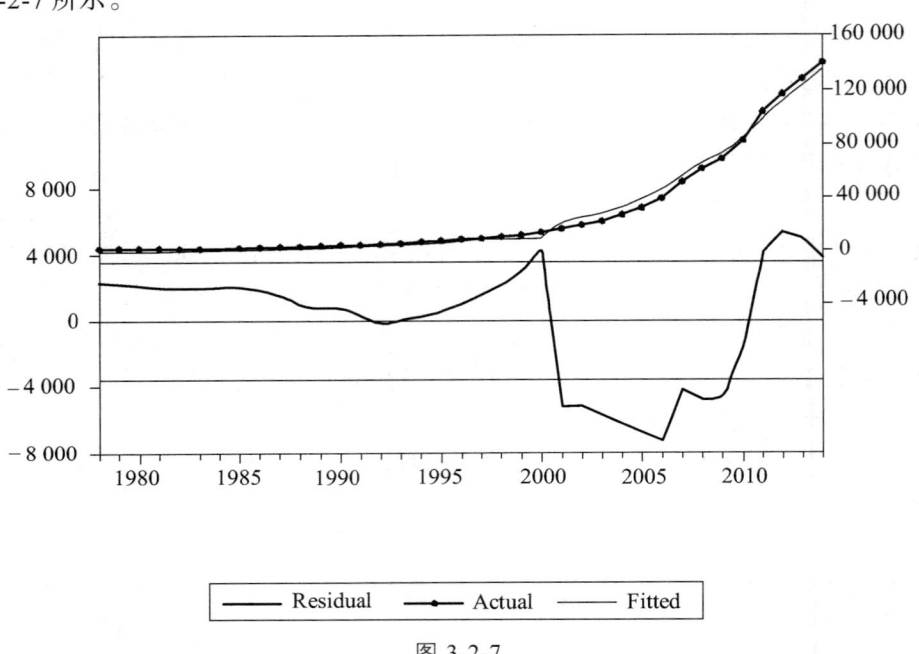

图 3-2-7

图例中，Residual 表示残差，Actual 表示实测值，Fitted 表示拟合值。

Fitted 值大小说明拟合方程的效果，值越小拟合效果越好。从本次实验的残差分布图可以看出本模型回归拟合效果良好。

特别提醒： 系统默认的图形线条是曲线，仅用颜色区分。为了方便学生观察，本例图形对各曲线形状进行了修改。修改方法是：打开 "Resids" 图，双击图形可打开图形样式，选择不同线性、宽度和颜色等，最后点击 "OK" 即可。

6. 变量显著性 T 值检验

T 检验是解释变量 X 对被解释变量 Y 的回归系数的显著性检验。

（1）T 的临界值的获取。

一般方法是给定显著性水平 α，计算自由度：$n-k-1$，其中 n 为样本数，k 为解释变量（自变量）数。然后在 T 分布表中查找 $t_{\alpha/2}(n-k-1)$ 临界值。

本实验给定显著性水平 $\alpha=0.05$，$n=37$，$k=1$，那么：

$T_{\alpha/2}(37-1-1) = T_{0.025}(35) = 2.03$。

（2）T 检验判断依据。

T 检验判断依据是如果回归模型结果分析表中 T 统计量 t-Statistic 的绝对值 $\geq t_{\alpha/2}(n-k-1)$，则拒绝原假设 H_0，认为该变量对因变量 Y 的回归系数显著。

本实验回归结果分析表中的 T 统计量 t-Statisti = 47.640 29>2.03，说明当其他解释变量不变的情况下，解释变量"国内生产总值 X"对被解释变量"财政收入 Y"有显著影响。

（九）解释模型的经济含义

1. 经济意义分析

菜单操作：打开本实验 XXX 一元线性回归模型"xxmx"，单击"View"（查看）—"Representations"（模型表示），弹出的分析表中的"Substituted Coefficients"（方程替代系数）下的就是本模型的回归模型系数。

本回归模型为：$Y = -1\,868.121\,667\,98 + 0.215\,038\,298\,116X$

其中 Y 为财政收入，X 为国内生产总值。

C 截距项为模型常数项，表示当自变量取 0 时，因变量的值。本实验模型回归结果表示在假定其他变量不变的情况下，如果国内生产总值为 0 时，财政收入 $-1\,868.121\,7$ 亿元（当然就本样本而言，这种极端的例子不会存在）。

β 为斜率项，也称为回归系数或估计参数（Coefficient），表示在其他自变量保持不变的情况下，当该自变量发生 1 单位变化时，因变量的变化程度。本实验模型回归结果表示在假定其他变量不变的情况下，当国内生产总值每增加 1 亿元，财政收入可以增加 0.215 038 298 116 亿元，这和经济学中增加值与 GDP 关系理论一致，即增加值增加，产出也增加，与财政收入也增加的原理相符，具有经济上的合理性。

2. 回归预测

计量经济学实验研究的主要目的除了测度和验证之外，更重要的作用是应用合适的经济模型进行经济预测。所谓预测，是指在模型参数估计和显著性检验后，运用解释变量的某一特定的值（恰当的假定值），根据回归方程所描述的变化规律推测被解释变量的预测值。合理恰当的模型既可以对原来的数据进行预测进而分析评估过去经济活动的优缺点，更重要的是在给定未来解释变量值后预测未来被解释变量的预测值。

（1）设置预测自变量的值。

依据中国经济发展总趋势和政府工作期望，假设 2015 年国内生产总值 GDP 为 689 052 亿元。

（2）点预测。

点预测就是求因变量的预测值，也就是给定解释变量 X 的一特定值，直接利用回归方程来估计被解释变量的 Y 值——系统默认为 Y_f（预测后新产生一个 Y_f 序列）。

根据本模型方程可计算出 2015 年财政收入的预测值（一般用 Y_f 表示）为：

$$Y_{f\,2015} = -1\,868.121\,667\,98 + 0.215\,038\,298\,116 \times 689\,052 = 146\,304.4$$

预测值是条件均值或个别值的一个无偏估计值。

（3）总体条件均值预测值的置信区间。

Y_f 是用样本算得的预测值是一个估计值，预测值是仅以某一个置信水平（一般取95%）处于以该估计值为中心的一个值，并没有反映出这个近似值的误差范围，因此应该计算出一个预测值的范围，通常用区间的形式给出。这种形式的估计称为区间预测。我们通过统计学原理计算确定一个区间，能以比较高的可靠程度相信这个区间内包含真的预测值。为此需要了解以下几个重要概念。

显著性：为模型设定一个显著性水平 α。

置信水平：$1-\alpha$。因为只有模型的显著性水平明显时，预测才有可信任性。

回归模型预测范围：又分为两种区间估计。总体条件均值的置信区间和个别值预测值的预测区间。

① 置信区间（confidence interval）：在一定的置信水平（一般取95%）下，给定自变量 X 一个定值，因变量 Y 平均值的区间估计。这是总体条件均值预测值的置信区间，又分置信上限和置信下限。其公式为：

$$Y_f \pm t_{\frac{\alpha}{2}} \times \hat{\sigma} \times \sqrt{\frac{1}{n} + \frac{(X_0 - \bar{X})^2}{\sum X_i^2 \times (n-1)}}$$

② 预测区间（prediction interval）：在一定的置信水平（一般取95%）下，给定自变量 X 一个定值，因变量 Y 一个个别值的区间估计。又分预测区间上限和预测区间下限。公式：

$$Y_f \pm t_{\frac{\alpha}{2}} \times \hat{\sigma} \times \sqrt{1 + \frac{1}{n} + \frac{(X_0 - \bar{X})^2}{\sum X_i^2 \times (n-1)}}$$

式中：Y_f 表示因变量 Y 预测值；± 中的加号 + 表示置信区间上限，减号 – 表示置信区间下限；$T_{\alpha/2}$ 表示显著性水平 α 的二分之一的 T 统计量（可从 T 分布表中查得）；$\hat{\sigma}$ 表示回归标准误差（S.E. of regression）的值（见回归结果分析表）；n 表示样本数量；X_0 表示预测时给定的自变量的值；$\bar{X}$ 表示自变量的平均值；$\sum X_i^2$ 表示样本方差，可用函数得到。

根据公式可以很明显地看出，预测区间的范围总是要比置信区间的范围要大，即给定 X 一个定值，那么估计对应 Y 的预测平均值的置信区间比个别值预测值的预测区间更精确一点。因此，今后我们只预测置信区间的上下区间即可。

（4）预测区间的计算。

首先要获取公式中有关参数。这些参数有些来源于模型的回归分析表，有些要通过 X、Y 的数据描述统计获取。获取数据描述统计的方法可以通过 EViews 的命令或菜单操作得到。菜单法获取 X、Y 的描述统计结果的步骤如下：

首先扩大样本范围到2015年。操作步骤如下：

在 Workfile 主窗口点击数据信息栏中的 Range（不是菜单中），出现修改 EViews 工作文件数据结构的 Workfile Structure 窗口，将结束日期"End data"改为2015，单击"OK"确定。（见图3-2-8）

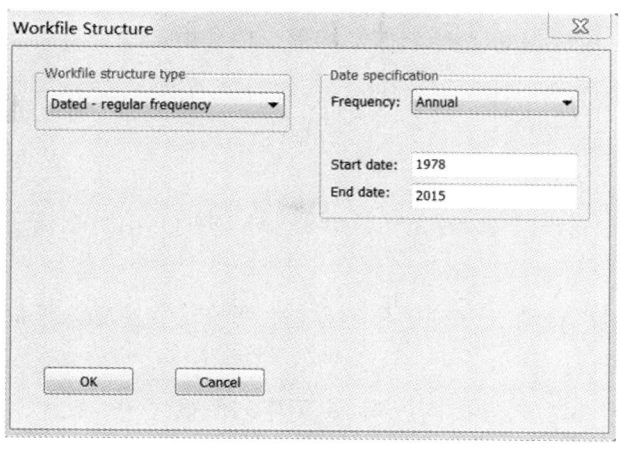

图 3-2-8

然后添加 2015 年的数据——预测给定的自变量 X 的值。双击 X 序列打开 X 序列表。一般情况下，序列出于保护状态不能直接编辑，若要修改或添加数据，必须单击本窗口中的"Edit+/-"菜单，然后给 2015 年添加数据为：689052。关闭本窗口。

接着双击 X 序列，打开 X 序列窗口，在本窗口菜单中点击"View"菜单下的"Descriptive statistics &tests"（描述性统计与测验）——"Stats table"（数据统计表格）。于是得到下面描述性统计结果表，表的右边是为了便于学生理解而添加的汉语解释。（见表 3-2-3）

表 3-2-3 描述性统计结果表

内存变量名	X	序列名
Mean	149 594.10	平均值 $\bar{X}$
Median	40 340.20	中间值
Maximum	689 052.00	最大值
Minimum	3 605.60	最小值
Std. Dev.	202 253.60	标准偏差
Skewness	1.423 280	偏度系数，用来度量分布是否对称，0 值为正态，正值向右偏，负值向左偏，值越小越好
Kurtosis	3.749 558	峰度，与偏度类似，是描述总体中所有取值分布形态陡缓程度的统计量。值等于 0 表示该总体数据分布与正态分布的陡缓程度相同；大于 0 表示该总体数据分布与正态分布相比较为陡峭，为尖顶峰；小于 0 表示该总体数据分布与正态分布相比较为平坦，为平顶峰。峰度的绝对值数值越大表示其分布形态的陡缓程度与正态分布的差异程度越大
Jarque-Bera	13.719 17	JB 统计量，用来检验一组样本是否能够认为来自正态总体的一种方法
Probability	0.001 049	概率，表示 JB 统计量正态的概率
Sum	5 684 578	样本值总和
Sum Sq. Dev.	1.51E+12	离差平方和
Observations	38	样本数量

注意：本实验此时的 $n=38$，因为样本范围扩大到了 2015 年。

用@mean()函数也可以得到 X 序列的平均值，但会增加一个新的 zpj 序列。如果想求 X 的总平均值，给这个总平均值命名为"zpj"（用户自命名的），那么在命令栏输入下面的命令并回车：

Series　zpj=@mean(x)

这样就添加了一个新序列"zpj"，其值全是 149 594.1，与数据描述性统计结果表格中的 Mean 值一样。

用@var()函数也可以得到 X 序列的样本方差，可在命令栏输入下面的命令并回车：

series　ybfc=@var(x)，

这样增加了一个样本方差 ybfc 新序列，由于序列值很大，系统会以科学计数法显示其值，单击"Exit+/-"按钮可查看详细数据为：39830015822.82668，即 $\sum \chi_i^2$ = 39830015822.82668。

至此有关计算预测区间的参数已经全部得到，如下：

X 的 σ 标准误差（S.E. of regression） = 3 565.472（见模型回归结果分析表）。

n = 38；X_0 = 689 052；$\bar{X}$ = 149 594.1；Y_f = 146 304.0；$\sum X_i^2$ = 39 830 015 822.826 68。

$(X_0 - \bar{X})^2 = (689\ 052 - 149\ 594.1)^2 = 539\ 457.9^2 = 291\ 014\ 825\ 872.41$

$\sum X_i^2 (n-1)$ = 39 830 015 822.826 68 × (38 – 1) = 1 473 710 585 444.58

临界值可直接从 T 分布表中获得。一般方法是给定显著性水平 α = 0.05，查自由度为 $n - k - 1$ 的 t 分布表，n 为样本数（注意本实验此时的 n = 38），k 为解释变量（本实验此时的自变量数仍为 1）数，得临界值 $t_{\alpha/2}(n - k - 1)$。

本例 $T_{\alpha/2}(38 - 1 - 1) = T_{0.025}(36) = 2.028$。

由此可计算出 2015 年的预测区间的值。依据前面讲到的预测区间计算公式和得到的参数，计算如下：

$$t_{\frac{a}{2}} \times \hat{\sigma} \times \sqrt{1 + \frac{1}{n} + \frac{(X_0 - \bar{X})^2}{\sum X_i^2 \times (n-1)}}$$

$$= 2.028 \times 3\ 565.472 \times \sqrt{1 + \frac{1}{38} + \frac{291\ 014\ 825\ 872.41}{1\ 473\ 710\ 585\ 444.58}} = 7\ 999.039\ 252$$

预测区间的上限 = 146 304.4 + 7 999.039 252 = 154 303.439 3

预测区间的下限 = 146 304.4 – 7 999.039 252 = 138 305.360 7

即得出结论：

若 2015 年 GDP 为 689 052，在置信度为 95%的情况下，2015 年财政收入预测值为 146 304.4 亿元，2015 年财政收入的预测区间为（154 303.439 3，138 305.360 7）。

（5）置信区间的计算。

依据前面讲到的置信区间计算公式和得到的参数，计算如下：

$$t_{\frac{\alpha}{2}} \times \hat{\sigma} \times \sqrt{\frac{1}{n} + \frac{(X_0 - X)^2}{\sum X_i^2 \times (n-1)}}$$

$$= 2.028 \times 3\,565.472 \times \sqrt{\frac{1}{38} + \frac{291\,014\,825\,872.41}{1\,473\,710\,585\,444.58}} = 3\,420.597\,873$$

即本模型的置信上限和置信下限分别为：

置信上限 = 146 304.4 + 3 420.597 873 = 149 724.997 9

置信下限 = 146 304.4 − 3 420.597 873 = 142 883.802 1

得出结论：

若 2015 年 GDP 为 689 052，在置信度为 95%的情况下，2015 年财政收入预测值为 146 304.4 亿元，其置信区间为（149 724.997 9，142 883.802 1）。

比较置信区间和预测区间，可以看出 Y 的总体预测平均值的置信区间比 Y 的个别值预测值的预测区间要小得多，其实说明置信区间要更准确。

二、一元线性回归实验二

本实验要求学生自主操作，主要实验操作步骤提示如下：

（一）数据说明

数据使用我国 1981—2013 年人均收入与消费数据（见表 3-2-4）。

表 3-2-4 我国 1981—2013 年人均收入与消费　　　　　　　　单位：亿元

年份	收入 X	消费 Y	年份	收入 X	消费 Y
1981	5 008.80	2 627.90	1998	86 531.60	39 229.30
1982	5 590.00	2 902.90	1999	91 125.00	41 920.40
1983	6 216.20	3 231.10	2000	98 749.00	45 854.60
1984	7 362.70	3 742.00	2001	109 028.00	49 435.90
1985	9 076.70	4 687.40	2002	120 475.60	53 056.60
1986	10 508.50	5 302.10	2003	136 613.40	57 649.80
1987	12 277.40	6 126.10	2004	160 956.60	65 218.50
1988	15 388.60	7 868.10	2005	187 423.50	72 958.70
1989	17 311.30	8 812.60	2006	222 712.50	82 575.50
1990	19 347.80	9 450.90	2007	266 599.20	96 332.50
1991	22 577.40	10 730.60	2008	315 974.60	111 670.40
1992	27 565.20	13 000.10	2009	348 775.10	123 584.60
1993	36 938.10	16 412.10	2010	402 816.50	140 758.60
1994	50 217.40	21 884.20	2011	472 619.20	168 956.60
1995	63 216.90	28 369.70	2012	529 399.20	190 584.60
1996	74 163.60	33 955.90	2013	586 673.00	212 187.50
1997	81 658.50	36 921.50			

注：本表资料来源于中华人民共和国国家统计局，《中国统计年鉴 2014》(中国统计出版社，2014)。

（二）建立工作文件

"XXX 一元线性回归实验（二）"。（注意：文件名中的"XXX"应该为学生自己的姓名）

（1）点击 File—New—Workfile（将弹出一个工作文件对话框）；

（2）选择和输入如图 3-2-9 所示，最后点击"OK"确定。

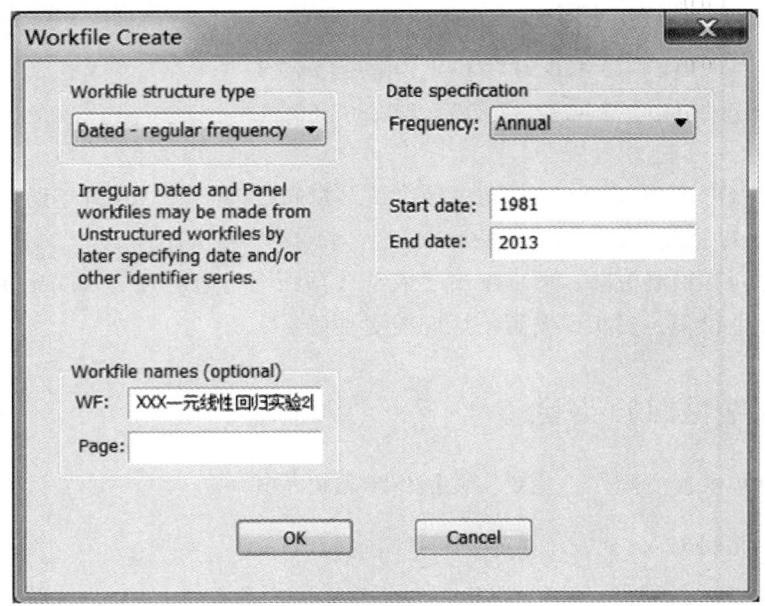

图 3-2-9

（三）输入数据

将上面表格的数据输入到本工作文件中，操作如下：

（1）输入命令：DATA　shouru　xiaofei。

（2）输入每个序列的统计数据。

（3）修改序列名

选择 xiaofei 序列，按 F2 键，修改序列的显示标签名为："城镇人均生活消费支出"，再选择 shouru 修改序列的显示标签名为："城镇居民可支配收入"。

（4）保存工作表，文件名为"XXX 一元线性回归实验（二）"（注意"XXX"为学生自己的姓名）。

（四）初步图形分析

（1）折线趋势图分析，命令如下：

PLOT　xiaofei　shouru

得到图 3-2-10。单击折线图菜单中的"Name"（名称），在名称框"Name"只能输入英文，本例输入"zxt"，在显示标签框可输入汉字，本例输入"折线趋势图"。关闭本图窗口，图表被保存。

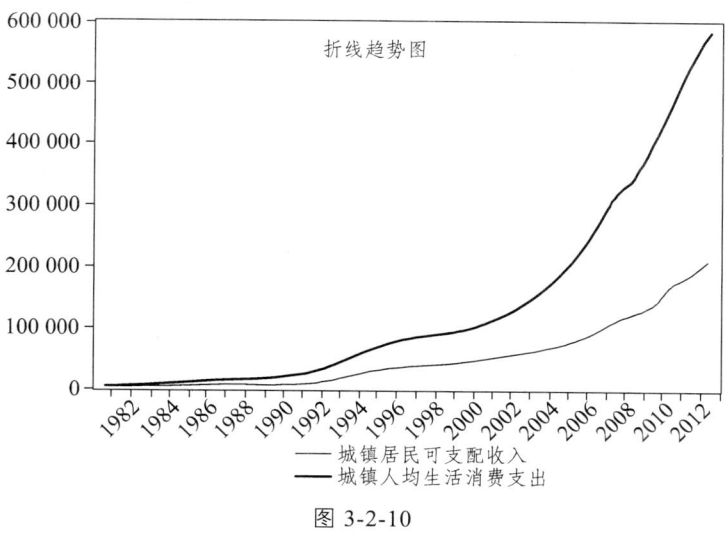

图 3-2-10

（2）相关散点图分析，命令如下：

SCAT　　shouru　　xiaofei

得到散点图。单击散点图菜单中的"Name"（名称）在名称框只能输入英文，本例输入"sdt"，在显示标签框可输入汉字，本例输入"散点图"。关闭本图窗口，图表被保存。（见图3-2-11）

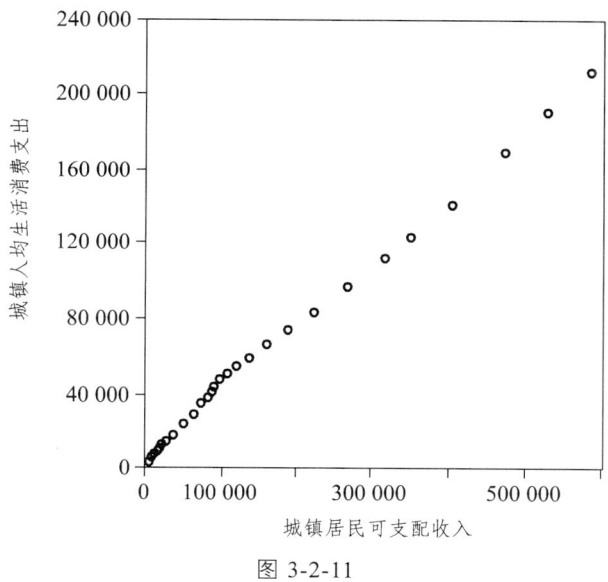

图 3-2-11

图形分析的意义：可以看出收入和支出呈线性分布，初步判断这两组数据可适用线性回归分析模型。

（五）建立线性回归模型

可用以下任意方式建立回归模型。

（1）菜单方式：

单击菜单"Quick"—"Estimate Equation"—弹出的方程设定框内输入模型：

Xiaofei　c　shouru

（2）命令方式，命令为：

LS　xiaofei　c　shouru

注意：命令大小写无所谓。

于是得到该模型的一元线性回归结果分析如图 3-2-12 所示。

Dependent Variable: XIAOFEI			
Method: Least Squares			
Date: 12/12/17　　Time: 12:46			
Sample: 1981 2013			
Included observations: 33			
Variable	Coefficient	Std. Error	t-Statistic	Prob.
C	4615.904	831.6584	5.550240	0.0000
SHOURU	0.351165	0.003892	90.22130	0.0000
R-squared	0.996206	Mean dependent var		53575.74
Adjusted R-squared	0.996084	S.D. dependent var		57850.31
S.E. of regression	3620.313	Akaike info criterion		19.28520
Sum squared resid	4.06E+08	Schwarz criterion		19.37590
Log likelihood	-316.2058	Hannan-Quinn criter.		19.31572
F-statistic	8139.883	Durbin-Watson stat		0.129929
Prob(F-statistic)	0.000000			

图 3-2-12

单击本模型菜单中的"Name"（名称），在名称框只能输入英文，本例输入"xxhg"，在显示标签框可输入汉字，本例输入"一元线性回归"。关闭本图窗口，图方程模型被自动保存。

（六）学生填写回归分析参数值和汉语注解

学生填写回归分析参数值和汉语注解如图 3-2-13 所示。

Dependent Variable: XIAOFEI				
Method: Least Squares				
Date: 12/12/17 Time: 12:46				
Sample: 1981 2013				
Included observations: 33				
Variable	Coefficient	Std. Error	t-Statistic	Prob.
C				
SHOURU				
R-squared		Mean dependent var		
Adjusted R-squared		S.D. dependent var		
S.E. of regression		Akaike info criterion		
Sum squared resid		Schwarz criterion		
Log likelihood		Hannan-Quinn criter.		
F-statistic		Durbin-Watson stat		
Prob(F-statistic)				

图 3-2-13

（七）一元线性回归模型显著性检验

以下实验要求学生仿照前面的实验独立完成。

1. P 值检验分析

本实验回归结果中，t 统计量的相伴概率 P 值即 t 统计量右边的 Prob.的值为 0，即 X 的回归系数对应的 P 值为_____，因此在 0.01 的水平上_____H_0，即回归参数_____显著。____说明_____原假设，即这个自变量对因变量 _____的影响。

2. 拟合优度和统计检验

对回归模型的参数进行估计，根据回归结果得：

回归方程中，R^2 等于_____，说明所建模型整体上对样本数据拟合_____。

3. 根据经济意义检验

回归模型为：_____

从回归模型结果参数可看出，C 截距项的经济含义：_____

回归系数的经济含义：_____

_____

_____

（八）预测分析

假设 2014 年我国城镇居民人均收入为 721 607.8 元，在显著水平为 5%的情况下，预测 2014 年的人均消费值和预测区间。

仿照上例获取相关参数并计算。

X 的 σ 标准误差（S.E. of regression）＝_____。

n ＝_____；X_f ＝_____；$\bar{X}$ ＝_____；Y_f ＝_____。

$(X_f - \bar{X})^2$ ＝_____

$\sigma_x^2(N-1) = 4$ _____

$T_{\alpha/2}(n-1-1)$ 的临界值可直接从 T 分布表获得。一般方法是给定显著性水平 $\alpha = 0.05$，查自由度为 $n-k-1$ 的 t 分布表，n 为样本数（注意本实验此时的 N 的值），k 为解释变量（本实验此时的自变量数仍为 1）数，得临界值 $t_{\alpha/2}(n-k-1)$。

本例 $T_{\alpha/2}(n-1-1) = T_{0.025}(\_\_\_\_) = _____$。

由此可计算出 2014 年的预测区间的值。

若 2014 年我国城镇人均收入为 721 607.8 元，在置信度为 95%的情况下，2014 年城镇人均消费预测值为_____元。

Y_f 预测区间的上限＝_____；

Y_f 预测区间的下限＝_____。

即 2014 年城镇人均消费的预测区间为（_____，_____）。

三、实验报告及要求

本次实验报告要素和内容必须包含以下几点：

（1）实验课名称、实验项目名称、实验学时、实验类型、实验起止日期、实验目的要求、实验原理或实验方案、使用的主要仪器设备、材料或软件、方法步骤、实验数据及处理、心得体会与建议。

（2）本次实验报告重点记录：实验过程的方法步骤、实验数据及处理（图、表）、实验结果（分析结论）以及心得体会与建议。

实验项目三 多元线性回归

【实验目的】

（1）通过本次实验，学生能更深入地理解多元线性回归模型的含义，掌握多元线性回归模型的经典假定、模型的参数估计以及模型的统计检验。

（2）通过本次实验，学生能综合所学过的计量经济学和统计学等学科知识，独立地进行涉及多个影响因素的经济问题的研究，确定研究对象，按照计量经济分析的工作程序，即理论模型的设计、样本数据的收集、模型参数的估计和模型的检验去分析研究经济问题，并写出分析报告。

【实验内容】

（1）本次第一个实验是以1978—2002年中国税收收入、国内生产总值、财政支出、商品零售价格指数等数据为研究对象，使用强行进入法建立影响中国税收收入的多元线性回归模型，并检验模型的合理性，分析模型各种影响因素的经济学意义。

（2）通过对有关农民收入的历史数据和现状进行分析，确定影响农民收入的主要因素，运用 EViews 建立影响中国农民收入的多元线性回归模型，并对模型进行有效性、合理性检验分析，在此基础上对如何增加农民收入提出相应的政策建议。

（3）本次第二个实验以研究中国影响农民收入增长的因素为课题，选择影响1986—2005年中国农民收入增长的7种变量，使用逐步消除法建立多元线性回归模型，进行检验分析并提出政策建议。

【实验课时】

6课时。

【实验类型】

综合型。

【知识回顾】

一元线性回归是将一个主要影响因素作为自变量来解释因变量的变化，在现实问题研究中，因变量的变化往往受几个重要因素的影响。例如，家庭消费支出，除了受家庭可支配收入的影响，还受诸如家庭所有的财富、物价水平、金融机构存款利息等多种因素的影响；再例如，对人均国民生产总值的影响因素一般有：人口变动因素、固定资产数、货币供给量、物价指数、国内国际市场供求关系等。对此类经济研究就需要用两个或两个以上的影响因素作为自变量来解释因变量的变化,这就是多元回归,亦称多重回归。当多个自变量与因变量之间是线性关系时,所进行的回归分析就是多元线性回归。

多元线性回归模型(multivariable linear regression model)的一般形式为:

$$Y_i = \beta_0 + \beta_1 X_{1i} + \beta_2 X_{2i} + \cdots + \beta_k X_{ki} + \mu_i \quad (i = 1, 2, \cdots, n)$$

式中,Y_i 为被解释变量;X_{1i},X_{2i},⋯为解释变量;β_0,β_1,⋯为未知参数,即回归系数,也称偏回归系数;μ_i 为随机干扰项;n 为解释变量的数目。

【实验要求】

(1)复习计量经济学回归分析知识、实践过程、实践所有参数与指标、理论依据说明等,多元线性回归模型分析的相关内容(包括模型设定、估计参数、模型检验、模型应用)。

(2)必须将本次工作文件保存到自己的文件夹下。将实验过程中产生的一些重要的数据表、图等复制到自己的 Word 文件中并保存,以便于撰写实验报告或论文。

【实验步骤】

一、多元线性回归实验一

(一)数据说明

1. 模型样本容量要求

计量经济学的所有模型参数估计是在样本观测值的支持下完成的,模型对样本数据具有很强的依赖性。从建模需要来讲,样本容量越大越好,但收集与整理样本数据是一件非常困难的工作,因此就要求样本必须达到建模的最小样本容量和满足基本要求的样本容量。

(1)多元线性回归模型的最小样本容量。

多元线性回归模型的样本容量必须不少于模型中解释变量的数目+常数项数目,公式为:

$$n \geq k + 1$$

式中,n 为样本容量,k 为解释变量数目。

(2)满足基本要求的样本容量。

虽然当 $n \geq k+1$ 时可以得到参数估计量,但 n 太小时,除了参数估计量质量不好,一些建立模型所必需的后续工作也无法进行,t 分布不稳定。一般经验认为 $n \geq 30$ 或者 $n \geq 3(k+1)$ 才能满足模型估计的基本要求,t 分布才稳定,检验才较为有效。例如,解释变量有 5 个,即 $k = 5$,那么样本数 n 至少要大于 $3 \times (5 + 1) = 18$ 个样本。

2. 数据来源说明

为了快速方便地理解和掌握多元线性回归模型理论和实验,我们先用多元线性回归模型分析的一组数据来实施本次实验:影响国家税收收入增长的多元线性回归模型。

影响税收收入增长的因素很多，但主要影响因素有以下几个：① 从宏观经济看，经济整体增长是税收增长的基本源泉。② 公共财政的需求，税收收入是财政的主体，社会经济的发展和社会保障的完善等都对公共财政提出要求，因此对预算支出所表现的公共财政的需求对当年的税收收入可能有一定的影响。③ 物价水平——商品零售价格指数。以现行价格计算的GDP等指标和经营者收入水平都与物价水平有关。④ 税收政策因素。

改革开放以来，随着经济体制的改革深化和经济的快速增长，中国的财政收支状况发生了很大的变化，1978年中央和地方的税收收入为519.28亿元，到2002年已增长到17 636.45亿元，25年间增长了33倍。为了研究中国税收收入增长的主要原因，分析中央和地方税收收入的增长规律，预测中国税收未来的增长趋势，需要建立计量经济学模型。

我国自1978年以来经历了两次大的税制改革：一次是1984—1985年的国有企业利改税，另一次是1994年的全国范围内的新税制改革。税制改革对税收会产生影响，特别是1985年税收陡增215.42%。但是第二次税制改革对税收的增长速度的影响较小，因此可以从以下几个方面分析各种因素对中国税收增长的具体影响。

为了反映中国税收增长的全貌，选择包括中央和地方税收的"国家财政收入"中的"各项税收"（简称"税收收入"）作为被解释变量，以反映国家税收的增长状况；选择"国内生产总值（GDP）"作为经济整体增长水平的代表；选择中央和地方"财政支出"作为公共财政需求的代表；选择"商品零售物价指数"作为物价水平的代表。由于税制改革难以量化，而且1985年以后财税体制改革对税收增长影响不是很大，可暂不考虑。所以解释变量设定为可观测的"国内生产总值（GDP）""财政支出""商品零售物价指数"。（见表3-3-1）

本次数据来源于《中国统计年鉴》（1980—2005年）。

表3-3-1　1978—2002年月税收收入及相关数据

年份	税收收入/亿元（Y）	国内生产总值/亿元（$X1$）	财政支出/亿元（$X2$）	商品零售价格指数/%（$X3$）
1978	519.28	3 624.1	1 122.09	100.7
1979	537.82	4 038.2	1 281.79	102
1980	571.7	4 517.8	1 228.83	106
1981	629.89	4 862.4	1 138.41	102.4
1982	700.02	5 294.7	1 229.98	101.9
1983	775.59	5 934.5	1 409.52	101.5
1984	947.35	7 171	1 701.02	102.8
1985	2 040.79	8 964.4	2 004.25	108.8
1986	2 090.73	10 202.2	2 204.91	106
1987	2 140.36	11 962.5	2 262.18	107.3
1988	2 390.47	14 928.3	2 491.21	118.5
1989	2 727.4	16 909.2	2 823.78	117.8

续表

年份	税收收入/亿元（Y）	国内生产总值/亿元（X1）	财政支出/亿元（X2）	商品零售价格指数/%（X3）
1990	2 821.86	18 547.9	3 083.59	102.1
1991	2 990.17	21 617.8	3 386.62	102.9
1992	3 296.91	26 638.1	3 742.2	105.4
1993	4 255.3	34 636.4	4 642.3	113.2
1994	5 126.88	46 759.4	5 792.62	121.7
1995	6 038.04	58 478.1	6 823.72	114.8
1996	6 909.82	67 884.6	7 937.55	106.1
1997	8 234.04	74 462.6	9 233.56	100.8
1998	9 262.8	78 345.2	10 798.18	97.4
1999	10 682.58	82 067.5	13 187.67	97
2000	12 581.51	89 468.1	15 886.5	98.5
2001	15 301.38	97 314.8	18 902.58	99.2
2002	17 636.45	104 790.6	22 053.15	98.7

（二）工作文件的建立

1. 建立文件夹

在 D 盘建立一个自己的文件夹，文件夹的名字为：你的班级 + 姓名 + 实验项目三。

2. 建立工作文件

（1）打开 EViews，进入 EViews 主窗口。

修改默认目录，方法：双击 EViews 右下边 "PATH=" 后的路径名—选择自己 D 盘的文件夹—单击 "确定"。

（2）建立 EViews 工作文件方法一：菜单法。

点击 "File"（文件）— "New"（新文件）— "Workfile"（工作文件），系统默认为有序数据结构符合本次实验，在弹出的对话框中输入起始年 1978 和结束年 2002。（见图 3-3-1）

其他可不输入，单击 "OK"，即可建成一个空白数据的工作文件。

（3）建立 EViews 工作文件方法二：命令法。

在命令栏输入命令并回车：

CREATE A 1978 2002

（4）保存工作文件。

方法一：单击 "File" — "Save"。

方法二：Ctrl + S。

方法三：在命令栏输入命令并回车：wfsave(1)。

方法四：在命令栏输入命令并回车：wfsave(2)。

在弹出的对话框中输入文件名，然后单击 "保存" 即可。实验要求将本次工作文件保存

到你的本次实验文件夹下,文件名为"XXX 多元线性回归实验一"。(注意:文件名中的"XXX"应该为学生自己的姓名)

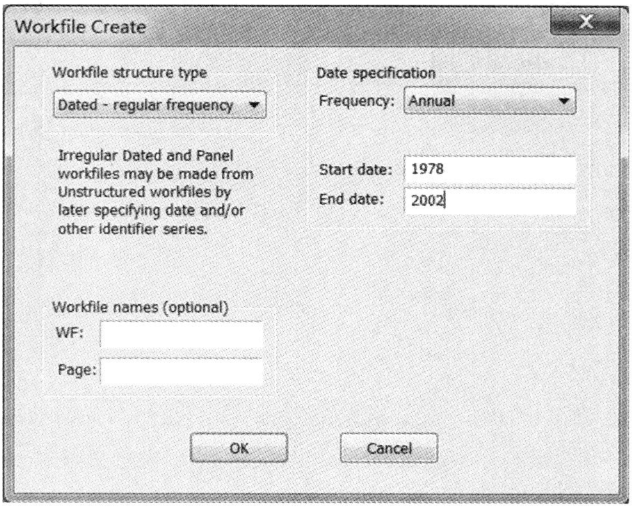

图 3-3-1

(三)输入数据

实验数据可采用以下任何一种方法输入数据。

方法一:命令法。命令格式为:

data <序列名 1><序列名 2>......<序列名 n>,序列名之间用空格隔开。

本次实验命令为:data Y X1 X2 X3

方法二:文件导入数据法。

确保已经建立了适合本实验数据序列的工作文件,并且确保实验计算机上有诸如 Excel 的电子表格类的数据文件,那么可以直接将数据导入到 EViews 工作文件中。具体步骤如下:

打开 EViews 工作文件,然后点击主菜单中的"File"(文件)—"Import"(导入)—"Import from file"(从文件导入)或工作文件菜单中的"Procs"(过程)—"Import"(导入)—"Import from file"(选择合适的文件类型和文件导入),然后选择数据列,修改列名(重点是去掉中文)按照提示完成数据输入。

(四)散点图分析

如果解释变量 X 的单位变动引起因变量的变化率 β(回归系数,称斜率)是一个常数。则回归模型是一种(解释)变量线性模型。相反,如果斜率无法保持不变,则回归模型就是一种(解释)变量非线性模型。

通过做散点图可以较为直观地观察 Y 和 X 的线性关系。

根据以上数据,做出税收收入 Y 和国内生产总值 $X1$ 的散点图(Scatter),命令是:

SCAT X1 Y

修改散点图标签名:单击本窗口菜单"Name"在图形名称框输入"sandiantu1",演示标

签名输入"税收收入 Y 和国内生产总值 X1 的散点图",即可保存此图。(见图3-3-2)

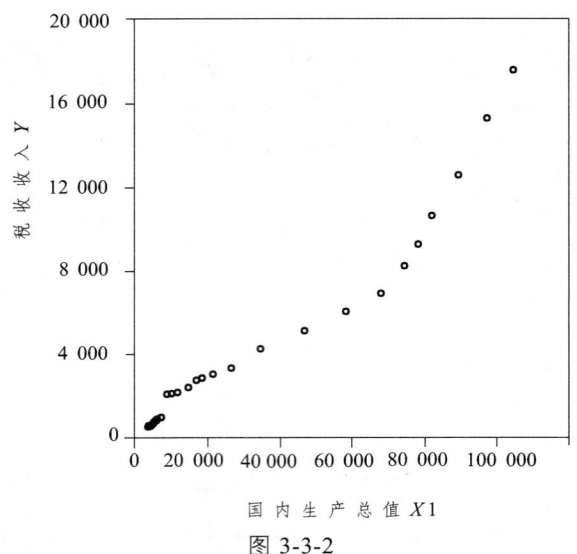

图 3-3-2

从散点图可以看出,税收收入 Y 和国内生产总值 X1 大体呈现为线性相关关系。

使用以上方法可得到 Y 关于 X2 的散点图:

修改散点图标签名:单击本窗口菜单"Name"给这个图形名称框输入"sandiantu2",演示标签名输入"税收收入 Y 和财政支出 X2 的散点图",即可保存了此图表。

散点图分析:从散点图可以看出,税收收入 Y 和国内生产总值 X2 大体呈现为线性相关关系。

使用以上方法可得到 Y 关于 X3 的散点图:

修改散点图标签名:单击本窗口菜单"Name",给这个图形名称框为"sandiantu3",演示标签名为"税收收入 Y 和商品零售价格指数 X3 的散点图",即可保存此图。(见图3-3-3)

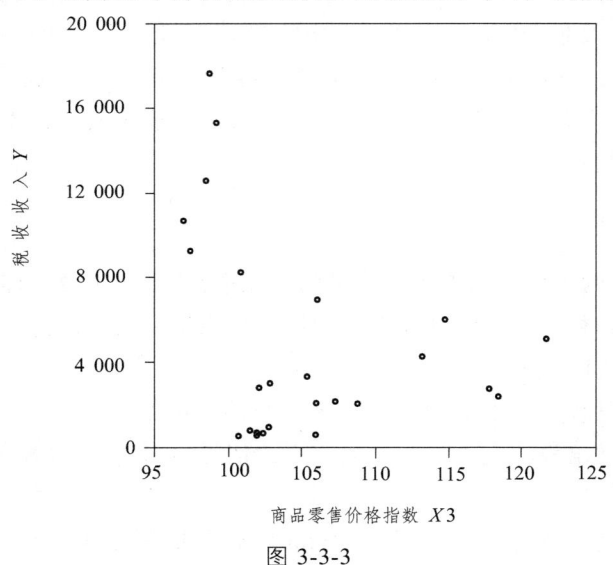

图 3-3-3

散点图分析：从散点图可以看出，商品零售价格指数 $X3$ 对税收收入 Y 的影响呈现为复杂的非线性关系。

事实上，线性回归分析中"线性"的含义，在不影响最小二乘估计性质的前提下，是可以扩展的。因而对线性一词的含义有两种解释。

第一种解释是"对变量为线性"，即 Y 的条件期望是各个解释变量 X_i 的线性函数。从几何意义上说，这时回归曲线是一条直线。

第二种解释是"对参数为线性"，即 Y 的条件期望是各个参数 β_i 的线性函数；它可以是或不是变量 X 的线性函数。按这种解释，只要回归模型中的回归系数是线性的，就可以认为它是线性模型。

那么，本例以 $X3$ 为解释变量，Y 为被解释变量，建立一元回归模型，再用该模型的回归参数 β 为解释变量，Y 为被解释变量做散点图，观察是否符合第二种解释："对参数为线性"。

具体操作如下：

（1）以 $X3$ 为解释变量，Y 为被解释变量，建立一元回归模型，命令为：

LS　Y　C　X3

（2）将该模型的回归系数赋给变量 $E3$，命令为：

Genr E3=resid

可将 E3 的演示标签名修改为"Y　C　X3 的回归系数"。

（3）做税收收入 Y 和 X3 的回归系数 E3 散点图（Scatter），命令是：

SCAT　E3　Y

于是得到散点图如图 3-3-4 所示。

修改散点图标签名：单击本窗口菜单"Name"，给这个图形名称框输入"sandiantu4"，演示标签名输入"Y 和 $X3$ 的回归系数 E3 散点图"，即可保存此图。

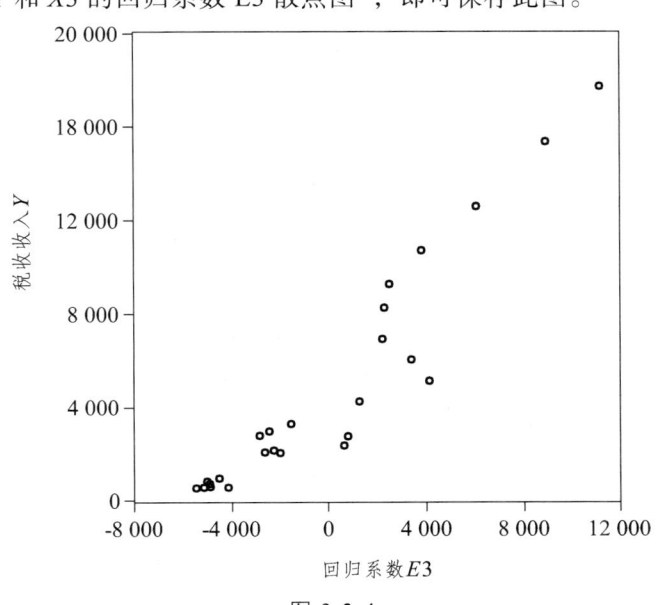

图 3-3-4

散点图分析：从散点图可以看出，被解释变量 Y 与解释变量 X3 的回归系数 E_3 的散点图大体呈现为线性相关关系。

因此，我们也可以认为在不影响最小二乘估计性质的前提下，商品零售价格指数 X3 对税收收入 Y 也可以建立线性回归模型。

不过对于依据第二种解释建立的回归模型，往往需要进行修正和调整。本次实验暂不讨论这类问题，在以后的异方差、序列相关性和多重共线性等实验中再涉及此类知识。

（五）模型的建立

多元线性回归模型与一元回归模型类似，直观地看只是模型中增加了一些解释变量：

$$Y = \beta_0 + \beta_1 X_{1i} + \beta_2 X_{2i} + \cdots + \beta_k X_{ki} + \mu_i \quad (i = 1, 2, \cdots, n)$$

多元线性回归模型的建立有多种方式，一般默认方式被称作"强行进入法（Enter）"，就是把预先选定的自变量全部带入回归模型。尽管这种方式有可能带来一些问题，但初学者还是应当依据此种方式开始实验。下边我们采用"强行进入法"建立本例的多元线性回归模型。

确定了被解释变量和解释变量（或函数）后，在 EViews 中可以使用以下方法建立回归模型。

方法一：在 EViews 主页界面点击"Quick"菜单，点击"Estimate Equation"（估计方程），出现"Equation Specification"（方程式说明）对话框，选择 OLS（普通最小二乘法）估计，输入"Y C X1 X2 X3"，点击"OK"。

方法二：在命令窗口直接输入下边命令后回车：

LS Y C X1 X2 X3

回归结果如图 3-3-5 所示。

Dependent Variable: Y				
Method: Least Squares				
Date: 03/07/18　　Time: 17:16				
Sample: 1978 2002				
Included observations: 25				
Variable	Coefficient	Std. Error	t-Statistic	Prob.
C	-2582.755	940.6119	-2.745825	0.0121
X1	0.022067	0.005577	3.956633	0.0007
X2	0.702104	0.033236	21.12474	0.0000
X3	23.98506	8.738296	2.744821	0.0121
R-squared	0.997430	Mean dependent var		4848.366
Adjusted R-squared	0.997063	S.D. dependent var		4870.971
S.E. of regression	263.9591	Akaike info criterion		14.13511
Sum squared resid	1463163	Schwarz criterion		14.33013
Log likelihood	-172.6889	Hannan-Quinn criter		14.18920
F-statistic	2717.254	Durbin-Watson stat		0.948521
Prob(F-statistic)	0.000000			

图 3-3-5

保存本模型：在打开的本模型回归分析表窗口—单击"Name"—名称为"dyhg"，演示标签名为"多元回归模型"。

查看回归方程系数。

单击"View"（查看）—"Representations"（模型表示），弹出的分析表中的"Substituted Coefficients"（方程替代系数）下的系数就是本模型的回归模型系数。

本实验模型估计的结果为：

$Y = -2\,582.755\,482\,9 + 0.022\,067\,154\,277X1 + 0.702\,104\,075\,794X2 + 23.985\,062\,289\,1X3$

（六）模型统计检验

1. 多元线性回归模型遵循的规律

（1）解释变量 X_i 是确定性变量，不是随机变量，且解释变量之间互不相关，即无多重共线性。

（2）随机干扰项 μ_i 是一个随机变量，且任何特定时期（或不同样本对应）的随机误差项 μ 的期望均为零，并具有同方差。

（3）随机误差项不存在序列相关关系。

（4）随机误差项与解释变量之间不相关。

（5）解释变量之间不是完全线性相关的。

随机误差项服从 0 均值、同方差的正态分布。多元回归模型中的回归系数称为偏回归系数。

对于典型的多元线性回归模型一般做以下检验。

2. 多元线性回归模型显著性检验

多元线性回归的原假设 H_0 及备择假设和一元线性回归相同。"原假设"是用来否定我们模型的，即"原假设"假定我们的多元线性回归模型会产生不可预知的小概率事件（随机事项）。尽管这种小概率事件（随机事项）在实际中是不可避免的，但它发生的概率超过一定值，那么这个"原假设"就成立了。这样我们当前的模型就失去了意义。因此，如果检验结果是拒绝"原假设"，那么就肯定我们的模型；如果检验结果接受"原假设"，那么就否定我们的模型。

EViews 多元线性回归的原假设 H_0 的检验实际上是 P 值检验。P 值给出了拒绝零假设的随机事件发生概率，仍用"Prob"来表示双侧概率（简称 P 值），是 T 统计量的伴随概率。这里的概率是指以估计系数 = 0 为原假设，根据数理统计原理构造出已知分布的检验统计量，再代入具体的样本值，可以确定是否有小概率事件发生，以此来决定是否推翻原假设。

本实验回归结果 $X1$，$X2$，$X3$，T 统计量和 F 统计量的 Prob 值以及 Prob(F-statistic)值全部远低于经典的假定显著性水平 0.05，可以肯定本模型拒绝了所有显著性水平为 0 的原假设。

但是，多元线性回归远比一元线性回归复杂得多，因此必须进一步做其他检验。

3. 多元线性回归拟合优度检验

（1）决定系数拟合度检验分析。

在 EViews 软件里类似于一元回归构造了一个不含单位，可以相互比较，而且能直观地判断拟合优劣的指标 R-squared，也就是决定系数拟合度 R^2。

R-squared 的值介于 0 到 1，越接近 1 说明回归拟合效果越好。一般地，如果 R^2 地取值超过 0.8，认为模型的拟合优度比较高。在本例中 $R^2 = 0.997\,430$，表示拟合程度很好。

（2）调整后的决定系数检验分析。

调整后的决定系数（$\bar{R}^2$）公式为：$\bar{R}^2 = 1 - \dfrac{SSR/n-k-1}{SST/n-1} = 1 - (1-R^2)\dfrac{n-1}{n-k-1}$，在 EViews 软件里为"Adjusted R-squared"的值。在本实验中，调整后的决定系数 $\bar{R}^2$ 为 0.997 063，是一个非常理想的数据。

（3）回归结果的图形分析。

在"Equation"（方程）子窗口框中，点击菜单"Resids"（残差分布图，出现回归结果的图形）。图 3-3-6 中 Residual 表示残差，Actual 表示实测值，Fitted 表示拟合值。为了便于观察，我们修改了实测值 Actual 的线型和颜色。拟合值大小说明拟合方程的效果，值越小拟合效果越好。本例的效果非常好。

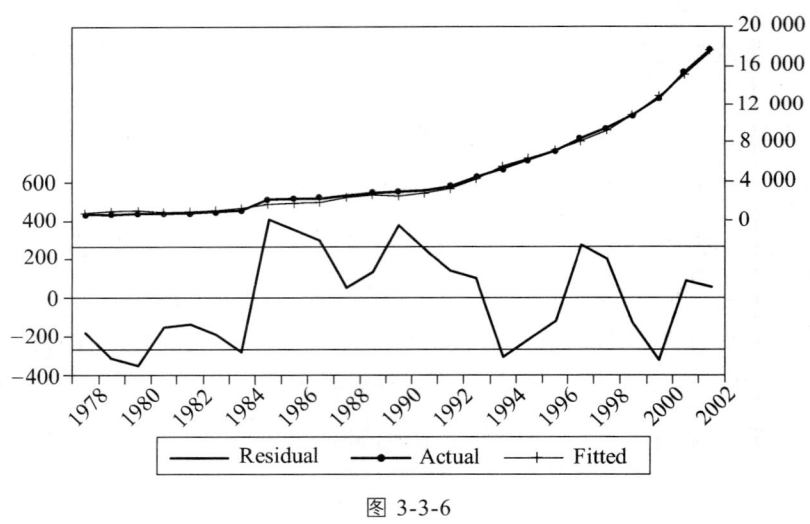

图 3-3-6

4. 多元线性回归方程总体线性显著性检验

（1）多元线性回归方程总体线性显著性检验的原假设。

原假设 H_0 认为没有一个自变量可以影响因变量，用参数表示为 H_0：$\beta_i = \beta_2 \cdots \beta_k = 0$（$i$, 1, 2, $\cdots$, k）。在 EViews 中回归整体显著用 F（F-statistic）检验值表示。F 检验实际上是对于排除所有自变量的约束进行的检验。

所有自变量从方程中除去，所以 H_0 等同于 $H_0 : R^2 = 0$，即因变量的变异一点都没有得到解释，因此回归整体显著性的 F 统计量可以定义为：

$$F = \frac{R^2/k}{1-R^2/n-k-1}$$

在本实验中，F 统计值为 2 717.254，从其相伴概率 Prob(F-statistic) = 0 显示出回归整体是极为显著的。

但是本例三个自变量联合起来是否真的对 Y 产生了显著影响，还需要进一步细化检验。

（2）多元线性回归方程总体线性显著性检验数理理论。

多元线性回归方程总体线性显著性检验数理依据是离差平方和的分解式。

总离差平方和 TSS 的自由度为 $n-1$，回归平方和 ESS 是由 k 个解释变量 $X1$，$X2$，…，Xk 对 Y 的线性影响决定的，因此它的自由度为 k。所以，残差平方和 RSS 的自由度为总离差平方和的自由度减去回归平方和的自由度，即为 $n-k-1$。

（3）EViews 里多元线性回归方程总体线性显著性检验的方法。

依据原假设 H_0：$\beta_1 = \beta_2 = \beta_3 = 0$。检验方法是，给定显著性水平 α，查 F 分布表得到临界值给定显著性水平 α 值，如果回归模型中 F-statistic<F_α 表临界值，那么接受原假设 H_0；如果回归模型中 F-statistic>F_α 表临界值，那么拒绝原假设 H_0。

（4）本例多元线性回归方程总体线性显著性检验的具体操作。

本实验在给定的显著性水平 $\alpha = 0.05$，在 F 分布表中查的 $F_\alpha(k, n-k-1)$ 临界值，即：$F_\alpha(k, n-k-1) = F_\alpha(3, 25-3-1) = F_\alpha(3, 21) = 3.075$。本实验 EViews 多元线性回归得到的 $F = 2\,717.254 > 3.075$，即拒绝原假设 H_0，说明回归方程显著。因此可以说明，"国内生产总值（GDP）""财政支出""商品零售物价指数"这三个经济因素联合起来确实对"税收收入"有显著影响。

5. 多元线性回归变量的显著性检验

多元线性回归方程总体显著，并不意味着每个解释变量对因变量 Y 的影响都重要，因此需要进行回归系数显著性检验。

（1）多元线性回归 T 值检验提出的假设：

原假设 H_0：$\beta_i = 0$（i，1，2，…，k）。

备择假设：H_1：$\beta_i \neq 0$（i，1，2，…，k）。

（2）构造统计量 T 值的获得。

构造统计量公式推导见统计学和计量经济学理论部分，其值可从回归结果表中 t-Statistic 列得到。其临界值可直接从 t 分布表获得。方法是给定显著性水平 α，查自由度为 $n-k-1$ 的 t 分布表，得临界值 $t_{\alpha/2}(n-k-1)$。

（3）判断依据。

如果多元回归模型结构表中 T 统计量 t-Statistic 的绝对值 $\geq t_{\alpha/2}(n-k-1)$，则拒绝原假设 H_0，认为该变量显著；

如果多元回归模型结构表中 T 统计量 t-Statistic 的值<$t_{\alpha/2}(n-k-1)$，则接受原假设 H_0，认为该变量不显著。

（4）本实验多元线性回归变量显著性检验操作。

针对原假设 H_0：$\beta_i = 0$（$i = 0, 2, 3, 4$），给定的显著性水平 $\alpha = 0.05$，查 t 分布表得自由度为 $n - k - 1 = 21$，注意本模型的自变量是 3 个，但这里的 $k = 4$，包括 β_0。那么临界值 $t_{\alpha/2}$（$n - k - 1$）$= t_{\alpha/2}$（21），查看 t 分布表中 $t_{\alpha/2}$（21）$= 2.080$。从本实验 EViews 回归数据结果可得，与 β_0、β_1、β_2、β_3 对应的 T 统计量分别为 $-2.745\,825$、$3.956\,633$、$21.124\,74$、$2.744\,821$，其绝对值均大于 2.080，这说明分别都应当拒绝 H_0。也就是说，当其他解释变量不变的情况下，解释变量"国内生产总值(亿元)$X1$""财政支出（亿元）$X2$""商品零售价格指数（%）$X3$"分别对被解释变量"税收收入 Y"都有显著影响。

（七）解释本模型的经济含义

模型估计结果说明，在假定其他变量不变的情况下，当年 GDP 每增长 1 亿元，税收收入就会增长 0.022 07 亿元；在假定其他变量不变的情况下，同时也不考虑时间序列模型的其他问题，那么当年财政支出每增长 1 亿元，税收收入就会增长 0.702 1 亿元；在假定其他变量不变的情况下，当零售商品物价指数上涨一个百分点，税收收入就会增长 23.985 亿元。

（八）多元线性回归预测

1. 多元回归预测知识要点

计量经济学模型的一个重要应用是经济预测，同一元线性回归模型预测一样，如果多元线性回归模型各项检验都比较理想，那就可以用这个模型进行经济预测。它涉及四个重要观测点：

（1）置信水平：为模型设定一个显著性水平 α（一般取 5% = 0.05），那么置信水平 $= 1 - \alpha$（即 95% = 0.95）。因为只有模型的显著性水平明显时，预测才可信任。

（2）点预测：被解释变量 Y 的点预测值，默认为 f_Y（预测后新产生的）。

预测值是一个估计值，预测值是仅以某一个置信水平（一般取 95%）处于以该估计值为中心的一个值。严格地讲，点预测的值不是预测值，更不是真值，仅仅是一个估计值，但它有重要的经济意义。

（3）置信区间：取某一个置信水平（一般取 95%），因变量 Y_f 总体平均预测值的上下置信区间。

（4）预测区间：取某一个置信水平（一般取 95%），因变量 Y_f 的一个个别值的上下估计区间。

多元线性回归预测的置信水平一般为 95%。

点预测的值计算可根据模型回归方程系数公式计算出来：

$$\hat{Y} = -2\,582.755\,482\,9 + 0.022\,067\,154\,277X1 + 0.702\,104\,075\,794X2 + 23.985\,062\,289\,1X3$$

多元线性回归也有置信区间和预测区间计算公式，但是涉及许多高数和统计学知识，尤其是要计算"方差-协方差矩阵"（由随机变量的方差为主对角线元素，以随机变量之间的协方差为非对角元素构成的对称方阵），所以对于本科生来讲，使用大量的函数推导和计算，将是一个非常耗时且学生很难掌握和理解的工作，因此本实验不采用人工计算，而是利用EViews提供的工具快捷来理解掌握多元线性模型的预测。

2. 自变量的假定设置

如果我们还进行预测分析，必须有合理的自变量给定值，这样才可以根据本模型预测未来因变量 Y 的预测值 f_Y。

假定（当然要合理的推算）2003 年的 "$X1$ 国内生产总值(亿元)" "$X2$ 财政支出（亿元）" 和 "$X3$ 商品零售价格指数（%）" 三个经济数据为 136 561.0、24 649.95、99.9。然后继续进行多元回预测实验。

3. 修改样本时间范围

本例样本最后的年份是 2002 年，如果要预测 2003 年的税收收入就要扩大样本范围。

在 Workfile 主窗口点击数据信息栏中的 Range（不是菜单中），出现修改 EViews 工作文件数据结构的 WorkfileStructure 窗口，将结束日期 "End Data" 改为 2003，单击 "OK"— "Yes" 确定。（见图 3-3-7）

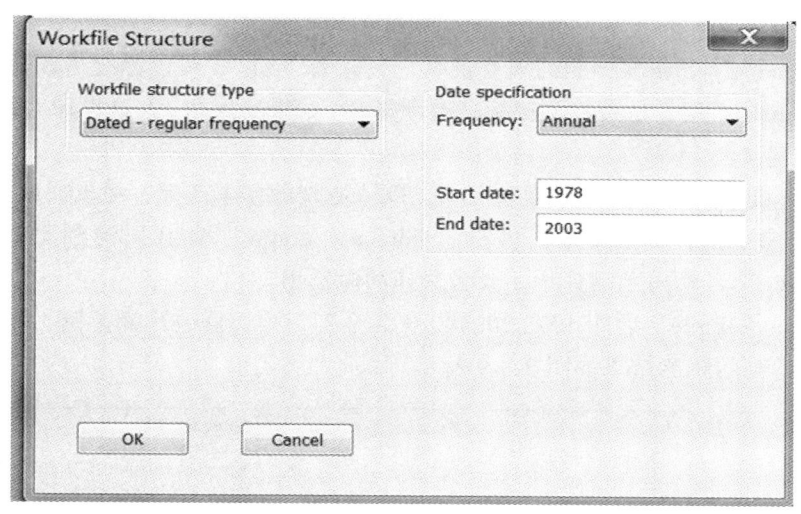

图 3-3-7

4. 添加新数据

添加 2003 年的数据—预测给定的自变量 $X1$、$X2$ 和 $X3$ 的值。按住 Ctrl 键不放，连续选中 $X1$、$X2$ 和 $X3$ 序列，"Open"（打开）— "as Group"（组），这样就同时打开了 3 个序列。一般情况下，序列处于保护状态，不能直接添加数据或编辑，要修改或添加数据需要单击本窗口中的 "Edit+/-" 菜单，然后给 2003 年添加 $X1$、$X2$ 和 $X3$ 序列的数据。

5. 产生 EViews 预测结果

首先打开我们验证后认为比较合理的多元回归模型 "dyhg"，在方程 "Equation : DYHG" 子窗口框中，点击 "Forecast"（预测），弹出以下对话框（见图 3-3-8）。

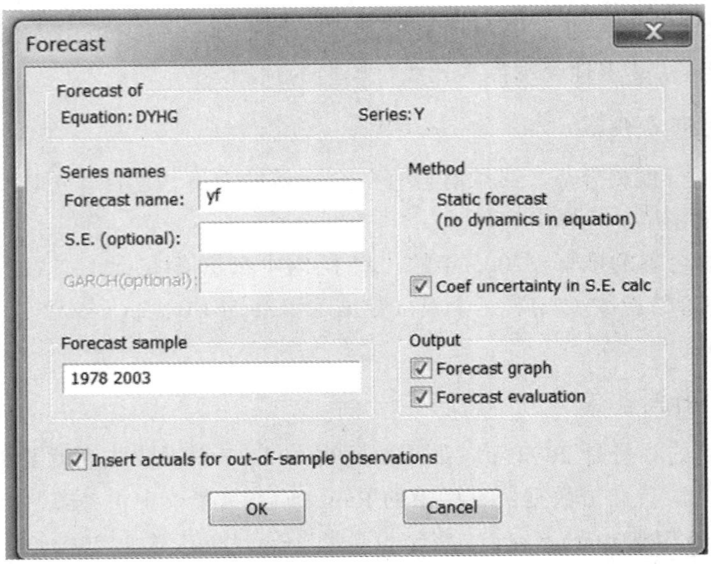

计量经济学实验指导书

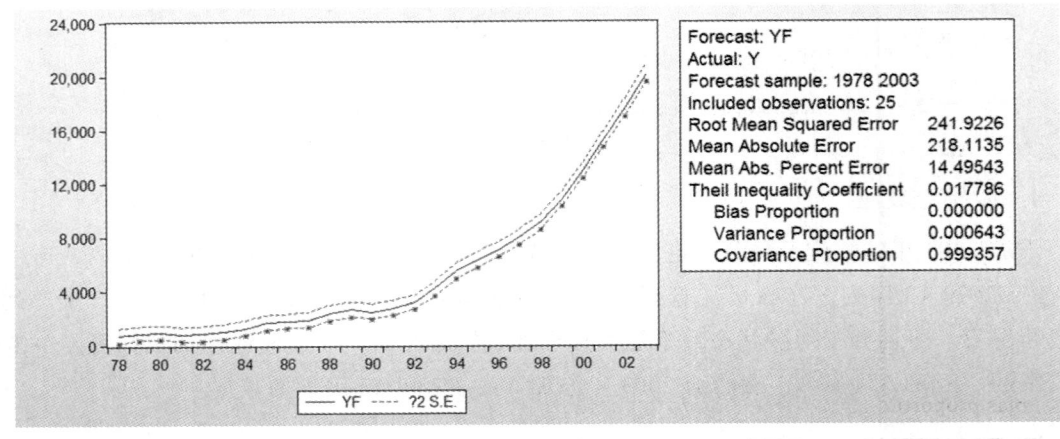

图 3-3-8

对话框主要英文解释如下：

"Forecast name"是指要预测的因变量名，默认为"YF"，可以修改为其他名。

"S.E.(optimal)"用于是否将预测标准差项保存。如果要保存，在这里输入序列名称即可，比如输入"SE"。

"Forecast sample"是预测的样本区间，默认原来的样本范围，可以修改。

"Output"是输出结果选择，可选"Forecast graph"输出预测图形，也可以选择"Forecast evaluation"输出预测评价，或者选择同时输出。

将"ForecastSaiuple"后的 1978 2003 默认为全部，可以修改预测范围，如 2000 2003。单击"OK"，得到的预测结果如图 3-3-9 所示。

图 3-3-9

注意：为了区分上下预测区间，我们特意修改了线型。

EViews 预测结果分两部分：左边是预测图显示区，右边是描述性数据区。

- 76 -

6. EViews 预测结果分析

（1）预测图形分析。

预测图形分析显示在图表的左侧。EViews 的预测分析默认显著性水平 $\alpha = 0.05$，即 $\alpha = 5\%$，置信水平（也称置信度）= $1 - \alpha = 95\%$，通过 EViews 系统函数计算后的点预测值和置信区间值（采用双侧置信区间法）用图形方式显示在预测结果的左侧。其中，蓝色实线是因变量的点预测值，上边的红色虚线则表示置信水平为 95%的置信上限，下边的红色虚线则表示置信水平为 95%的置信下限。

一定要注意，这个预测值是在 95%的置信区间的估计值，具体到哪年的预测值和预测区间值是不一样的，可将鼠标移动到曲线上查看相应年度的数值。如果把鼠标移到红色线上，将显示出具体年份的预测区间值；如果把移到蓝色曲线上，可显示出对应每个年度的预测值。

本实验 2003 年预测值为 20 134.7，2003 年预测上区间为 20 774，2003 年预测下区间为 19 494。

需要注意的是：在 EViews 中，如果数据比较多或比较大，那么预测值或预测区间值用科学计数法表示，如显示 1.57e + 05，在描述时需要换算为一般数据形式，1.57e + 05 = 1.57×10^5 = 157 000。

（2）数据描述分析。

预测数据描述分析显示在图表的右侧，是定量分析的结果数据。为了方便学生理解，用汉语解释如下（见表 3-3-2）。

表 3-3-2　数据描述的汉语解释

图右边数据的描述性分析（英文）	中文含义	意义
Forecast: YF	预测的因变量名称	
Actual: Y	实际：Y	
Forecast sample: 1978　2003	预测样本	
Included observations: 25	包含的观察样本数量	
Root Mean Squared Error：241.922 6	均方根误差	第 1、2 个指标，其值取决于因变量的绝对值。所以需要相对指标 3、4 来比较同样的序列在不同模型中的预测结果
Mean Absolute Error：218.113 5	平均绝对误差	
Mean　Abs.percent error14.495 43	平均绝对百分比错误	指标 3 的值如果小于 10，则被认为预测精度较高
The il inequalitycoefficient　0.017 786	不等式系数	第 4 个指标，介于 0 到 1 之间，也是越小越好（说明预测值与真实值之间的差距越小）
bias proportion　0	偏差比率	指标 5 为偏差比例，表明预测的平均值与实际系列的平均值有多远
varianceproportion　0.000 643	方差比例	指标 6 为方差比例，表明预测的变化距离实际系列的变化有多远
Covarianceproportion　0.999 357	协方差比例	指标 7 协方差比例，衡量剩余的非系统预测误差

指标 5、6、7 三项合计为 1，这是因为此三项的分子之和就等于误差分母。如果预测结果较好，那么偏差和方差比例应该很小，大多数偏差应该集中在协方差比例上（指标 7）上，即协方差比例越接近 1 越好。

7. EViews 预测结论

实验至此将至少新增加一个预测值序列 YF，在 Workfile 窗口中双击 YF 序列就可以看到其具体的预测数值，如图 3-3-10 所示。

年份	YF
1982	841.7353
1983	972.3156
1984	1235.446
1985	1631.830
1986	1732.871
1987	1843.106
1988	2337.988
1989	2598.410
1990	2440.420
1991	2740.110
1992	3160.511
1993	4156.058
1994	5435.096
1995	6252.137
1996	7033.066
1997	7961.037
1998	9063.691
1999	10813.91
2000	12908.06
2001	15215.60
2002	17580.61
2003	20133.70

图 3-3-10

本实验预测输出结果分析如下：

本模型在置信水平为 95%下，若国内生产总值（亿元）$X1$ = 136 561.0，财政支出（亿元）$X2$ = 24 649.95；商品零售价格指数（%）$X3$ = 99.9。那么 2003 年税收收入 Y 的预测值 FY 为 20 133.7 亿元，2003 年的预测区间为（20 774，19 494）。

由于第 1、2 项是绝对指标，无法判断预测值的精度；一般主要观察第 3 项 Mean Abs.percent error（平均绝对百分比错误），本例 Mean Abs.percent error = 14.495 43，大于 10，表明预测精度不好；但第 4 项 The il inequalitycoefficient（不等式系数）= 0.017 786，非常小，说明预测值与真实值之间的差距非常小；第 5、6 项是用于比较预测方差与序列实际值的偏差程度的，本例的偏差率 = 0.0 和方差比例 = 0.000 643，说明预测值与实际值之间的偏差很小；最后的第 7 项 covarianceproportion（协方差比例）= 0.999 357，几乎等于 1，说明预测结果的精度很高。

结论：本模型在置信水平为 95%下的预测结果其精度非常高，值得信任。

二、多元线性回归实验二

（一）建立多元线性回归模型的方式

多元线性回归建立的方程包含了许多自变量，但在实际问题中，可能有这样的情况：参加回归方程的 k 个自变量中，有些自变量单独对因变量 Y 有作用（相关程度密切），但 k 个自变量又可能是相互影响的。在回归分析时，它们对因变量所起的作用有可能被其他自变量代替，而使这些自变量在回归方程中变得无足轻重。这时如果继续把这些自变量留在回归方程中，不但会增加计算上的麻烦，而且不能保证有好的回归效果。为了克服这些缺点，提出了多元逐步回归。

多元逐步回归要求回归方程中包含所有对因变量作用显著的自变量，而不包含作用不显著的自变量，从而建立最优回归方程。

逐步筛选变量的方式有以下几种：

（1）强行进入法（Enter）：将预先选定的自变量全部进入回归模型，这是系统默认方式。

（2）消除法（Remove）：根据设定的条件剔除部分自变量。

（3）向前引入法（Forward）：自变量由少到多逐个引入回归方程，将与因变量的相关系数最大的第一个自变量选入方程并进行检验，如果 F 值$>F_\alpha$，拒绝 H_0；将其余的变量中与因变量的相关系数最大的第二个自变量选入方程，当 F 值$>F_\alpha$，拒绝 H_0；如此下去，不断引入新的自变量，直到不能拒绝 H_0，再没有变量被引入为止。

（4）向后剔除法（Backward）：自变量由多到少一个一个从回归方程中剔除。首先，对预先选定的自变量全部进行回归，然后把对因变量影响不显著的自变量从方程中剔除并进行检验，如果 F 值$<F_\alpha$，接受 H_0，一个一个剔除对因变量不显著的自变量，直到不能再剔除为止。

（二）数据来源说明

近年来，为了实现脱贫总目标，我国各级政府实施了多种精准扶贫措施。那么影响农民收入的主要因素有哪些？这就需要认真地对有关农民收入的历史数据和现状进行分析，用计量经济学的理论和方法深入探讨影响农民收入的主要因素，并在此基础上对如何增加农民收入提出相应的政策建议。

影响农民收入增长的因素是多方面的，既有结构性矛盾因素，又有体制性障碍因素。但从理论和我国现今情况来看，可以归纳为以下几个方面：一是政府对农业投入比重；二是农产品收购价格水平；三是农业剩余劳动力转移水平；四是城市化、工业化水平；五是农业产业结构状况；六是农作物的播种情况；七是农民的各类投资；八是农民的实际收入等。不过由于我国在统计上的全面性不够，农民的各类投资没有统计数据，所以考虑到数据采集的复杂性和可行性，农民各类投资不在本研究因素内。

根据以上分析，我们从《中国统计年鉴 2006》中选择了影响农民收入因素的 7 个解释变量。即：$X1$ 用于农业的支出的财政比重；$X2$ 为第二、三产业从业人数占全社会从业人数的比重；$X3$ 非农村人口比重；$X4$ 乡村从业人员占农村人口的比重；$X5$ 农业总产值占农林牧总产值的比重，X6 农作物播种面积，X7 农村用电量。

农民收入水平的度量常采用人均纯收入指标。考虑到物价和通货膨胀等因素，为了更科学地反映影响农民人均纯收入增长的因素，我们采用了以 1978 年的可比价来计算农民人均收入。（见表 3-3-3）

表 3-3-3 可比价农民人均收入

年份	Y：农民人均纯收入（1978年可比价）	X1：用于农业的支出的财政比重/%	X2：第二、三产业从业人数占全社会从业人数的比重/%	X3：非农村人口比重/%	X4：乡村从业人员占农村人口的比重/%	X5：农业总产值占农林牧总产值的比重/%	X6：农作物播种面积/千公顷	X7：农村用电量/亿千瓦时
1986	133.6	13.43	29.5	17.92	36.01	79.99	150 104.07	253.1
1987	137.63	12.2	31.3	19.39	38.62	75.63	146 379.53	320.8
1988	147.86	7.66	37.6	23.71	45.9	69.25	143 625.87	508.9
1989	196.76	9.42	39.9	26.21	49.23	62.75	146 553.93	790.5
1990	220.53	9.98	39.9	26.41	49.93	64.66	148 362.27	844.5
1991	223.25	10.26	40.3	26.94	50.92	63.09	149 585.8	963.2
1992	233.19	10.05	41.5	27.46	51.53	61.51	149 007.1	1 106.9
1993	265.67	9.49	43.6	27.99	51.86	60.07	147 740.7	1 244.9
1994	335.16	9.2	45.7	28.51	52.12	58.22	148 240.6	1 473.9
1995	411.29	8.43	47.8	29.04	52.41	58.43	149 879.3	1 655.7
1996	460.68	8.82	49.5	30.48	53.23	60.57	152 380.6	1 812.7
1997	477.96	8.3	50.1	31.91	54.93	58.23	153 969.2	1 980.1
1998	474.02	10.69	50.2	33.35	50.84	58.03	155 705.7	2 042.2
1999	466.8	8.23	49.9	34.78	57.16	57.53	156 372.81	2 173.45
2000	466.16	7.75	50	36.22	59.33	55.68	156 299.85	2 421.3
2001	469.8	7.71	50	37.66	60.62	55.24	155 707.86	2 610.78
2002	468.95	7.17	50	39.09	62.02	54.51	154 635.51	2 993.4
2003	476.24	7.12	50.9	40.53	63.72	50.08	152 414.96	3 432.92
2004	499.39	9.67	53.1	41.76	65.64	50.05	153 552.55	3 933.03
2005	521.2	7.22	55.2	42.99	67.59	49.72	155 487.73	4 375.7

注：资料来源于《中国统计年鉴 2006》。

（三）工作文件的建立与数据输入

首先确保在 D 盘已经有一个建立好的用于保存实验文件的文件夹：你的班级+姓名+实验项目三。

1. 建立工作文件

（1）打开 EViews，进入 EViews 主窗口。

修改默认目录，修改方法同前面实验一样。

（2）建立 EViews 工作文件方法一：菜单法。

点击"File"（文件）—"New"（新文件）—"Workfile"（工作文件），系统默认为有序数据结构正符合本次实验，在弹出的对话框中输入起始年 1986 和结束年 2005。其他可不输入，单击"OK"，即可建立一个空白数据的工作文件。

（3）方法二：命令法。

在命令栏输入命令并回车：

CREATE A 1986 2005

（4）保存工作文件。

实验要求将本次工作文件保存到自己的本次实验文件夹下，文件名为"XXX 多元线性回归实验二"。（注意：文件名中的"XXX"为学生自己的姓名）

2. 数据输入

（1）命令格式为：data <序列名1><序列名2>……<序列名n>，序列名之间用空格隔开。

本次实验命令为：data Y X1 X2 X3 X4 X5 X6 X7

（2）文件导入法。

确保已经建立了适合本实验数据序列的工作文件，并且确保实验计算机上有诸如 Excel 的电子表格类的数据文件，那么可以直接将数据导入到 EViews 工作文件中。具体步骤为：

打开 EViews 工作文件，然后点击主菜单中的"File"（文件）—"Import"（导入）—"Import from file"（从文件导入）或工作文件菜单中的"Procs"（过程）—"Import"（导入）—"Import from file"（选择合适的文件类型和文件导入），然后选择数据列，修改列名（重点是去掉中文）按照提示完成数据输入。

（四）强行进入法建立多元线性回归模型

1. 强行进入法建立多元线性回归模

由于我们事先理论上初步确认了这个多元线性回归模型的自变量和因变量，因此我们可以采用多元线性回归建模方式的强行进入法建立多元线性回归模型，即选定所有的自变量全部进入回归模型。可在命令栏输入命令并回车。命令为：

LS Y C X1 X2 X3 X4 X5 X6 X7

于是得到模型分析报告结果如图 3-3-11 所示。

Dependent Variable: Y				
Method: Least Squares				
Date: 03/09/18 Time: 18:03				
Sample: 1986 2005				
Included observations: 20				
Variable	Coefficient	Std. Error	t-Statistic	Prob.
C	-1511.769	513.2978	-2.945209	0.0123
X1	-9.415889	7.584870	-1.241404	*0.2382*
X2	16.11183	4.315500	3.733480	0.0029
X3	-4.108529	7.510505	-0.547038	0.5944
X4	-8.319284	4.747310	-1.752421	0.1052
X5	-1.112603	5.203546	-0.213816	*0.8343*
X6	0.011650	0.004090	2.848506	0.0147
X7	0.054678	0.026844	2.036860	0.0643
R-squared	0.984212	Mean dependent var		354.3070
Adjusted R-squared	0.975003	S.D. dependent var		141.5455
S.E. of regression	22.37918	Akaike info criterion		9.343313
Sum squared resid	6009.932	Schwarz criterion		9.741606
Log likelihood	-85.43313	Hannan-Quinn criter.		9.421064
F-statistic	106.8681	Durbin-Watson stat		1.498109
Prob(F-statistic)	0.000000			

图 3-3-11

保存本模型：打开本模型—单击"Name"—名称为"MX1"，演示标签名为"强行进入法建立多元线性回归模"，如图 3-3-12 所示。

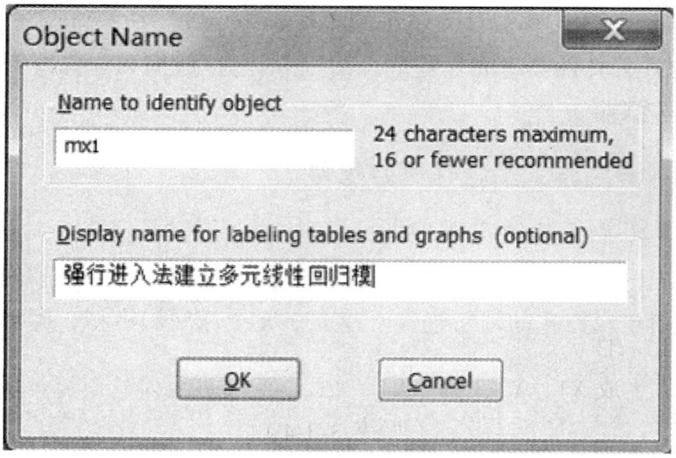

图 3-3-12

2. 本模型显著性的初步检验

（1）数据直观检验法。

从本模型最小二乘估计结果中可以看出，虽然模型整体拟合程度的主要指标 R-squared = 0.984 212，Adjusted R-squared = 0.975 003，反映出整体拟合很好。但是 EViews 给出了拒绝零假设的随机事件发生概率 P 值（Prob）中的 $X1$、$X3$、$X4$、$X5$ 大于显著性的评定标准 5%，尤其是 $X1$、$X3$、$X5$ 的值远大于显著评定标准 5%，说明把 7 个自变量全部放入模型中做回归分析时，$X1$、$X3$、$X4$ 和 $X5$ 存在回归不显著，这有可能存在多重共线性（在后面的实验中将详细讲解），而这是多元线性回归模型不允许的。

（2）相关系数矩阵检验。

当解释变量不止一个时，有多个解释变量对 Y 的影响有时又会存在多重共线性，检验多重共线性的方法比较多，也可能很复杂，本次实验先做一个相关系数矩阵分析检验。

要确定多个解释变量之间的多重共线性是否严重，可计算各解释变量的相关系数。用 EViews 软件做出各解释变量的相关系数矩阵的有效方法和命令如下。

在 EViews 主窗口中，选中 $X1$、$X2$、$X3$、$X4$、$X5$、$X6$、$X7$ 序列。方法是首先选择 $X1$，然后按住 Shift 键不放，再点击 X7 序列，然后单击右键—"Open"—"as Group"，这样就一次性打开了 7 个序列，如图 3-3-13 所示。

	X1	X2	X3	X4	X5	X6	X7
1986	13.43	29.5	17.92	36.01	79.99	150104.07	253.10
1987	12.20	31.3	19.39	38.62	75.63	146379.53	320.80
1988	7.66	37.6	23.71	45.90	69.25	143625.87	508.90
1989	9.42	39.9	26.21	49.23	62.75	146553.93	790.50
1990	9.98	39.9	26.41	49.93	64.66	148362.27	844.50
1991	10.26	40.3	26.94	50.92	63.09	149585.80	963.20
1992	10.05	41.5	27.46	51.53	61.51	149007.10	1106.90
1993	9.49	43.6	27.99	51.86	60.07	147740.70	1244.90
1994	9.20	45.7	28.51	52.12	58.22	148240.60	1473.90
1995	8.43	47.8	29.04	52.41	58.43	149879.30	1655.70
1996	8.82	49.5	30.48	53.23	60.57	152380.60	1812.70
1997	8.30	50.1	31.91	54.93	58.23	153969.20	1980.10
1998	10.69	50.2	33.35	50.84	58.03	155705.70	2042.20
1999	8.23	49.9	34.78	57.16	57.53	156372.81	2173.45
2000	7.75	50.0	36.22	59.33	55.68	156299.85	2421.30
2001	7.71	50.0	37.66	60.62	55.24	155707.86	2610.78
2002	7.17	50.0	39.09	62.02	54.51	154635.51	2993.40
2003	7.12	50.9	40.53	63.72	50.08	152414.96	3432.92
2004	9.67	53.1	41.76	65.64	50.05	153552.55	3933.03
2005	7.22	55.2	42.99	67.59	49.72	155487.73	4375.70

图 3-3-13

接着在本窗口菜单中点击"View"菜单下的"covariance Analysis"（协方差分析）只勾选"Correlation"（相关性）选项，如图 3-3-14 所示。

单击"OK"，就生成 $X1$、$X2$、$X3$、$X4$、$X5$、$X6$、$X7$ 序列的相关系数矩阵。根据此矩阵可分析判断各解释变量的多重共线性。（见表 3-3-4）

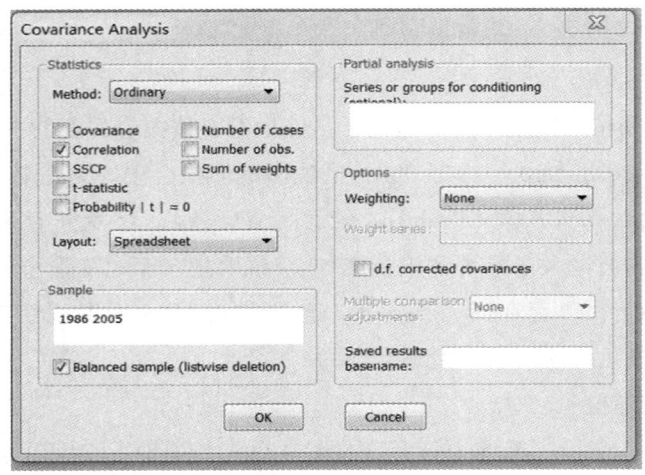

图 3-3-14

表 3-3-4 相关系数矩阵

	X1	X2	X3	X4	X5	X6	X7
X1	1.000 000	−0.741 304	−0.721 585	−0.781 920	0.758 494	−0.378 543	−0.630 368
X2	−0.741 304	1.000 000	0.930 129	0.917 868	−0.951 194	0.761 852	0.886 313
X3	−0.721 585	0.930 129	1.000 000	0.976 246	−0.942 073	0.770 837	0.971 962
X4	−0.781 920	0.917 868	0.976 246	1.000 000	−0.963 614	0.673 377	0.938 008
X5	0.758 494	−0.951 194	−0.942 073	−0.963 614	1.000 000	−0.634 370	−0.885 638
X6	−0.378 543	0.761 852	0.770 837	0.673 377	−0.634 370	1.000 000	0.749 008
X7	−0.630 368	0.886 313	0.971 962	0.938 008	−0.885 638	0.749 008	1.000 000

多变量的相关系数矩阵反映了变量相互间的线性相关程度，多相关系数取值在0和1之间，系数为0表示任意变量之间均不存在线性关系，系数越大表示相关程度越高；系数为1则表示变量之间的任意组合均为概率1，即存在完全线性关系。一般的经验认为，相关系数的绝对值在0.3以下是无直线相关，0.3以上是直线相关，0.3~0.5是低度相关，0.5~0.8是显著相关（中等程度相关），0.8以上是高度相关。

我们把本实验相关系数矩阵中绝对值大于0.8的数据加粗显示，可以看出除了 $X1$ 和 $X6$ 外，其他几个解释变量之间的相关程度较高，可能存在多重共线性。而多重共线性是线性回归不允许的。因此需要调整本实验的方程模型。

（五）向后剔除法建立多元线性回归模型

建立多元线性回归模型可以采用向前引入法（也叫迭代法），但工作量很大。本例解释变量有7个，那么至少要建立21个辅助模型才能完全推导出一个合适的模型。为了降低工作强度，采用后剔除法（Backward）来逐步建立本实验的多元线性回归模型。

向后剔除法是把对因变量影响不显著的自变量从方程中剔除，并进行检验再次建立新模型的过程。这种方式实际上是采用消除法（Remove），根据设定的条件从多元线性回归模型中剔除部分自变量的方法。设定的条件是：剔除对因变量影响不显著的自变量。

1. 去除最大不利因素的自变量 $X5$

由强行进入法建立的模型回归结果中的 P 值可以看出，对因变量影响不显著的自变量有 $X1$、$X2$、$X3$、$X4$、$X5$，其中 $X5$ 的 P 值 = 0.834 3，说明 $X5$ 对 Y 的影响最不显著，结合 $X1$、$X2$、$X3$、$X4$、$X5$、$X6$、$X7$ 相关系数矩阵来看，相关系数矩阵中有 $X5$ 有 4 个相关系数大于 0.8，初步判断最应当消除的自变量是 $X5$。

可在命令栏输入命令并回车。命令为：

LS Y C X1　X2　　X3　X4　X6　X7

得到模型分析报告结果如图 3-3-15 所示。

\multicolumn{4}{l}{Dependent Variable: Y}			
Method: Least Squares			
Date: 03/16/18　Time: 10:58			
Sample: 1986 2005			
Included observations: 20			
Variable	Coefficient	Std. Error	t-Statistic	Prob.
C	-1577.436	395.8992	-3.984438	0.0016
X1	-8.430341	5.798355	-1.453919	0.1697
X2	16.90351	2.133854	7.921586	0.0000
X3	-3.339143	6.345814	-0.526196	0.6076
X4	-7.743541	3.763537	-2.057517	0.0603
X6	0.011025	0.002756	4.001108	0.0015
X7	0.051163	0.020426	2.504798	0.0263
R-squared	0.984152	Mean dependent var	354.3070
Adjusted R-squared	0.976838	S.D. dependent var	141.5455
S.E. of regression	21.54214	Akaike info criterion	9.247116
Sum squared resid	6032.828	Schwarz criterion	9.595622
Log likelihood	-85.47116	Hannan-Quinn criter.	9.315148
F-statistic	134.5486	Durbin-Watson stat	1.487321
Prob(F-statistic)	0.000000		

图 3-3-15

保存本模型：打开本模型—单击"Name"—名称为"MX2"，演示标签名为"去除 $X5$ 的模型"。

做 $X1$、$X2$、$X3$、$X4$、$X6$、$X7$ 的相关系数矩阵如表 3-3-5 所示。

表 3-3-5　相关系数的矩阵

	$X1$	$X2$	$X3$	$X4$	$X6$	$X7$
$X1$	1.000 000	－0.741 304	－0.721 585	－0.781 920	－0.378 543	－0.630 368
$X2$	－0.741 304	1.000 000	0.930 129	0.917 868	0.761 852	0.886 313
$X3$	－0.721 585	0.930 129	1.000 000	0.976 246	0.770 837	0.971 962
$X4$	－0.781 920	0.917 868	0.976 246	1.000 000	0.673 377	0.938 008
$X6$	－0.378 543	0.761 852	0.770 837	0.673 377	1.000 000	0.749 008
$X7$	－0.630 368	0.886 313	0.971 962	0.938 008	0.749 008	1.000 000

2. 去除不利因素的自变量 $X3$

从剔除 $X5$ 后建立的模型回归结果中的 P 值可以看出对因变量影响不显著的自变量有 $X1$、$X3$、$X4$，$X3$ 的 P 值 = 0.607 6，说明此模型中 $X3$ 对因变量影响最不显著，结合 $X1$、$X2$、$X3$、$X4$、$X6$、$X7$ 相关系数矩阵来看，相关系数矩阵中有 $X3$ 有 3 个相关系数大于 0.8，可以判断应继续消除自变量 $X3$。

可在命令栏输入命令并回车。命令为：

LS Y C X1　X2　X4　X6　X7

得到模型分析报告结果如图 3-3-16 所示。

Dependent Variable: Y			
Method: Least Squares			
Date: 03/15/18　Time: 19:37			
Sample: 1986 2005			
Included observations: 20			
Variable	Coefficient	Std. Error	t-Statistic	Prob.
C	-1469.677	329.9516	-4.454219	0.0005
X1	-7.903328	5.561750	-1.421015	0.1772
X2	16.79413	2.068132	8.120434	0.0000
X4	-9.159273	2.562752	-3.573998	0.0031
X6	0.010220	0.002231	4.580792	0.0004
X7	0.043791	0.014475	3.025267	0.0091
R-squared	0.983814	Mean dependent var	354.3070
Adjusted R-squared	0.978034	S.D. dependent var	141.5455
S.E. of regression	20.97842	Akaike info criterion	9.168191
Sum squared resid	6161.319	Schwarz criterion	9.466911
Log likelihood	-85.68191	Hannan-Quinn criter.	9.226504
F-statistic	170.1937	Durbin-Watson stat	1.538908
Prob(F-statistic)	0.000000		

图 3-3-16

保存本模型：打开本模型—单击"Name"—名称为"MX3"，演示标签名为"去除 X3X5 的模型"

做 X1、X2、X4、X6、X7 序列的相关系数矩阵如表 3-3-6 所示。

表 3-3-6 相关系数矩阵

	X1	X2	X4	X6	X7
X1	1.000 000	-0.741 304	-0.781 920	-0.378 543	-0.630 368
X2	-0.741 304	1.000 000	0.917 868	0.761 852	0.886 313
X4	-0.781 920	0.917 868	1.000 000	0.673 377	0.938 008
X6	-0.378 543	0.761 852	0.673 377	1.000 000	0.749 008
X7	-0.630 368	0.886 313	0.938 008	0.749 008	1.000 000

3. 去除不利因素的自变量 X1

剔除 X3、X5 自变量后，从建立的模型回归结果表中的 P 值可以看出，对因变量影响不显著的自变量只有 X1，其中 X1 的 P 值 = 0.177 2，说明此模型中 X1 对因变量影响最不显著。不过从 X1、X2、X4、X6、X7 相关系数矩阵看来，相关系数矩阵中 X1 的相关系数不是最大的，但仍大于 0.5，处于中等程度相关序列。可以判断应继续消除自变量 X1。

可在命令栏输入命令并回车。命令为：

LS Y C X2   X4   X6   X7

于是得到模型分析报告结果如图 3-3-17 所示。

Dependent Variable: Y			
Method: Least Squares			
Date: 03/15/18 Time: 19:39			
Sample: 1986 2005			
Included observations: 20			
Variable	Coefficient	Std. Error	t-Statistic	Prob.
C	-1543.504	336.7242	-4.583883	0.0004
X2	17.70842	2.031184	8.718274	0.0000
X4	-7.248589	2.254598	-3.215026	0.0058
X6	0.009378	0.002223	4.218993	0.0007
X7	0.035654	0.013738	2.595174	0.0203
R-squared	0.981480	Mean dependent var	354.3070
Adjusted R-squared	0.976541	S.D. dependent var	141.5455
S.E. of regression	21.67947	Akaike info criterion	9.202927
Sum squared resid	7049.994	Schwarz criterion	9.451860
Log likelihood	-87.02927	Hannan-Quinn criter.	9.251521
F-statistic	198.7329	Durbin-Watson stat	1.283251
Prob(F-statistic)	0.000000		

图 3-3-17

保存本模型：打开本模型—单击"Name"—名称为"MX4"，演示标签名为"去除 $X1$、$X3$、$X5$ 的模型"。

在剔除 $X1$、$X3$、$X5$ 自变量建立新模型后，从回归结果分析表中可以看出 $X2$、$X4$、$X6$、$X7$ 的 P 值都小于显著水平标准值 0.05，说明此模型中自变量对因变量影响都最显著。此模型较为理想。

即使剔除了 $X1$、$X3$、$X5$ 自变量的模型的显著性检验通过了，也并不意味着该模型没有其他问题，如仍然可能存在异方差或多重共线性。但是为了便于学生分章节学习和掌握计量经济学知识，本次实验不做异方差和多重共线性检验与模型修正，在后边的实验项目中我们会较深入地探讨这些问题。

下面我们对"去除 X1X3X5 的模型"进行其他常规性检验。

（六）模型统计检验

1. 多元线性回归拟合优度检验

（1）决定系数拟合度检验分析。

在"去除 X1X3X5 的模型"回归分析表中，拟合优度指标 R-squared 就是决定系数拟合度 R^2。一般认为，如果 R^2 的值超过 0.8，就认为模型的拟合优度比较高。在本例中 $R^2 = 0.981\,480$，表示拟合程度很好。

（2）调整后的决定系数检验分析。

在"去除 X1X3X5 的模型"回归分析表中，调整后的决定系数 "Adjusted R-squared" 即 $\bar{R}^2$ 的值为 0.976 541，表示调整后的决定系数也非常理想。

（3）回归结果的图形分析。

在 EViews 主窗口中打开对象"MX4"，再在"Equation：MX4"（方程）"MX4"子窗口框中，点击菜单"Resids"（残差分布图，出现回归结果的图形）。图 3-3-18 中，Residual 表示残差，Actual 表示实测值，Fitted 表示拟合值。为了便于观察，我们修改了实测值 Actual 的线性和颜色。拟合值大小说明拟合方程的效果，值越小拟合效果越好。从残差分布图中看，本例的拟合效果比较好。

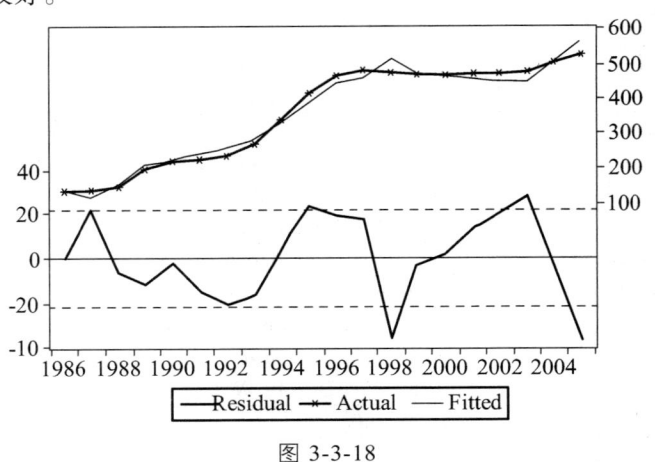

图 3-3-18

2. 多元线性回归方程总体线性显著性检验

（1）多元线性回归方程总体线性显著性检验的原假设。

原假设 H_0：认为没有一个自变量可以影响因变量，用参数表示为 H_0：$\beta_1 = \beta_2 \cdots \beta_k = 0$（$i = 1$，$2$，$\cdots$，$k$）。在 EViews 中，回归整体显著性用 F（F-statistic）检验值表示。F 检验实际上是对于所有自变量的排除约束进行检验。

在本实验中，F 统计值为 198.732 9，从其相伴概率 Prob(F-statistic) = 0 来看，回归整体极为显著。

但是本例四个自变量联合起来是否真的对 Y 产生了显著影响，还需要进一步检验。

（2）多元线性回归方程总体线性显著性检验方法。

检验方法是给定显著性水平 α，查 F 分布表得到临界值给定显著性水平 α 值，如果回归模型中 F-statistic<F_α 表临界值，接受原假设 H_0；如果回归模型中 F-statistic>F_α 表临界值，那么拒绝原假设 H_0。

（3）本例多元线性回归方程总体线性显著性检验的具体操作。

本实验在给定的显著性水平 $\alpha = 0.05$，在 F 分布表中查 $F_\alpha(k, n - k - 1)$ 临界值，即：

$$F_\alpha(k, n - k - 1) = F_\alpha(4, 20 - 4 - 1) = F_\alpha(4, 15) = 3.06$$

本实验 EViews 多元线性回归得到 $F = 198.732\ 9 > 3.06$，即拒绝原假设 H_0，说明回归方程显著。因此可以说明"$X2$ 第二、三产业从业人数占全社会从业人数的比重%""$X4$ 乡村从业人员占农村人口的比重%""$X6$ 农作物播种面积（千公顷）"和"$X7$ 农村用电量（亿千瓦时）"这四个经济因素联合起来确实对"农民人均纯收入（1978 年可比价）Y"有显著影响。

3. 多元线性回归变量显著性检验

多元线性回归方程总体显著，并不意味着每个解释变量对被解释变量 Y 的影响都显著，因此需要进行回归系数显著性检验。

（1）多元线性回归 T 值检验提出的假设：

原假设 H_0：$\beta_i = 0$（$i = 1$，2，$\cdots$，k）。

备择假设 H_1：$\beta_i \neq 0$（$i = 1$，2，$\cdots$，k）。

（2）构造统计量 T 值的获得。

构造统计量的公式推导见统计学和计量经济学理论部分，其值可从回归结果表中 t-Statistic 列得到。其临界值可直接从 T 分布表获得。方法是给定显著性水平 α，查自由度为 $n - k - 1$ 的 t 分布表，得临界值 $t_{\alpha/2}(n - k - 1)$。

（3）判断依据。

如果多元回归模型结构表中 T 统计量 t-Statistic 的绝对值 $\geq t_{\alpha/2}(n - k - 1)$，则拒绝原假设 H_0，认为该变量显著；

如果多元回归模型结构表中 T 统计量 t-Statistic 的值 < $t_{\alpha/2}(n - k - 1)$，则接受原假设 H_0，认为该变量影响不显著。

（4）本实验多元线性回归变量显著性检验操作。

针对原假设 H_0：$\beta_i=0$（$i=0$，2，3，4，5），给定的显著性水平 $\alpha = 0.05$，查 T 分布表得自由度为 $n-k-1 = 14$，这里的 $k = 5$，包括β_0。查看 T 分布表中 $t_{\alpha/2}(n-k-1) = t_{\alpha/2}(14) = 1.761$。从本实验 EViews 回归数据结果可得，与 β_0、β_1、β_2、β_3、β_4 对应的 t 统计量分别为 $-4.583\,883$、$8.718\,274$、$-3.215\,026$、$4.218\,993$、$2.595\,174$，其绝对值均大于 1.761，这说明本实验多元线性回归变量的 T 统计量分别都应当拒绝原假设 H_0，也可以认为解释变量"$X2$ 第二、三产业从业人数占全社会从业人数的比重%""$X4$ 乡村从业人员占农村人口的比重%""$X6$ 农作物播种面积（千公顷）"和"$X7$ 农村用电量（亿千瓦时）"分别对被解释变量"Y 农民人均纯收入（1978年可比价）"都有显著的影响。

（七）解释本模型的经济含义

"去除 $X1X3X5$ 的模型"回归结果的经济意义表明，在假定其他变量不变的情况下，当全国第二、三产业从业人数占全社会从业人数的比重每增加一个百分点，那么农民人均纯收入（以1978年可比价计算，以下相同）就会增长 17.708 42 元。而在假定其他变量不变的情况下，当乡村从业人员占农村人口的比重每增加一个百分点，农民人均纯收入就会减少 7.248 589 元，这就告诉我们，单纯地增加农业从业人员不会增加农民的纯收入，反而会降低农民纯收入。在假定其他变量不变的情况下，当农作物播种面积每增加 1 000 公顷，农民人均纯收入就会增加 0.009 378 元。在假定其他变量不变的情况下，当农村用电量每增加 1 亿千瓦时，农民人均纯收入就会增加 0.035 654 元。

（八）回归预测

1. 自变量的假定设置

$X2$（第二、三产业从业人数占全社会从业人数的比重/%）= 58.7；$X4$（乡村从业人员占农村人口的比重/%）= 70.6；$X6$（农作物播种面积/千公顷 = 185672.3）；$X7$（农村用电量/亿千瓦时）= 4 821.3。

2. 修改样本时间范围

本例样本最后的年份是 2005 年，要预测 2006 年的税收收入就要扩大样本范围。

在 Workfile 主窗口点击数据信息栏中的 Range，出现修改 EViews 工作文件数据结构的 Workfile Structure 窗口，将结束日期"End data"改为 2006，单击"OK"—"Yes"确定。

3. 添加自变量的数据

添加 2006 年的数据—预测给定的自变量 $X2$、$X4$、$X6$ 和 $X7$ 的值。按住 Ctrl 键不放，连续选中 $X2$、$X4$、$X6$ 和 $X7$ 序列，"Open"（打开）—"as Group"（组），这样就同时打开了 4 个序列。如果序列处于保护状态，单击本窗口中的"Edit+/-"菜单取消保护后才可以编辑。然后给 2006 年的 $X2$、$X4$、$X6$ 和 $X7$ 序列添加数据。

4. 生产 EViews 预测结果

EViews 提供了一个简单快速预测工具，尽管这个预测不是很严格，尤其是数据很大的时候，预测值会用科学计数法显示，不能准确地观测到具体数值，但仍可以帮助我们分析模型的意义。

打开我们验证后认为比较合理的去除 $X_1 X_3 X_5$ 的模型"MX4"，在方程"Equation：MX4"子窗口框中，点击"Forecast"（预测），弹出以下对话框，可以默认，直接单击"OK"确定。得到的预测结果如图 3-3-19 所示。

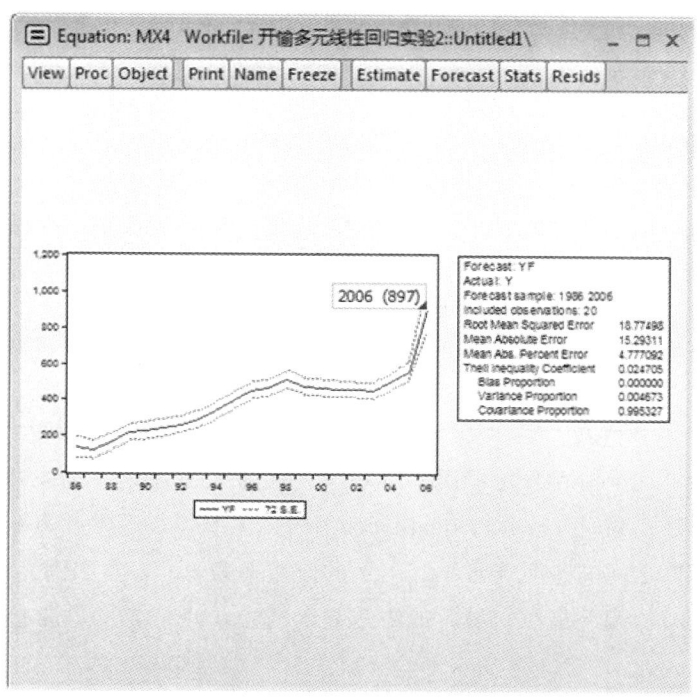

图 3-3-19

5. EViews 预测结果分析

（1）预测图形分析。

将鼠标移动到曲线最左端的 2006 年度点上，可分别查看 2006 年的预测值和预测区间值。本实验 2006 年预测值为 897，2006 年预测上区间为 1 029，2006 年预测下区间为 766。

（2）数据描述分析。

预测结果表的右边是数据的描述性分析，数据描述如表 3-3-7 所示。

6. EViews 预测结论

实验至此将新增加一个预测值序列 YF，在 Workfile 窗口中双击 YF 序列就可以看到其具体的预测数值。

本实验预测输出结果分析如下：

在不考虑时间序列其他因素，本模型在置信水平为 95%情况下，若第二、三产业从业人数占全社会从业人数的比重为 58.7%；乡村从业人员占农村人口的比重为 70.6%；农作物播种面积（千公顷）为 185 672.3；农村用电量（亿千瓦时）为 4 821.3，那么 2006 年农民纯收入 Y 的预测值 FY 为 897.341 元，2006 年的预测区间为（696，592）。

表 3-3-7 数据描述的中文

英文	中文含义	主要判断依据
Forecast: YF	预测的因变量名称	
Actual: Y	实际：Y	
Forecast sample: 1986 2006	预测样本	
Included observations: 20	包含的观察样本数量：	
Root Mean Squared Error: 1 877 498	均方根误差	
Mean Absolute Error：15.293 11	平均绝对误差	
Mean Abs.percent error 4.770 92	平均绝对百分比错误	小于 10，则被认为预测精度较高
The il inequalitycoefficient 0.024 705	不等式系数	介于 0 到 1 之间，也是越小越好
bias proportion 0	偏差比率	
varianceproportion 0.004 673	方差比例	
covarianceproportion 0.995 327	协方差比例	越接近 1 越好

本实验预测的平均绝对百分比错误"Mean Abs.percent error"为 4.770 92，远小于 10，表明预测精度非常好；同时 The il inequalitycoefficient（不等式系数）为 0.017 786，非常小，说明预测值与真实值之间的差距非常小；本例的偏差率为 0，方差比例为 0.000 467 3，说明预测值与实际值之间的偏差很小；最后的协方差比例为 0.995 327，非常接近 1，说明预测结果的精度还是很高。

结论：本模型在置信水平为 95%下的预测结果精度非常高，值得信任。

三、实验报告及要求

本次实验报告要素和内容必须包含以下几点：

（1）实验课名称、实验项目名称、实验学时、实验类型、实验起止日期、实验目的要求、实验原理或实验方案、使用的主要仪器设备、材料或软件、方法步骤、实验数据及处理、心得体会与建议。

（2）本次实验报告重点记录：实验过程的方法步骤、实验数据及处理（图、表）、实验结果（分析结论）以及心得体会与建议。

实验项目四　异方差检验

【实验目的】

（1）通过本次实验，学生能全面理解异方差的含义，重点学习掌握异方差的检验方法，分析其原因。

（2）通过本实验，学生学习并掌握异方差模型的修正和分析，进而确定新的模型，分析新模型的参数意义和数据的经济价值。

【实验内容】

（1）以中国1990—2013年能源消费与GDP的数据为研究对象，创建回归模型并使用多种异方差检验方法检验模型是否存在异方差，分析出现异方差的原因。

（2）修正原模型的异方差，建立新的模型并再次进行异方差检验，确定正确合理的模型，同时分析新模型的经济意义。

【实验课时】

4课时。

【实验类型】

综合型。

【知识回顾】

1. 异方差的含义

一般意义的方差是各个数据与平均数之差平方的平均数。

计量经济学中的异方差也称异方差性，是相对于同方差而言的。经典线性回归模型的基本假设之一是，随机误差具有同方差性。为了保证回归参数估计量具有良好的统计性质，经典线性回归模型的一个重要假定为：总体回归模型中的随机误差具有相同的分散程度——随机误差项满足同方差性，即它们都有相同的方差。假若经典线性回归模型的这一基本假设不能成立，即对于不同的样本点，方差不再是一个固定的常数，而是有一些互不相同的数值，也就是随机误差项具有不同的方差，那么这个模型就存在异方差性（heteroskedasticity）。

简单地说，如果一个理想的模型是在其他假定均不变的情况下，随机误差的方差就是个常数；但如果模型中随机误差的方差随着观察值的不同而发生变化，那么随机干扰项具有异方差性。

2. 异方差产生的原因

（1）模型中缺少某些解释变量，从而使随机干扰项产生某种系统模式，而不是一个常数。

（2）测量误差。样本数据测量误差也是导致异方差产生的原因之一。

（3）常值的出现也可能导致异方差。

（4）截面数据作样本。由于在不同样本点上解释变量以外的其他因素差异较大，所以往往存在异方差。

【实验要求】

（1）重点复习计量经济学回归分析和异方差中有关怀特（white）检验、帕克（Parktest）检验等检验原理知识，复习前面实验中所有参数与指标、理论依据说明等。

（2）必须将本次工作文件保存到自己的文件夹下。将实验过程中产生的一些重要的数据表、图等复制到自己的 Word 文件中并保存，以便撰写实验报告或论文。

【实验步骤】

一、数据说明

本次实验的数据为中国 1990—2013 年能源消费与 GDP 和人口数，来源于中国统计局年鉴，具体数据如表 3-4-1 所示。

为了让学生灵活运用与理解变量，请注意本例序列变量 MXF 和 GDP 的含义。

表 3-4-1 能源消费数据

年份	能源消费 MXF/万吨标准煤	国内生产总值 GDP/亿元
1990	98 703.00	18 667.82
1991	103 783.00	21 781.49
1992	109 170.00	26 923.47
1993	115 993.00	35 333.92
1994	122 737.00	48 197.85
1995	131 176.00	60 793.72
1996	138 948.00	71 176.59
1997	137 798.00	78 973.03
1998	132 214.00	84 402.27
1999	133 831.00	89 677.05

续表

年份	能源消费 MXF/万吨标准煤	国内生产总值 GDP/亿元
2000	138 552.60	99 214.55
2001	143 199.20	109 655.20
2002	151 797.30	120 332.70
2003	174 990.30	135 822.80
2004	203 226.70	159 878.30
2005	224 682.00	183 217.40
2006	246 270.00	211 923.50
2007	265 583.00	257 305.60
2008	291 448.00	314 045.40
2009	306 647.00	340 902.80
2010	324 939.00	401 512.80
2011	348 002.00	473 104.10
2012	361 732.00	519 470.10
2013	375 000.00	568 845.20

二、建立工作文件

1. 建立一个工作文件

首先在 D 盘建立一个自己的文件夹，文件夹的名字为：你的班级+姓名+实验项目四。

（1）打开 EViews，进入 EViews 主窗口。

修改默认目录，方法同上一实验。

（2）建立 EViews 工作文件方法一：菜单法。

启动 EViews，进入 EViews 主窗口。

点击"File"（文件）—"New"（新文件）—"Workfile"（工作文件），系统默认为有序数据结构，且日期频率（Frequency）为年度（Annual），符合本次实验，因此在弹出的对话框中输入起始时间为 1990，终止时间为 2013，文件名为："XXX 实验四异方差"（注：XXX 表示学生姓名）。其他输入框可以不输入，点击"OK"，即可建立一个空白数据的工作文件。

2. 输入数据

（1）创建两个序列名分别为"GDP"和"MXF"。

方法是在命令窗口输入：Data MXF GDP。

（2）修改序列名。

为了便于理解，可修改序列 MXF 和 GDP 的演示标签名，方法是选择序列名后按 F2 修改名称，在弹出的对话框中输入演示标签名即可。要求 MXF 的演示标签名为"能源消费（万吨标准煤）MXF"，GDP 的演示标签名为"国内生产总值 GDP（亿元）"。

（3）手动输入本次实验数据。

三、简单的图形和残差分析

1. 图形分析

建立并观察散点图，简单的方法是在命令窗口输入：

SCAT MXF GDP

注：第一个变量为 X 轴，第二个变量为 Y 轴。

然后就得到散点图，单击本窗口菜单"Name"输入图形名：sdt 即可保存该图形。

观察散点图可以初步断定 GDP 和标准煤消费存在线性关系（见图 3-4-1）。

2. 回归残差分析

（1）建立回归模型。

方法一：在 EViews 主页界面点击"Quick"菜单，点击"Estimate Equation"（估计方程），出现"Equation Specification"（方程式说明）对话框，选择 OLS（普通最小二乘法）估计，输入"GDP C MXF"，点击"OK"，即出现回归结果图。

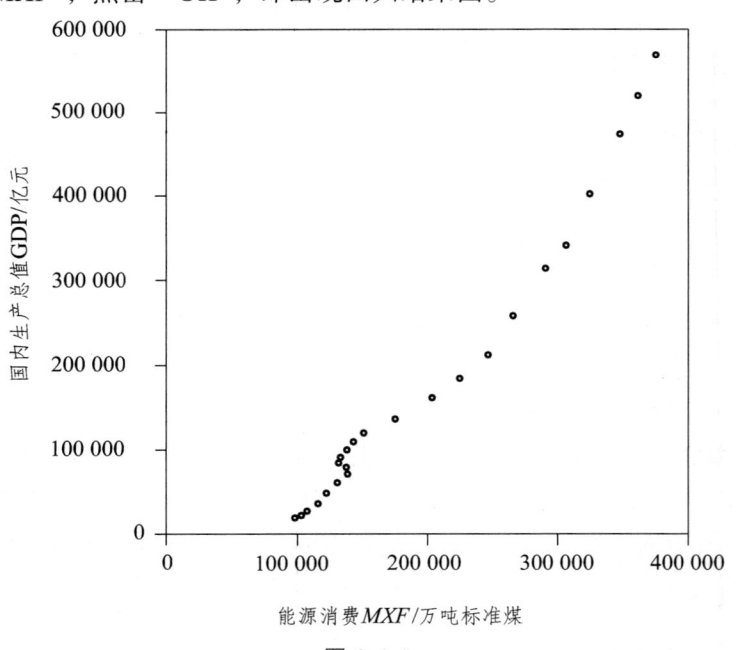

图 3-4-1

方法二：在命令窗口直接输入以下命令后回车：

LS GDP C MXF

于是得到基于本样本的 GDP = C(1) + C(2) × MXF 的回归分析结果如图 3-4-2 所示。

Dependent Variable: GDP				
Method: Least Squares				
Date: 12/03/17 Time: 11:46				
Sample: 1990 2013				
Included observations: 24				
Variable	Coefficient	Std. Error	t-Statistic	Prob.
C	-170574.5	15472.95	-11.02404	0.0000
MXF	1.783304	0.070830	25.17731	0.0000
R-squared	0.966458	Mean dependent var		184631.6
Adjusted R-squared	0.964934	S.D. dependent var		166225.2
S.E. of regression	31127.40	Akaike info criterion		23.60922
Sum squared resid	2.13E+10	Schwarz criterion		23.70739
Log likelihood	-281.3106	Hannan-Quinn criter.		23.63526
F-statistic	633.8971	Durbin-Watson stat		0.244816
Prob(F-statistic)	0.000000			

图 3-4-2

单击"Name"将本方程命名为 huigui，演示标签名为"XXX 实验四—元线性回归"，XXX 为学生的姓名，即保存了本模型。

为了验证实验的真实性要求给回归结果添加一个标题。方法是在回归结果表上单击右键然后选择"Title"，输入表的标题为："XXX 实验四—元线性回归"，XXX 为学生的姓名。

（2）P 值分析。

EViews 中的假设检验采用观察 P 值的方法最直接、最简单，实验回归结果中 MXF 回归系数对应的 P 值为 0，小于 0.01，拒绝原假设。说明该回归系数与零的差异显著，即这个自变量对因变量有显著影响。

（3）残差分析：建模之后，在方程窗口点击 Resids（残差分布图）按钮，观察回归方程的残差图如图 3-4-3 所示。为了方便观察，本例把 Fitted 线型稍作了修改。

残差分布图出现回归结果的图形中 Residual 表示残差（剩余值），Actual 表示实测值，Fitted 表示拟合值，其值大小说明拟合方程的效果，值越小拟合效果越好。本例中，拟合值 Fitted 稍偏大，但尚可。

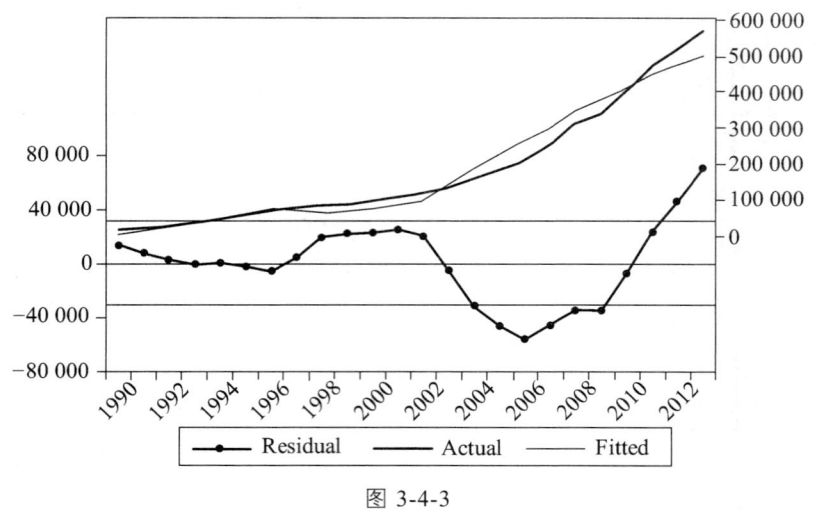

图 3-4-3

四、异方差检验

(一) 异方差检验的必要性

通过以上简单分析,一个计量经济学模型就已经初步建立起来了。但是它能否客观揭示经济现象中诸因素之间的关系,能否付诸应用还要通过检验才能决定。因而需要进行计量经济学检验,它包括四级检验:经济意义检验、统计检验、计量经济学检验和模型预测检验。

如果模型存在异方差,将带来一系列的严重后果:参数估计量虽然是线性的,但它是无效的;建立在 T 分布和 F 分布之上的检验失效;估计量的方差增大,预测精度下降。因此,我们必须要检验模型是否存在异方差。

(二) 异方差性检验方法简介

图示检验法(相关图分析和残差图分析)、怀特(white)检验、戈德费尔德-匡特(Goldfeld-Quandt)检验法、帕克(Park)检验和格里奇(Glejser)检验。

异方差检验方法的共同思想:由于不同的观察值随机误差项具有不同的方差,因此检验异方差的主要问题是检验随机误差项的方差与解释变量观测值之间的相关性及其相关的"形式"。围绕这个思路,通过建立不同的模型和判断标准来检验异方差。

需要特别强调一点:随机干扰项、随机误差项和残差严格地讲是不同的概念,有时人们容易混为一谈。随机干扰项包含的内容较多也较复杂,但随机误差项和残差是随机干扰项的重要内容。随机误差项是由于测试过程中诸多因素随机作用而形成的具有抵偿性的误差,它是不可避免的,可以设法将其减少,但又不能完全消除。同时,随机误差项是 EViews 模型中不可观测到的随机因素,而残差是被解释变量样本观测值与拟合值的离差,在 EViews 中样本回归的残差在具体的回归模型中其值是确定的,因此在 EViews 中残差可视为是随机误差项的一个估计值。

随机干扰项的通用符号是μ_i，EViews 中残差的通用符号是 e，回归函数的回归系数（估计量）通用符号是 β，而在 EViews 输出结果中用 C 表示，显著性水平（小概率事件的概率标准）的通用符号一般用 α 表示，EViews 中用 P 表示。

（三）图形检验法

1. 生成残差平方序列

要进行异方差检验，必须建立一个辅助回归。由于本例已有一个解释变量 *MXF*，因此构造的辅助回归就简单了，但必须添加一个随机误差项平方序列。

尽管随机干扰项无法观测，但残差在很大程度上反映了随机误差项，因此可以通过残差图对异方差进行观察。在 EViews 中，随机误差项的方差实际上用的是残差的方差。所以要用方差图来检验异方差须添加一个残差平方序列。

可以用菜单来产生残差平方序列，也可以用命令生成残差平方序列。菜单法是：在 EViews 软件主窗口或工作文件窗口点击"Objects（对象）"—"Generate series"（生成新序列），在弹出的对话框中"Generate series by equation"中的"Enter equation"里输入新的序列名并赋值，本例要求输入"E2=resid^2"后点击 OK 确定（见图 3-4-4）。

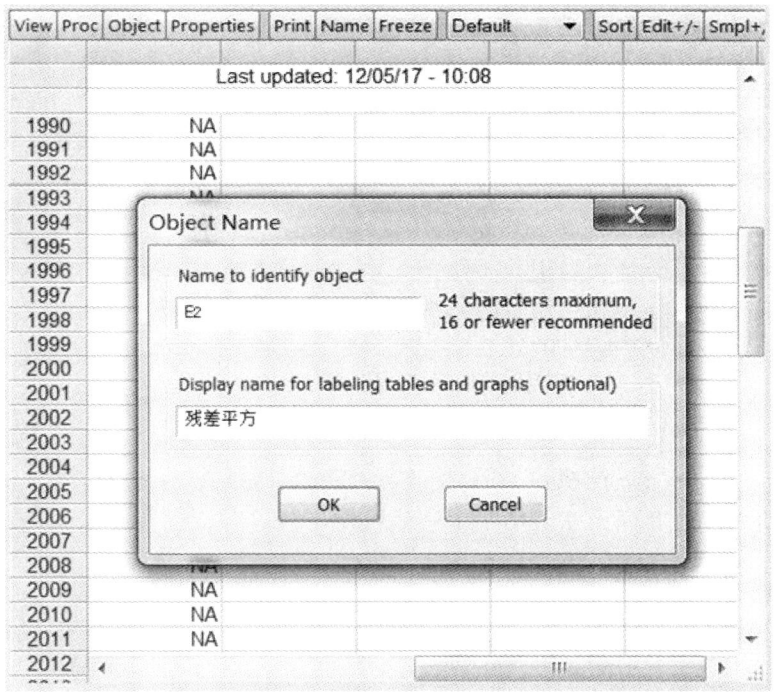

图 3-4-4

命令方法是：在命令窗口在键入创建残差平方序列的命令：

Genr e2=resid^2

两种方法都可以生成残差平方序列 E2。要求修改 E2 序列的演示标签名为"残差平方"，方法是选中 E2 按 F2 再输入英文名和中文名（见图 3-4-5）。

图 3-4-5

2. 残差平方序列散点图分析

在 EViews 中，e_t^2 对 MXF_t 的残差平方序列散点图异方差性检验分析实际上是检验残差的方差与解释变量观测值之间的相关性。

利用菜单制作散点图的方法前几节已经讲过，具体步骤在此不再累述，命令方法简单直接，在命令窗口栏里输入：

scat　mxf　e2

注意：第一个变量将在图形中表示横轴，第二个变量表示纵轴。

于是得到残差平方序列和煤消费之间的散点图（见图 3-4-6）。

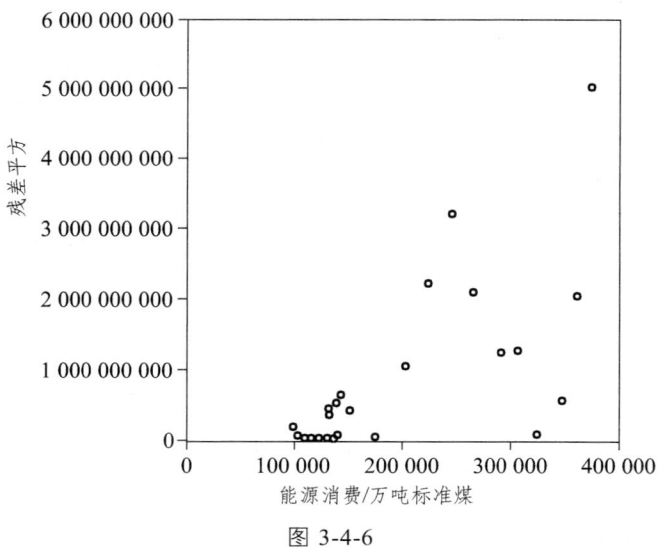

图 3-4-6

要求：将该图的名称修改为"ccsdt"，演示标签名为"残差散点图"，即可保存该散点图。

3. 异方差图示法分析说明

下面的四个图是用图示法判断异方差性质的示意图（见图 3-4-7）。

对比本例上面散点图可以看出，本散点图主要分布在图形中的下三角部分，大致看出残差平方序列随 MXF_i 的变动呈增大的趋势，离散明显，因此，模型很可能存在复杂异方差。

由于图示法对异方差的判断太粗糙，无法准确判定模型是否存在异方差。因此，需要用其他更准确的检验方法来检验模型的异方差。

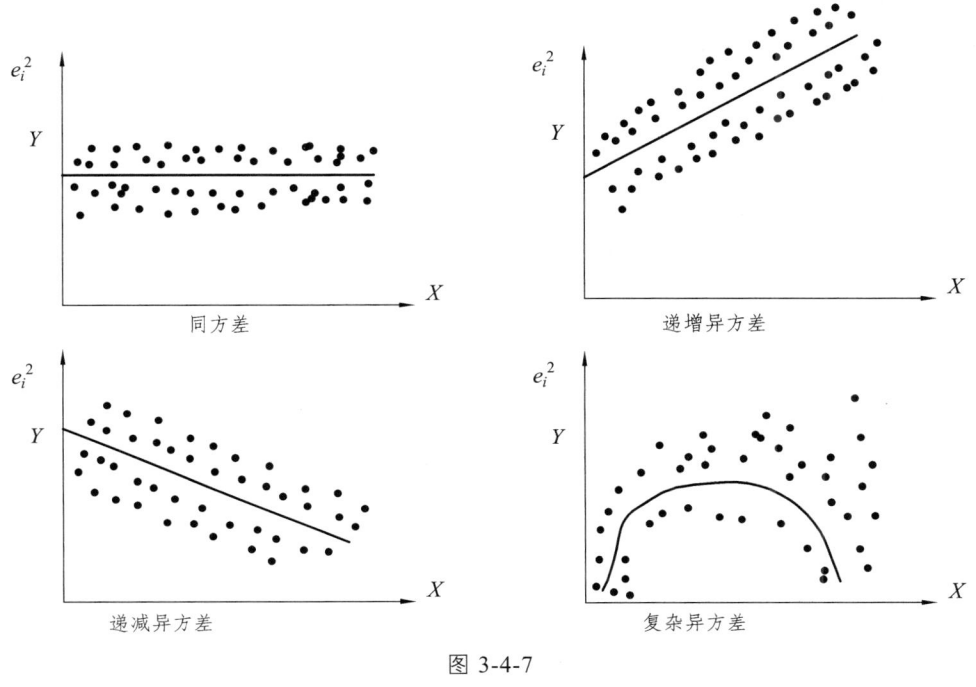

图 3-4-7

（四）怀特 White 检验

1. 怀特 White 检验的特点

怀特 White 检验方法不需要对异方差的性质（形式、如递增等性质）做任何假定，因此是目前应用得比较普遍的一种异方差检验方法。如果原假设 H_0 成立，相当于 e_i^2 是一个常数，则由 e_i^2 表示的随机误差项的方差是一个常数，那么就认为原模型不存在异方差性。反之，认为原模型存在异方差性。怀特 White 检验的原假设是模型具有同方差，White 检验的备择假设模型具有异方差。

怀特 White 检验的基本思路：用残差平方对所有解释变量及其高次项以及交叉乘积项进行线性回归，并检验各回归系数是否为零。

原假设 H_0：随机误差项具有同方差。

备择假设 H_0：随机误差项具有异方差。

White 检验法要求在大样本的情况下进行，它是在异方差形式未知的情况下，假设当模型中包括了三个自变量，可建立如下辅助回归模型。

$$\hat{\mu}^2 = \delta_0 + \delta_1 x_1 + \delta_2 x_2 + \delta_3 x_3 + \delta_4 x_1^2 + \delta_5 x_2^2 + \delta_6 x_3^2 + \delta_7 x_1 x_2 + \delta_8 x_1 x_3 + \delta_9 x_2 x_3 + e$$

式中，$\hat{\mu}$ 为方程 $y = \hat{\beta}_0 + \hat{\beta}_1 x_1 + \hat{\beta}_2 x_2 + \hat{\beta}_3 x_3 + \hat{u}$ 的残差值，此时 White 检验就是上述回归的整体显著性的 F 检验。如果此时 F 检验显著，那么就存在异方差，反之则不存在异方差。

2. 怀特 White 检验的方法步骤

怀特 White 检验可以使用菜单法，也可以使用命令法。

菜单法的一般操作如下：

（1）再建一个一元线性回归模型，可在命令栏输入：

LS　GDP　C　MXF

（2）点击该方程窗口的 View（查看）—Residual Diagnostics（残差诊断）—Heteroskedasticity Test…（异方差检验）—Test type（测试类型）—White（怀特）（见图3-4-8）。

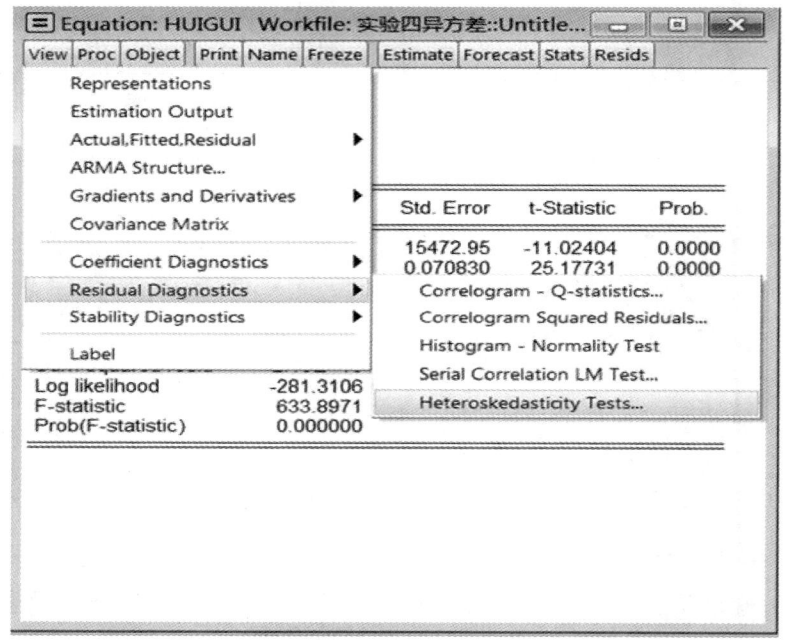

图 3-4-8

低版本中将估计出的模型输出界面：

View→Residual Test→White Heteroskedasticity 后有两个选项：no cross terms（无交叉项）和 cross terms（有交叉项）供用户选择。7.0 版本后此处没有这两个选项。

7.0 版本后"Heteroskedasticity Tests"对话框中新增加了单选按钮"Include white cross terms"是供用户选择是否"包括怀特交叉项"。

由于辅助回归方程中可能有太多解释变量，从而使自由度减少，有时可去掉交叉项。

因此，对于样本数不多的辅助回归方程，我们一般都在此选择"Include white cross terms"（有交叉项）（见图3-4-9）。

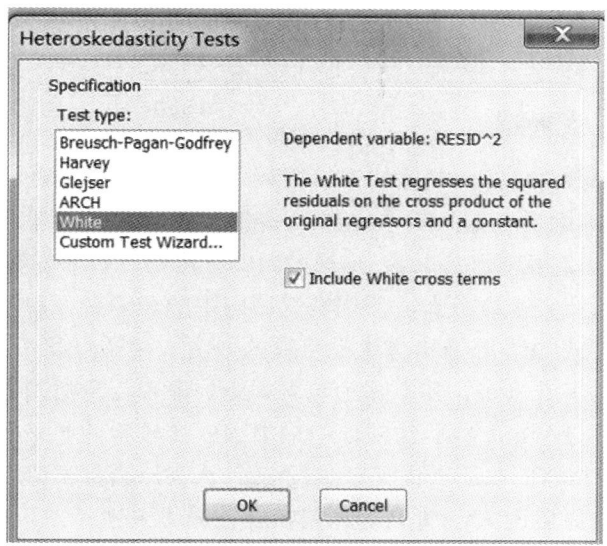

图 3-4-9

本例的解释变量原本只有一个,因此要选择"Include white cross terms",不可以省略交叉项。

这样将产生一个基于怀特检验的辅助回归方程。本次怀特检验结果如图 3-4-10 所示。

Heteroskedasticity Test: White				
F-statistic	8.145291	Prob. F(2,21)		0.0024
Obs*R-squared(White 异方差检验的统计量的值,即 nR2)	10.48452	Prob. Chi-Square(2)(White 异方差检验相应的伴随概率)		0.0053
Scaled explained SS	8.203759	Prob. Chi-Square(2)		0.0165
Test Equation:				
Dependent Variable: RESID^2				
Method: Least Squares				
Date: 12/03/17 Time: 17:06				
Sample: 1990 2013				
Included observations: 24				
Variable	Coefficient	Std. Error	t-Statistic	Prob.
C	-1.12E+09	1.61E+09	-0.695937	0.4941
MXF^2	-0.005196	0.034846	-0.149101	0.8829
MXF	11315.91	16190.75	0.698912	0.4923
R-squared	0.436855	Mean dependent var		8.88E+08
Adjusted R-squared	0.383222	S.D. dependent var		1.24E+09
S.E. of regression	9.72E+08	Akaike info criterion		44.34487
Sum squared resid	1.99E+19	Schwarz criterion		44.49213
Log likelihood	-529.1385	Hannan-Quinn criter.		44.38394
F-statistic	8.145291	Durbin-Watson stat		0.893847
Prob(F-statistic)	0.002407			

（怀特异方差检验表 / 构造的辅助回归）

图 3-4-10

单击"Name"输入辅助回归模型的英文名为"White",演示标签名为"怀特 White 检验",保存怀特检验辅助回归模型。

3. 怀特检验结果说明

上面中表的上半部分为 White 检验的 F 检验值及其相伴概率、LM 统计量[①]及其相伴概率。

Scaled explained SS 的含义:高版本的 EViews White 异方差检验通常会给出 3 个检验统计量,即 F、CHI square,第三个是 LM,是辅助回归方程的回归平方和除以 2*随机误差方差的 4 次方,该比值也服从 χ^2 卡方分布。使用辅助回归中的解释平方和除以 2*sigma**4。

使用怀特 White 检验法,查看卡方表是可靠的做法。在原假设 H_0 成立时,检验统计量 R^2 服从自由度为 $k-1$ 的卡方分布,其中 k 为包含截距的解释变量类别数。可查卡方表得临界值给定显著性水平 α 值与 White 检验法估计结果中 NR^2 比较验证原来的回归模型是否存在异方差。如果 R^2<卡方表临界值,那么接受原假设 H_0,认为原模型不存在异方差性,即模型存在同方差,否则就拒绝原假设 H_0,即认为原模型存在异方差性。

本例中有 24 个样本,2 个辅助回归式中待估参数个数 MXF^2 和 MXF,即卡方表的自由度为 2。

Obs*R-squared 是 White 检验统计量,$NR^2 = \chi^2 = 24 \times 0.436\,855 = 10.484\,52$。

查 χ^2 卡方分布表(见表 3-4-2)得到在 5% 的显著性水平下,自由度为 2(辅助回归式中待估参数个数)的 χ^2 分布的临界值为 $\chi^2 = 5.991$,因为 $NR^2 = 10.484\,52 > \chi^2 5.991$,可以拒绝原假设,即原模型存在异方差性。

表 3-4-2　卡方检验临界值表

自由度	显著性水平(α)					
	0.50	0.25	0.10	0.05	0.03	0.01
1	0.455	1.323	2.706	3.841	5.024	6.635
2	1.386	2.773	4.605	5.991	7.378	9.210
3	2.366	4.108	6.251	7.815	9.348	11.345
4	3.357	5.385	7.779	9.488	11.143	13.277
5	4.351	6.626	9.236	11.070	12.833	15.086
6	5.348	7.841	10.645	12.592	14.449	16.812
7	6.346	9.037	12.017	14.067	16.013	18.475

辅助回归式为残差平方和对解释变量及其高次方项进行的回归,有时有交叉项,当解释变量较多时可省去交叉项。

在命令栏输入:

@ CHISQ(10.484 52,2)

[①] LM 统计量(Lagrange Multiplier Statistic):拉格朗日乘数统计量,又称得分统计量(score statistic)。此处值为观测值个数乘以残差项对自变量回归后的 R^2 值,其服从自由度为自变量个数的 χ^2 分布,因此有时也被称为 n-R-平方统计量。该统计量类似于 F 检验统计量,也可用来检验排除性约束。

将在屏幕左下角显示自由度为 2，不小于 10.484 52 的 χ^2 卡方分布的概率。此时屏幕左下角显示：scalar=0.005 288 291 781 03，但是本次怀特检验的 scalar=0.975 309 912 028。

使用怀特 White 检验法另一个简便对照检验法就是 Prob 值检验。

特别提醒： 在异方差检验时，p 值就是在原假设下，该总体出现同方差数据的概率，或者说在现有数据下，原假设成立的一种合理性，p 值越大，原假设成立的可能性就越大。p 值越少，就说明原假设成立的可能性越小。通常当 p 值小于 0.05 时，就认为原假设不成立。

本例 Prob(F-statistic) 值为 0.002 407。远小于 0.05，拒绝不存在异方差的原假设。

另外，查看 t 分布表也能判断是否存在异方差。本例中的 T 统计量为 – 0.695 937，而本例 t 分布表的自由度为 24 – 2 – 1 = 21，查看 t 分布表显著性为 0.05 的 t 值为 1.721，由此也拒绝不存在异方差的原假设。

不过 MXF^2 的 Prob 值是 0.8829，这对后面修正异方差是一个很好的权重参考值。

t 分布表是表示变量通过 t 检验的概率，表示假设成立的可能性。通过这一信息可以方便地判定出系数的显著性。查对 t 分布表时，t-Statistic 的值要取绝对值。

一般认为，概率远低于 0.05 可认为对应系数显著不为零。如取显著性水平为 0.01，概率小于 0.01，则拒绝变量系数=0 的假设，认为变量系数显著不为零。

而图的下半部分提供了 White 检验的辅助回归的回归结果，该结果的 F 检验统计量值与上半部分报告的一样；在本实验中，由于原来只有一个自变量，所以 White 检验中辅助回归的自变量是原方程的自变量及其二次项。在只有一个自变量的条件下，交互项也是不存在的，所以无论在 EViews 选择 White 检验的是否含有交互项的检验，此时的结论是完全一致的。

（五）戈德费尔德-匡特 Goldfeld-Quant 检验（G-Q 检验）

1. 戈德费尔德-匡特 Goldfeld-Quant 检验的原假设

原假设 H_0：随机误差项具有同方差。

备择假设 H_1：随机误差项具有异方差。

模型不同的样本区都具有同方差，且服从 F 分布。戈德费尔德-匡特 Goldfeld-Quant 检验适用于样本容量较大的情况。

2. 戈德费尔德-匡特 Goldfeld-Quant 检验原理

模型说明：

$$y = \beta_0 + \beta_1 x_1 + \beta_2 x_2 + \cdots + \beta_k x_k + \mu$$

戈德费尔德-匡特 Goldfeld-Quant 检验理论认为，如果存在由变量 x_i 引起的异方差，那么首先按变量 x_i 的样本观测值大小进行排序，然后将整个样本中间的 $c = n/4$ 个观测值除去，并将剩下的观测值划分为大小相同的两个子样本，每个子样本的容量均为 $\dfrac{n-c}{2}$，此时做第一个子样本的回归，得到第一个回归的 SSR_1，同样方法可以得到 SSR_2，进而可以得

到 F 分布值 $F' = \dfrac{1}{F} = \dfrac{SSR_1}{SSR_2}$。在给定显著性水平下，查找对比 F 分布表，如果存在 $F > F_\alpha \left(\dfrac{n-c}{2} - k - 1, \dfrac{n-c}{2} - k - 1\right)$，即 $F > F$ 表，则显然存在因为 x_i 引起的递增的异方差；如果 $1 \leq F \leq F_\alpha \left(\dfrac{n-c}{2} - k - 1, \dfrac{n-c}{2} - k - 1\right)$，则不存在因为 x_i 引起的异方差；如果 $F < 1$，则取该 F 统计值的倒数，即 $F' = \dfrac{1}{F} = \dfrac{SSR_1}{SSR_2}$，再与给定显著性水平的临界值 $F_\alpha \left(\dfrac{n-c}{2} - k - 1, \dfrac{n-c}{2} - k - 1\right)$ 比较大小。如果大于该临界值，则存在因为 x_i 引起的递减的异方差。

3. 戈德费尔德-匡特 Goldfeld-Quant 检验的步骤

为了防止误操作，现在将当前工作文件表另存为："XXX 异方差 G-Q 检验"。

（1）添加残差平方序列。

同怀特检验一样，要使用戈德费尔德-匡特 Goldfeld-Quant 检验前提是要建立一个残差平方序列。前面我们已经建立了残差平方序列，就可以省去此操作。

但是此时不可以直接用 "resid^2" 来代替残差的平方，因为此时的残差 resid 不是回归当初 "LS GDP C MXF" 回归命令产生的残差值。如果要直接用 "resid^2" 来代替残差的平方，那么必须在命令栏再次输入 LS GDP C MXF 并回车。

（2）对残差平方序列取值排序（按递增或递减）。

由于戈德费尔德-匡特 Goldfeld-Quant 检验使要使用 F 分布表，而 F 分布表横坐标 X 是分子自由度，纵坐标是分母自由度。分子是用观测值较小的样本回归后的残差平方和，分母是用观测值较大的样本回归后的残差平方和。因此，必须对样本进行排序，然后至少分出两个样本区，一个是观测值较小的小样本，一个是观测值较大的大样本。

排序分升序和降序，可以选择，但升序后的小样本区在前，大样本区在后。降序排序与此相反。具体操作有菜单法和命令法，建议使用菜单法。因为命令法回改变数据结构，且不可恢复。

菜单方法为：选择序列 e2 后或双击序列 e2 然后单击菜单 "sortr"，在对话框中选择序列和升降序。如果以递增型排序，选 Ascending，如果以递减型排序，则应选 Descending，单击 "OK"（见图 3-4-11）。本例选递增型排序，即 Ascending。

特别提醒：在 EViews 中使用命令 SORT 排序默认是升序，排序后数据库结构被改变不可恢复，本例中的年份序列将被改为顺序号，后面选择样本区不可以用年度数字，而只能用顺序号。例如，样本区间只能用 1 12，样本区间不可以使用 1999 2001。

命令方法为：SORT e2

系统弹出警告，大致意思是警告用户数据库结构将发生改变，请问是否继续，可选择 "Yes" 或 "No"。本例为时间序列不可以采用命令法排序，请单击 "No"。

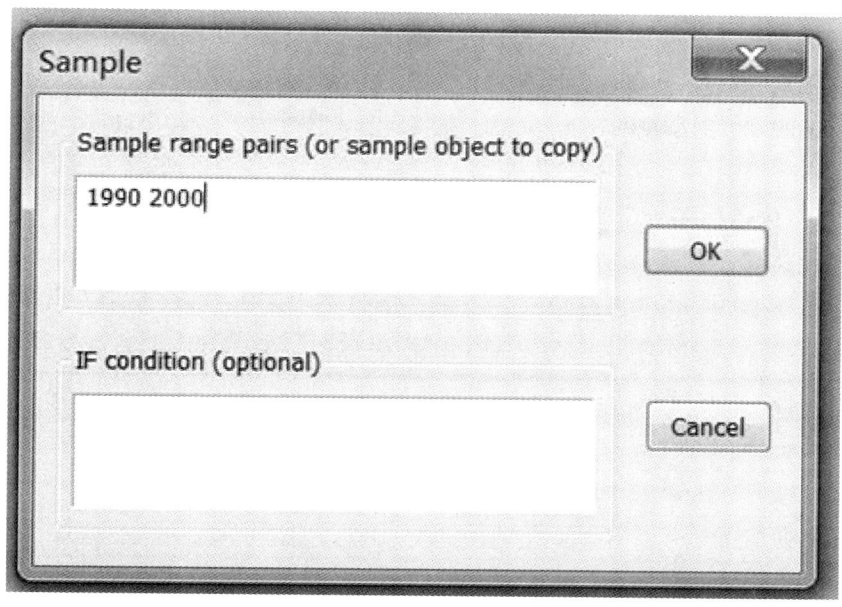

图 3-4-11

使用菜单法则不会改变数据结构，样本区间选择可以使用年度区间。

下面是采用命令法和采用菜单法排序后数据结构和数据顺序变化比较图（见图 3-4-12）。

残差平方

Last updated: 12/05/17 - 12:18
Modified: 1990 2013 // e2=resid^2

1	11033.72
2	888062.7
3	6545780.
4	7922316.
5	14529821
6	32076355
7	36426526
8	52988768
9	54430211
10	1.75E+08
11	3.69E+08
12	4.08E+08
13	4.66E+08
14	5.16E+08
15	5.33E+08
16	6.18E+08
17	1.02E+09
18	1.23E+09
19	1.25E+09
20	2.02E+09
21	

残差平方

Last updated: 12/05/17 - 11:01
Modified: 1990 2013 // e2=resid^2

1994	11033.72
1993	888062.7
1995	6545780.
1992	7922316.
1997	14529821
2003	32076355
1996	36426526
1991	52988768
2010	54430211
1990	1.75E+08
1998	3.69E+08
2002	4.08E+08
1999	4.66E+08
2000	5.16E+08
2011	5.33E+08
2001	6.18E+08
2004	1.02E+09
2008	1.23E+09
2009	1.25E+09
2012	2.02E+09
2007	

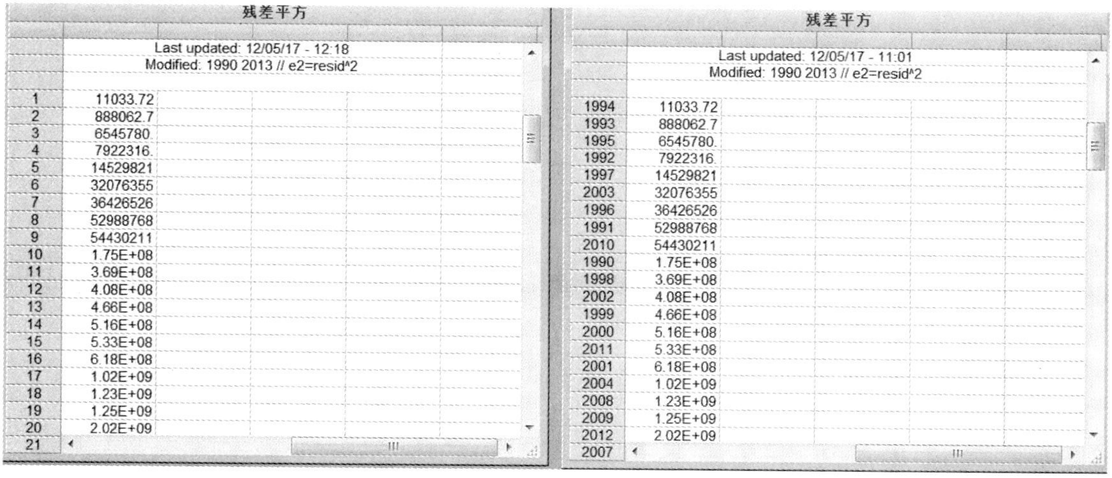

图 3-4-12

很明显，采用命令法排序后年度序列被修改为一般的顺序序列，年份用顺序号代替，无法确定顺序号对应的年份数值。

本次实验采用菜单法进行。

（3）戈德费尔德-匡特 Goldfeld-Quant 检验原理构造子样本区间，需建立两个回归模型。

在本例中，样本容量 $n=24$，删除中间 1/4 的观测值，即大约 6 个观测值，余下部分平分得两个样本区间：smpl 1990 2000 和 2002 2012，它们的样本个数均是 11 个。

并非一定要求大小样本区的数据样本数一样。戈德费尔德-匡特 Goldfeld-Quant 检验适用于样本容量较大的样本，只是本例的原来样本数不多，故取尽可能大的样本数。要注意的是，大小区样本个数将决定 F 分布表分子分母的自由度，进而决定未来查 F 分布表的坐标。

在打开 e2 序列，单击菜单 Sample 里，把 Sample 值改为"1990 2000"，注意样本信息区域的数值变化。

再用 OLS 方法进行第一个子样本回归估计。

菜单法的步骤是：在 EViews 主页界面点击"Quick"菜单，点击"Estimate Equation"（估计方程），出现"Equation Specification"（方程式说明）对话框，选择 OLS（普通最小二乘法）估计，输入"GDP C MXF"，点击"OK"，即出现回归结果表（见图 3-4-13）。

Dependent Variable: GDP			
Method: Least Squares			
Date: 12/05/17 Time: 12:40			
Sample: 1990 2000			
Included observations: 11			

Variable	Coefficient	Std. Error	t-Statistic	Prob.
C	-170998.1	28735.82	-5.950697	0.0002
MXF	1.846145	0.230447	8.011151	0.0000

R-squared	0.877013	Mean dependent var	57740.16
Adjusted R-squared	0.863348	S.D. dependent var	29075.92
S.E. of regression	10748.35	Akaike info criterion	21.56586
Sum squared resid	1.04E+09	Schwarz criterion	21.63820
Log likelihood	-116.6122	Hannan-Quinn criter.	21.52025
F-statistic	64.17853	Durbin-Watson stat	0.439183
Prob(F-statistic)	0.000022		

图 3-4-13

同样地，在 Sample 菜单里，把 Sample 值改为"smpl 2002 2012"，再用 OLS 方法进行第二个子样本回归估计，估计结果如图 3-4-1 所示。

Dependent Variable: GDP				
Method: Least Squares				
Date: 12/05/17　　Time: 12:42				
Sample: 2002 2012				
Included observations: 11				
Variable	Coefficient	Std. Error	t-Statistic	Prob.
C	-220495.6	41802.13	-5.274746	0.0005
MXF	1.911818	0.153748	12.43472	0.0000
R-squared	0.944995	Mean dependent var		283410.5
Adjusted R-squared	0.938884	S.D. dependent var		137610.7
S.E. of regression	34019.75	Akaike info criterion		23.87024
Sum squared resid	1.04E+10	Schwarz criterion		23.94258
Log likelihood	-129.2863	Hannan-Quinn criter.		23.82463
F-statistic	154.6222	Durbin-Watson stat		0.398065
Prob(F-statistic)	0.000001			

图 3-4-14

特别提醒：做完戈德费尔德-匡特 Goldfeld-Quant 检验后最好不要存盘，因为它对数据进行了升序或降序处理，特别是用命令方式进行的 Goldfeld-Quant 检验，严重改变了原来数据的结构和顺序，为了以防万一，可以把工作文件表另存为"XXX 异方差 G-Q 检验"，或者直接关闭本工作表，选择不保存退出，然后再次打开本工作表。

命令法的步骤是在命令框输入以下命令：

smpl 1990　　2000　　　　注：选择第一个样本区间，为样本观测值较小的样本区。
LS　GDP　C　MXF　　　注：计算第一组残差平方和。
smpl 2002　　2012　　　　注：选择第二个样本区间，为样本观测值较大的样本区。
LS　GDP　C　MXF　　　注：计算第二组残差平方和。

（4）求 F 统计量值。

基于上面表中残差平方和 RSS 的数据，即 Sum squared resid 的值，得到 $RSS1 = 1.04E+9$ 和 $RSS2 = 1.04E+10$，根据 Goldfeld-Quanadt 检验，F 统计量为：$F = RSS2/RSS1 = 1.04E+10/1.04E+9 = 10.00000$。

(5) 判断异方差性。

自由度的计算公式为 $n-k-1$，其中，n 为样本数，k 为回归模型中解释变量个数，1 为常量。

简单地判断异方差的方法如下（n 为各样本数）：

若用样本计算的 $F \leq F$ 表(n_2-k-1，n_1-k-1)，则接受 H_0（具有同方差）。

若用样本计算的 $F > F$ 表(n_2-k-1，n_1-k-1)，则拒绝 H_0（具有递增型异方差）。

由于本例大小样本数 Included observations 都是 11，那么 F 分布表的分子分母的自由度为都为 $11-1-1=9$，即要查 F 分布表的坐标值位于（9，9）处。

在 5%与 1%的显著性水平下，查 F 分布表得：F 分布的临界值分别为 $F(0.05) = 3.18$ 与 $F(0.01) = 5.35$。因为 $F = 10 > F0.05(9,9) = 3.18$，因此，5%显著性水平下拒绝两组子样方差相同的假设，$F = 10 > F0.01(9,9) = 5.35$，可见，1%显著性水平下也拒绝两组子样本方差相同的假设，即存在异方差。

（六）格里奇（Glejser）检验

1. 格里奇（Glejser）检验的原假设

原假设 H_0：随机误差项具有同方差。

备择假设 H_1：随机误差项具有异方差。

模型具有同方差，且服从 T 分布表的检验。

格里奇检验既可以用于模型中包含一个解释变量的情形，也可以用于模型中包含多个解释变量的情形，并且更适合对于大样本模型的异方差检验。

2. 格里奇（Glejser）检验的原理

格里奇检验的基本思路是，利用残差或残差绝对值为被解释变量，以解释变量 X 的多个不同形式为解释变量建立线性回归方程进行异方差检验。具体地讲，残差绝对值 e_i 序列对解释变量序列 X_i（本例中是 MXF）不同指数的乘方进行回归，以此来确定 e_i 的绝对值与 X_i（本例中是 MXF）的关系，由回归的显著性、拟合优度判断异方差是否存在。

格里奇检验比较复杂，计算量大，过程相对漫长，但 Glejser 检验不仅能检验是否存在异方差，而且能在检验异方差时提供异方差形式的信息，给出异方差与解释变量相联系的具体形式，这有利于消除异方差。

3. 格里奇（Glejser）检验过程步骤

(1) 给样本建立回归模型得到随机干扰项——残差 e 的估计值。

命令为：LS　GDP　C　MXF

如果此步骤前面已经做了，可省略。

(2) 添加一个残差绝对值序列，序列名为 E1，演示标签名为"残差的绝对值"。命令为：

GenrE1=abs(resid)

(3) 添加几个有关解释变量 X（本例中是 MXF）不同形式乘方 X_i^m 的序列。

在统计学和计量经济学里，检验模型或修正参数，常常用倒数法、对数法和乘方法，这是因为取倒数、对数和乘方之后不会改变数据的性质和相关关系，但压缩或扩大变量的尺度，会使数据更加平稳，也能起到削弱模型的共线性、异方差性等作用。因此，本例以残差的对数为被解释变量，以原解释变量的乘方和开方为新的解释变量建立线性回归方程，以此按照格里奇（Glejser）检验法来检验原模型是否存在同方差。

一般情况下，乘方的指数 M 取值在（2，-2），且步长一般取正负 0.5，即 M 的取值为：2，1.5，1，0.5（即 1/2），-0.5（即 -1/2），-1，-1.5，-2。如果加上倒数，可演变为十几种取值方法。

为了减少篇幅，本教材可以使用以下命令快速添加五个有关解释变量的不同指数的乘方序列（左边是命令，输入后回车执行；右边是命令的解释无须输入）：

GenrMXF1=MXF^2   MXF1 序列是 MXF 的平方
GenrMXF2=MXF^(1/2)   MXF2 序列是 MXF 的开平方 sqr(MXF)，或 MXF^0.5
GenrMXF3=MXF^(-1)   MXF3 序列是 MXF 的 1/MXF，即是 MXF 的倒数
GenrMXF4=MXF^(-2)   MXF4 序列是 MXF 的 MXF 平方的倒数，1/MXF^2
GenrMXF5=MXF^(-1/2)   MXF5 序列是 MXF 的 MXF 的开平方的倒数，1/MXF^0.5

（4）创建基于以残差绝对值 e_i 序列为被解释变量，以 X_i（本例中是 MXF_i）为解释变量创建几个（本例为 6 个）回归方程。

要求每次建立的模型都单击"Name"命名保存，并将回归结果复制到 Word 中进行对比，重点记录每个赋值回归结果估计参数表中的"R-squared""Prob"和"Prob(F-statistic)"的值。

可以使用以下命令完成这 6 个模型的建立与分析（为了方便对比分析，每行命令右边的序号表示模型编码，实验时无需输入）：

LS   E1   C   MXF1   ①
LS   E1   C   MXF2   ②
LS   E1   C   MXF3   ③
LS   E1   C   MXF4   ④
LS   E1   C   MXF5   ⑤

再做一个回归模型：
LS   E1   C   MXF1   MXF2   MXF3   MXF4   MXF5   ⑥

（4）模型异方差显著性检验。

先查看 F 值分析模型整体拟合程度。

R-squared 为决定系数拟合度 R^2，表示在回归方程中，自变量对因变量的解释比例，这一比例越大，回归方程可以解释的部分越多，模型越精确，回归的效果越显著。R^2 是一个介于 0 到 1 的数，越接近 1 说明回归拟合效果越好。一般地，如果 R^2 地取值超过 0.8，认为模型的拟合优度比较高。在本例中上面 6 个模型回归后的 R^2 如表 3-4-3 所示。

表 3-4-3　模型回归后的 R^2

模型	模型①	模型②	模型③	模型④	模型⑤	模型⑥
R^2 的值	0.438 591	0.495 083	0.504 335	0.470 325	0.509 132	0.699 464
拟合优度	小于 0.8	小于 0.8	小于 0.8	小于 0.8	小于 0.8	小于 0.8
Prob(F-statistic)	0.000 423	0.000 125	0.000 101	0.000 216	0.000 091	0.000 308

由表 3-4-3 可以看出，模型拟合程度很不好，说明存在异方差。

格里奇检验 α 值（EViews 中为 P 值），若 α 在统计上显著地异于零，表明存在异方差性。F 统计量对应的概率 Prolo(F-Statistic)，F 统计量下的 p 值是 F 检验的实际显著性水平。

在格里奇检验时，方程是随机项与解释变量之间的回归，p 值越大，原假设成立的可能性就越大；p 值越少，就说明原假设成立的可能性越小。通常当 p 值小于 0.05 时，就认为原假设不成立。

本例每个辅助回归 Prob(F-statistic)值都小于 0.05，因此拒绝不存在异方差的原假设。

再查看检验 T 值，对单个参数进行显著性检验最常用的方法是 t 检验。

t 分布表是表示变量通过 t 检验的概率，表示假设成立的可能性。通过这一信息可以方便地判定出系数的显著性。

查看 t 分布表也能判断是否存在异方差。本例 6 个回归 T 统计量见表 3-4-4。

表 3-4-4　模型回归 T 统计量

模型	模型①	模型②	模型③	模型④	模型⑤	模型⑥
t-Statistic 值	4.145 734	4.145 734	−4.731 260	−4.419 833	−4.7768 81	2.589 123 −2.383 536 2.124 159 −1.944 018 −2.215 021

查对 t 分布表时，t-Statistic 的值要取绝对值。自由度的计算公式为：$n-k-1$。

其中，n 为样本数，k 为样本解释变量个数，1 为常量。

本例 t 分布表的模型①~⑤的自由度都为 24-1-1=22，模型⑥的自由度为 24−5−1=18 查看 t 分布表，自由度都为 22，显著性为 0.05 的 t 值为 1.717；自由度都为 18，显著性为 0.05 的 t 值为 1.729。

由此从 T 值看也拒绝不存在异方差的原假设。

（七）帕克（Park）检验

1. 帕克（Park）检验的原假设

原假设 H_0：随机误差项具有同方差。

备择假设 H_1：随机误差项具有异方差。

2. 帕克（Park）检验的原理

帕克（Park）检验和格里奇（Glejser）检验都是以残差或残差绝对值为被解释变量，以解释变量 X 的多个不同形式为解释变量建立线性回归方程。帕克（Park）检验原假设该方程具有同方差，且服从 T 分布。

帕克（Park）检验主要检验 α 值（EViews 中为 P 值），若 α 在统计上显著地异于零，表明存在异方差性。

3. 帕克（Park）检验过程步骤

（1）给样本建立回归模型得到残差值。

命令为：LS　GDP　C　MXF

（2）生成两个对数序列。

第一个对数是残差平方的对数序列，序列名为 $LOGE_2$，演示标签名为"残差平方的对数"。命令为：

genr LOGE2=log(resid^2)

第二个对数是解释变量的对数序列，序列名为 $LOGE_2$，演示标签名为"解释变量 MXF 的对数 1"。命令为：

genr LOGX=log(MXF)

由于帕克（Park）检验和格里奇（Glejser）检验类似，为了减少篇幅，本例指导书仅以残差的对数为被解释变量，以原解释变量的对数为新的解释变量建立回归方程，以此方程来检验原模型是否存在同方差，学生可仿照本例自行建立其他形式的解释变量序列。

（3）构建新的对数回归模型，命令为：

LS　LOGE2　C　LOGX

单击"Name"修改本回归模型的英文名为"PK"，演示标签名为"帕克对数回归模型"。（见图3-4-15）。

Dependent Variable: LOGE2				
Method: Least Squares				
Date: 12/09/17　Time: 16:26				
Sample: 1990 2013				
Included observations: 24				
Variable	Coefficient	Std. Error	t-Statistic	Prob.
C	-30.07865	14.35658	-2.095113	0.0479
LOGX	4.038538	1.185135	3.407662	0.0025
R-squared	0.345475	Mean dependent var		18.81271
Adjusted R-squared	0.315724	S.D. dependent var		3.027118
S.E. of regression	2.504062	Akaike info criterion		4.753360
Sum squared resid	137.9471	Schwarz criterion		4.851532
Log likelihood	-55.04033	Hannan-Quinn criter.		4.779405
F-statistic	11.61216	Durbin-Watson stat		0.890022
Prob(F-statistic)	0.002525			

图 3-4-15

（4）模型异方差估计参数分析。

在帕克（Park）检验时，方程是随机项与解释变量之间的回归，p 值越大，原假设成立的可能性就越大；p 值越小，说明原假设成立的可能性越小。通常当 p 值小于 0.05 时，就认为原假设不成立。

本例 Prob(F-statistic)值为 0.002 525，小于 0.05，因此拒绝不存在异方差的原假设。

帕克（Park）检验原假设是服从 T 分布表的。因此，应主要通过查看 t 分布表来判断是否存在异方差。

查看 T 分布表时，t-Statistic 的值要取绝对值。自由度的计算公式为：$n-k-1$。

其中，n 为样本数，k 为样本解释变量个数，1 为常量。

本例中的 T 统计量为 $-2.476\,270$，绝对值为 $2.476\,270$。而本例 t 分布表的自由度为 $24-1-1=22$，查看 t 分布表显著性为 0.05 的 t 值为 1.717，由此也拒绝不存在异方差的原假设。

通过 P 值和 T 值的检验，说明原模型存在异方差。

五、异方差的修正

尽管异方差是不能完全消除的，但一旦发现模型中存在异方差时，就要设法修正异方差，削弱或减小方差带来的不良影响，所采用的处理方法包括对原模型进行变换和加权最小二乘法。理解加权最小二乘法的原理，掌握加权最小二乘法对异方差的处理，并根据经济理论对可能产生的异方差的函数形式进行适当分析，进而应用 EViews 来进行 WLS 的操作并观察异方差的消除。（WLS 估计）

1. 计算权数变量

一般而言，在 WLS 的权重选择上，常见的形式有：

$$W_1 = \frac{1}{x},\ W_2 = \frac{1}{x^2},\ W_3 = \frac{1}{\sqrt{x}},\ W_4 = \text{resid}^2,\ W_5 = \frac{1}{\sqrt{resid}}$$

注：W 是英文权重的首字母。

不同形式的权重可以取值于解释变量，也可以取值于残差。形式可以是乘方、开方和对数，指数范围为（-2，2），步长一般为 0.5。这样可选的权重有几十种，用穷尽法选取权重计算工作量很大。减少工作量，降低运算代价的方法是在前面进行各种异方差检验时曾经出现过的或接近出现同方差的序列，尤其是用 Park 检验和 Gleiser 检验时，新添加的序列比较多，辅助回归方程可能出现同方差，如果构造辅助回归方程存在同方差，就等于找到了合适的权重变量。

不过本例中，所有异方差的检验都说明原来的回归模型存在异方差，在怀特检验时尽管卡方检验未通过，但是 MXF^2 的 Prob 值是 0.882 9，是我们所有检验里最值得重视的权重参考点。

2. WLS 估计

异方差修正的估计方法仍采用普通最小二乘估计量。异方差修正的实际意义是，在求残差平方和最小的过程中给相应误差项分布方差小的观测值以更大的权数，给相应误差项分布方差大的观测值以较小的权数。所以此法称为加权最小二乘法，这也是 GLS 估计法的一个特例。

在加权最小二乘法中，最常用的 WLS 估计是怀特的异方差稳健标准误法（heteroscedasticity-robust standard error）。具体操作如下：

（1）建立权重变量序列。本例使用以下命令建立几个权重序列变量。

Genr $W1=1/\text{MXF}$

Genr $W2=1/\text{MXF}^2$

Genr $W3=1/\text{sqr}(\text{MXF})$

Genr $W4=\text{resid}^2$

Genr $W5=1/\text{resid}$

（2）重新建立经典一元线性回归，命令为：

LS　GDP　C　MXF

在新的方程回归估计窗口点击方程"Estimate"—选择"Option"。图 3-4-16 是 EViews7.0 弹出选项对话窗口，图 3-4-17 是 Eviews9.0 弹出的选项对话框窗口，两个图的差别不大。

加权窗口界面介绍。

首先是加权系数选项卡的选择，在"Coefficient covariance"（系数协方差）选项卡"method"（方法）中选"White"（7.0 版）或"Huber -white"（9.0 版），"Informationmatrix"（信息矩阵）一般就选默认参数"OPG"。

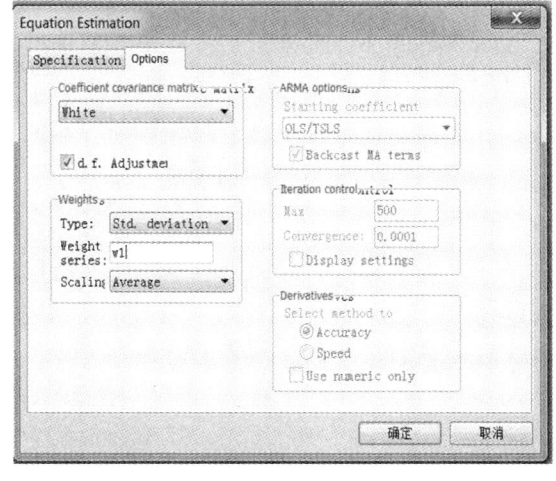

图 3-4-16

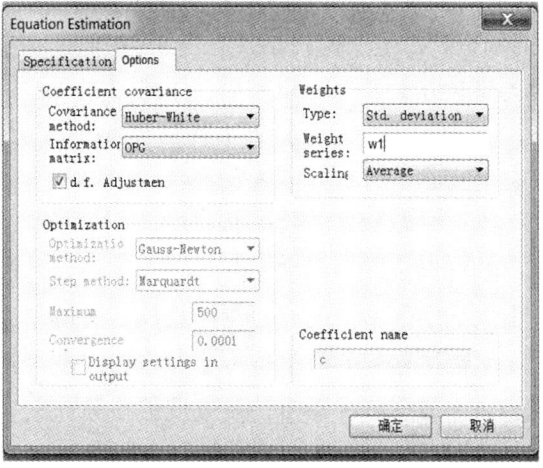

图 3-4-17

其次是权重类型的选择。在"Weights Type"（权重类型）下拉框中，7.0 版本后第一个是"Inverse std.dev"，如果权重序列包含的值与残差标准差的倒数成比例，则应选择的"Inverse std.dev"（反向标准）或"Inversevarianc"（方向方差）。如果权重系列包含的值与残差标准差不是倒数关系，就选择"Std.deviation"（标准差）。

接着是权重比例表达式的输入。在"Weights Scaling"（权重比例）右文本框输入一个表达式，如果权重已经生成了序列，那就输入权重序列名。例如，本例的 W1、W2、W3、W4、W5，或者自定义的一个运算表达式，如：1/MXF，或 1/MXF^2/(1/sqr(MXF))。

最后，选择权重的缩放方法"Scaling"（缩放）。如果权重类型选择的是"Inverse std.dev"（反向标准），那么"Scaling"（缩放）里有三种选择：Average（平均缩放）、None（无缩放）和 EViews 默认缩放（EViews default）；如果权重类型选择的是其他三个类型，那么缩放"Scaling"选择下拉框里只有 Average（平均缩放）和 None（无缩放）选择，默认选择 Average（平均缩放）。

选择缩放方式后，EViews 将在使用之前对权重进行缩放。系统帮助里有警告性的提示：

Unless there is good reason to do so, we recommend that you employ Inverse std. dev. weights with EViews default scaling, even if it means you must transform your weight series. The other weight types and scaling methods were introduced in EViews 7, so equations estimated using the alternate settings may not be read by prior versions of EViews.

即：除非有足够的理由这样做，否则我们建议您采用的权重与 EViews 默认缩放，即使这意味着你必须改变你的重量级数。在 EViews7 中引入了其他的权重类型和缩放方法，所以使用替代设置估计的方程式可能不会被以前的 EViews 版本读取。

其实就是在"Scaling"（缩放）栏里不要做选择，采取 EViews 默认自选的缩放。

本例 W1 加权操作步骤如下：

点击该方程窗口的"View"（查看）—"Residual Diagnostics"（残差诊断）—"Heteroskedasticity Test…"（异方差检验）—在"coefficientcovariance"（系数协方差）的下的选项卡方法"method"中，选择"White"（7.0 版）或"Huber -white"（9.0 版），"Weights type"（权重类型）下拉框中选择"Inverse std.dev"，原因是权重 W1 是个倒数序列，在缩放方式"Scaling"默认系统选择的"EViews default"。最后点击"确定"，得到图 3-4-18。

（3）新模型显著性检验。

R-squared 为 0.962 686 大于 0.8 很好，Prob 为 0，表明加权后的回归模型拒绝有随机误差小概率事件发生的原假设，加权后的模型优合度好。

但是加权后的模型也可能存在异方差，因此还需检验加权后的模型是否存在异方差。

（4）加权后的新模型异方差的检验。

我们用怀特检验法来检验加权后的模型有无异方差。

点击该方程窗口的"View"（查看）—"Residual Diagnostics"（残差诊断）—"Heteroskedasticity Test…"（异方差检验）—"Test type"（测试类型）—"White"（怀特）—单击 OK。

于是得到加权后的模型回归参数估计结果如图 3-4-19 所示。

Dependent Variable: GDP				
Method: Least Squares				
Date: 12/09/17 Time: 19:23				
Sample: 1990 2013				
Included observations: 24				
Weighting series: W1				
Weight type: Variance (average scaling)				
White heteroskedasticity-consistent standard errors & covariance				
Variable	Coefficient	Std. Error	t-Statistic	Prob.
C	-189009.7	17790.93	-10.62394	0.0000
MXF	1.860250	0.093749	19.84282	0.0000
	Weighted Statistics（加权统计）			
R-squared	0.962686	Mean dependent var		214535.6
Adjusted R-squared	0.960990	S.D. dependent var		232734.7
S.E. of regression	36120.05	Akaike info criterion		23.90674
Sum squared resid	2.87E+10	Schwarz criterion		24.00491
Log likelihood	-284.8809	Hannan-Quinn criter.		23.93278
F-statistic	567.5886	Durbin-Watson stat		0.240947
Prob(F-statistic)	0.000000	Weighted mean dep.		256678.1
Wald F-statistic	393.7375	Prob(Wald F-statistic)		0.000000
	Unweighted Statistics（未加权统计）			
R-squared	0.964294	Mean dependent var		184631.6
Adjusted R-squared	0.962671	S.D. dependent var		166225.2
S.E. of regression	32115.95	Sum squared resid		2.27E+10
Durbin-Watson stat	0.229813			

图 3-4-18

Heteroskedasticity Test: White				
F-statistic	4.420363		Prob. F(2,21)	0.0250
Obs*R-squared	7.110331		Prob. Chi-Square(2)	0.0286
Scaled explained SS	3.339286		Prob. Chi-Square(2)	0.1883
Test Equation:				
Dependent Variable: WGT_RESID^2				
Method: Least Squares				
Date: 12/10/17 Time: 16:25				
Sample: 1990 2013				
Included observations: 24				
White heteroskedasticity-consistent standard errors & covariance				
Collinear test regressors dropped from specification				
Variable	Coefficient	Std. Error	t-Statistic	Prob.
C	9.15E+08	6.84E+08	1.338091	0.1952
MXF*WGT^2	-2942.008	7580.612	-0.388096	0.7019
WGT^2	-38988027	5.46E+08	-0.071401	0.9438
R-squared	0.296264	Mean dependent var		3.82E+08
Adjusted R-squared	0.229241	S.D. dependent var		4.13E+08
S.E. of regression	3.62E+08	Akaike info criterion		42.36974
Sum squared resid	2.75E+18	Schwarz criterion		42.51699
Log likelihood	-505.4368	Hannan-Quinn criter.		42.40880
F-statistic	4.420363	Durbin-Watson stat		0.809703
Prob(F-statistic)	0.024992			

图 3-4-19

Obs*R-squared 的值为 7.110 331，大于自由度为 2 的临界值 0.05 的卡方值 5.99，表明此回归模型存在异方差。同时 Prob 为 0.028 6 值也小于 0.05，也拒绝不存在异方差的原假设。

结论：$W1$ 的权重不合适。

以上用菜单加权建立 WLS 回归，可以用下面的命令完成，命令格式为：

LS（W=W_i） Y C X

注：i=1，2，3，4。

本例具体的完整命令为：

LS(w=w1, cov=huber) GDP C MXF

（5）依照上面（2）、（3）、（4）的方法步骤，分别对权重 $W2$、$W3$、$W4$、$W5$ 进行建模和显著性及异方差的检验。我们整理的主要参数及检验结果如表 3-4-5 所示。

表 3-4-5 主要参数及检验结果

权重	$W2 = 1/MXF\wedge2$		$W3 = 1/sqr(MXF)$		$W4 = resid\wedge2$		$W5 = 1/resid$	
权重类型	Inverse std.dev		Inverse std.dev		std.deviation		Inverse std.dev	
检验值	R-squared	0.948 175>0.8	R-squared	0.949 263>0.8	R-squared	0.948 175>0.8	R-squared	0.992 285>0.8
	Prob	=0 小于 0.5	Prob	=0 小于 0.5	Prob	=0 小于 0.5	Prob	=0 小于 0.5
显著性	边际显著性明显		边际显著性明显		边际显著性明显		边际显著性明显	
怀特检验值	Obs*R-squared	5.888 17 <7.81	Obs*R-squared	8.681 406 >7.81	Obs*R-squared	5.888 173 <5.99	Obs*R-squared	10.741 73 >7.81
	Prob，	=0.0097 小于 0.05	Prob，	=0.0338 小于 0.05	Prob，	=0.1172 >0.05	Prob，	=0.0132 小于 0.05
怀特检验结论	R^2 的自由度为 3，卡方检验通过，P 值不通过，故存在异方差		R^2 的自由度为 3，未通过卡方检验，P 值也未通过，故存在异方差		R^2 的自由度为 3，接受原假设，故不存在异方差，具有同方差性		R^2 的自由度为 3，未通过卡方检验，P 值也未通过，故存在异方差	
权重有效性	无效		无效		有效		无效	

权重 $W4$ 不是倒数关系，加权类型应选择"Std.deviation"，回归估计参数详细结果如图 3-4-20 所示。

六、异方差检验结论

$W4$ 在 std.deviation 权重方式怀特异方差检验是可以通过的，为了更严格地确定修正异方差的权重，我们对 $W2$、$W3$、$W4$ 和 $W5$ 又用加权类型为"inversevarianc"的异方差检验，四个权重都在选择"inversevarianc"权重类型情况下，异方差检验都不能通过，故彻底放弃 $W2$、$W3$，但如果 $W5$ 在选择"std.deviation"权重类型下，怀特异方差检验证明不存在异方差（此时卡方自由度为 3），即 $W5$ 按"std.deviation"方式加权，加权后的模型具有同方差。

$W4$ 和 $W5$ 在 std.deviation 权重方式怀特异方差结果比较如表 3-4-6 和 3-4-7 所示。

Dependent Variable: GDP			
Method: Least Squares			
Date: 12/10/17　　Time: 17:58			
Sample: 1990 2013			
Included observations: 24			
Weighting series: W4			
Weight type: Standard deviation (average scaling)			
White heteroskedasticity-consistent standard errors & covariance			
Variable	Coefficient	Std. Error	t-Statistic	Prob.
C	-146981.8	8445.706	-17.40314	0.0000
MXF	1.648568	0.071761	22.97289	0.0000
Weighted Statistics（加权统计）			
R-squared	0.948175	Mean dependent var	75069.51
Adjusted R-squared	0.945819	S.D. dependent var	18686.77
S.E. of regression	12227.81	Akaike info criterion	21.74047
Sum squared resid	3.29E+09	Schwarz criterion	21.83864
Log likelihood	-258.8856	Hannan-Quinn criter.	21.76651
F-statistic	402.5051	Durbin-Watson stat	0.348929
Prob(F-statistic)	0.000000	Weighted mean dep.	57666.49
Wald F-statistic	527.7537	Prob(Wald F-statistic)	0.000000
Unweighted Statistics（未加权统计）			
R-squared	0.960544	Mean dependent var	184631.6
Adjusted R-squared	0.958750	S.D. dependent var	166225.2
S.E. of regression	33760.39	Sum squared resid	2.51E+10
Durbin-Watson stat	0.214288		

图 3-4-20

表 3-4-6　W4 加权 std.deviation

Heteroskedasticity Test: White			
F-statistic	2.167 340	Prob. F(3,20)	0.123 7
Obs*R-squared	5.888 173	Prob. Chi-Square(3)	0.117 2
Scaled explained SS	1.633 945	Prob. Chi-Square(3)	0.651 7
Prob(F-statistic)	0.123 654		

表 3-4-7　W5 加权 std.deviation

Heteroskedasticity Test: White			
F-statistic	2.693 349	Prob. F(3,13)	0.089 3
Obs*R-squared	6.516 153	Prob. Chi-Square(3)	0.089 0
Scaled explained SS	1.157 628	Prob. Chi-Square(3)	0.763 2
Prob(F-statistic)	0.089 329		

综合考虑，比较 $W4$ 和 $W5$ 的估计参数发现，在同样按 std.deviation 权重方式构建的模型，$W4$ 的异方差检验比 $W5$ 要好，本例异方差修正的权重应为 $W4$，即 $W4=\text{resid}^\wedge 2$，且权重类型为标准偏差型"std. deviation"。

在 EViews 中的加权估计命令为：

LS(W=W4, WTYPE=STDEV, WSCALE=AVG, COV=HUBER) GDP C MXF

方程表达式为：

$$GDP = C(1) + C(2) \times MXF$$

加权后的方程系数如下：

$$GDP = -146\,981.825\,891 + 1.648\,568\,432\,99 \times MXF$$

七、实验报告及要求

本次实验报告的要素和内容必须包含以下几点：

（1）实验课名称、实验项目名称、实验学时、实验类型、实验起止日期、实验目的要求、实验原理或实验方案、使用的主要仪器设备、材料或软件、方法步骤、实验数据及处理、心得体会与建议；

（2）本次实验报告重点记录：实验过程的方法步骤、实验数据及处理（图、表）、实验结果（分析结论）以及心得体会与建议。

实验项目五　序列相关性

【实验目的】

（1）本章意在掌握与序列相关的基本概念，探讨可以通过哪些有效方法检验经典假定回归模型是否存在序列相关性的问题。

（2）如果回归模型存在违背无自相关的经典假定的情况下，运用 EViews 软件修正序列相关性，建立合理的回归模型。

【实验内容】

（1）以我国 1985—2007 年农村居民人均收入和消费数据为研究对象创建回归模型，验证该模型的合理性，通过多种验证检验方法检验模型是否存在序列相关性。

（2）对存在序列相关性的模型进行修改调整，建立合理科学的新模型，并分析新模型的经济意义。

【实验课时】

4 课时。

【实验类型】

综合型。

【知识回顾】

线性回归模型的经典假设之一是模型的随机干扰项相互独立。当模型的随机干扰项不满足该假设时，称存在序列相关性（serial correlation）。简单地讲，序列相关性是指总体回归模型的随机误差项之间存在相关关系，即不同观测点上的误差项彼此相关。序列相关性原指一随机变量在时间上与其滞后项之间的相关，计量经济学中主要是指回归模型中随机误差项与其滞后项的相关关系。

自相关产生的原因有很多，一般认为主要有以下几种：① 经济变量惯性的作用引起随机误差项自相关；② 经济行为的滞后性引起随机误差项自相关；③ 一些随机偶然因素的干扰引起随机误差项自相关；④ 模型设定误差引起随机误差项自相关；⑤ 观测数据处理引起随机误差项序列相关；⑥ 数据"编造"。现实中，时间序列的经济数据，由于在不同样本点上解释变量以外的其他因素在时间上存在连续性，它们对被解释变量的影响也是连续性的，所以往往存在序列相关性。

在社会经济系统中，经济变量前后期之间很可能有关联，使随机误差项不能满足无自相关性的假设，更严重的问题是在存在序列相关性的模型中会产生许多不良后果，如参数计量无效、变量检验无意义、模型预测失效等。

【实验要求】

复习计量经济学回归分析的基础知识和经典计量经济学建立模型的原理依据；理解自相关产生的原因和检验原理及估计参数的意义；必须将工作文件保存到本次实验的文件夹下。

【实验步骤】

一、数据说明

现实社会生活和经济活动中，多数时间序列数据都具有一个显著特征——惯性上升或惯性下降。诸如农业投资、生产总值、就业、货币供给等时间序列都呈现出周期性波动。这些经济数据连续的观察值之间很可能是相互依赖的，使这些变量在时间上具有某种关联性。因此采用时间序列的数据。

居民收入和消费等时间序列数据通常表现为周期循环，因此，我们选择存款余额和GDP指数作为本次实验样本。本实验意在掌握自相关性的检验与处理方法。

利用表3-5-1的资料，建立我国城乡居民年人均收入与年人均消费的模型，并检验模型的相关性。

表3-5-1 1985—2007年农村居民人均收入和消费   单位：元

年份	年人均收入 X	年人均消费 Y	年份	年人均收入 X	年人均消费 Y
1985	397.60	317.40	1997	648.50	501.77
1986	399.43	336.48	1998	677.53	498.37
1987	410.47	353.42	1999	703.25	501.88
1988	411.56	360.05	2000	717.64	531.88
1989	380.94	339.08	2001	747.68	550.11
1990	415.69	354.09	2002	785.41	581.95
1991	419.54	366.96	2003	818.93	606.90
1992	443.44	372.74	2004	874.97	650.98
1993	458.51	382.94	2005	948.95	745.01
1994	492.34	410.00	2006	1030.45	812.70
1995	541.42	449.69	2007	1128.48	878.69
1996	612.63	500.03			

二、建立工作文件

首先在 D 盘建立一个自己的文件夹，文件夹的名字为：你的班级 + 姓名 + 实验项目五。数据结构为时间序列年度为 1985—2007，工作文件名保存为：XXX 序列相关性实验（注：XXX 是你的姓名）。

（1）创建工作文件（学生自己完成）。
（2）输入数据（学生自己完成）命令如下：
DATA X Y
要修改序列 Y 的中文名为"年人均消费 Y"，序列 X 的中文名为"年人均收入 X"。

三、回归模型的设定

序列相关性的检验的思路有以下三种：

第一种模式是以一个方程为基础建立模型，然后进行图形、函数回归检验，DW 检验，偏相关系数检验和 LM 检验（BG 检验）等检验，如果确定原模型存在序列相关性，那么对原模型进行调整处理，当测试到合理的修正参数后，再次建立新的回归模型。由于这种方式始终围绕着一个原方程模型，所以又称之为单方程模式。这种模式适应于经济学理论证明了的一些样本数据。

第二种模式是多方程模式。对于有些样本数据用第一种模式进行几步后就发现原方程模型不成立或勉强可以成立，或进行到末尾的时候不能有效地测试出合理的修正参数，于是又重新设置方程再检验修正。很显然，第一种单方程模式存在较大的实验代价，所以可以用多方程模式来避免这种情况的发生。

多方程模式是实验开始的时候就用经典回归原理建立几个方程，只是所建立的每个方程解释变量和被解释变量的函数形式不同，如线性回归模型、单对数模型、双对数模型、指数模型、二次多项式等模型。接着沿用单方程模式检验方法，逐一检验舍弃不合适的方程模型，然后修正调整处理，得到模型测试修正的参数，最后重新建立新的合理的模型。这种模式能较好地估算出多个合适的模型，但实验耗时很大。

第三种模式是将第一、二种模式相结合，先建立一个模型进行检验，如果中途发现该模型不成立，则再将模型变形成另一个模型（单对数模型、双对数模型、指数模型、二次多项式模型），然后再检验修正。由于这种模式已经对原始的方程模型进行过一些检验和修正，所以在对原模型变形时，大致的、合理的方程模型已经较清楚了，也会很快找到合适的模型。

下面我们以第一种单方程模式进行实验。其他两种模式可以仿照本例进行实验操作。

以 Y_t 为农村居民人均消费支出，以 X_t 为农村居民人均收入，设定消费模型为：

$$Y_t = \beta_0 + \beta_1 X_t + \mu_t \quad t = 1, 2, \cdots, n$$

四、参数估计

参数估计是在假定原模型满足所有假设的条件下进行的估计,这一步操作的目的是获得残差序列 resid 的值。

(1) 建立散点图的命令为:

SCAT X Y

保存本图形,方法为单击本窗口菜单"Name"输入英文名称为"sdt",显示标签名为"散点图分析"。(见图 3-5-1)

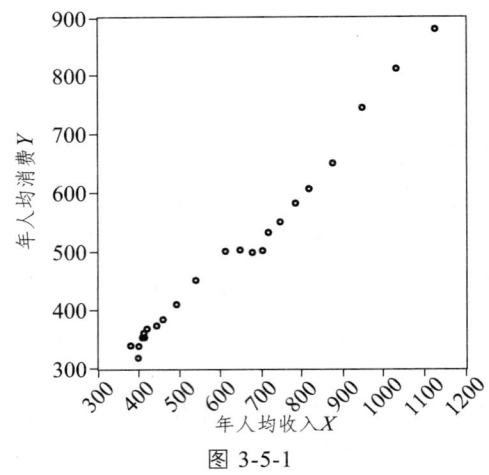

图 3-5-1

从散点图可以看出,年人均收入 X 指数与年人均消费 Y 二者的曲线相关关系较为明显,年人均收入 X 和年人均消费 Y 大体呈现为线性关系。那么一般情况下认为这个样本适合 $Y_t = \beta_0 + \beta_1 X_t + \mu_t$ 这个一元回归线性模型。但是通常假定误差项的序列自相关是线性的,因此这个模型可能存在序列相关性。为此我们要思考以下几个问题:

① 该模型是否存在序列相关性,即自相关性?
② 如何检验这个模型存在序列相关性?
③ 如果模型存在序列相关性如何修正处理?
④ 测试找到合理的修正参数,探求出真实的原估计模型。

(2) 首先用 LS 命令(用菜单也可以)建立以下线性模型,本实验项目后文称为原方程(模型):

LS Y C X

线性模型数据分析结果如图 3-5-2 所示。

Dependent Variable: Y			
Method: Least Squares			
Date: 12/11/17 Time: 15:18			
Sample: 1985 2007			
Included observations: 23			
Variable	Coefficient	Std. Error	t-Statistic	Prob.
C	56.07723	14.47370	3.874421	0.0009
X	0.699142	0.021730	32.17451	0.0000
R-squared	0.980117	Mean dependent var	495.7878
Adjusted R-squared	0.979171	S.D. dependent var	158.3798
S.E. of regression	22.85800	Akaike info criterion	9.179420
Sum squared resid	10972.25	Schwarz criterion	9.278159
Log likelihood	-103.5633	Hannan-Quinn criter.	9.204253
F-statistic	1035.199	Durbin-Watson stat	0.407833
Prob(F-statistic)	0.000000		

图 3-5-2

（3）原模型线性模型主要数据记录如下：

原模型方程：$Y = C(1) + C(2) \times X$

模型估计系数：$Y = 56.077\,228\,524\,1 + 0.699\,142\,208\,97X$

其他重要参数：$R^2 = 0.980\,117$ Prob = 0

Durbin-Watson stat = 0.407 833

保存本模型，方法为单击本窗口菜单"Name"输入英文名称为"xxmx"，显示标签名为"线性模型"。

给该模型添加标题注解，方法是单击本窗口菜单"Object"—"View options"—"Title…"，然后在弹出的对话框中输入标题名：线性模型分析。

（4）添加两个残差 e 序列。

为了检验方程模型是否存在序列相关性，需要添加两个有关残差的序列，可以用命令完成。在命令栏输入以下两个命令：

Genr   e0= resid

Genr   e1=e0(-1)

注：e0 表示原模型的原残差 e_t，e1 表示滞后 1 期的残差 e_{t-1}。

五、序列相关性的检验

（一）图示检验法

通过观察和记录残差相关图，可以判断上面的模型是否存在一阶序列相关性。

1. 菜单法绘制序列相关图

先选择 e1，按住 Shift 键再选 e0，这样就同时选择了 e1 和 e0 两个序列。然后双击，单击对话框中的"Open Group"选项，再在打开的窗口单击菜单"View"—"Graph…"，在弹出的图形类型对话框中选择基本类别和图像风格选择散点图（Scatter），最后单击"OK"即可得本例残差相关图。

2. 命令方法是在命令栏输入

SCAT　e1　e0

单击本窗口"Name"按钮，输入英文名 Name 为"ccsdt"，中文演示标签名为"残差相关图"，即可就保存此图。（见图 3-5-3）

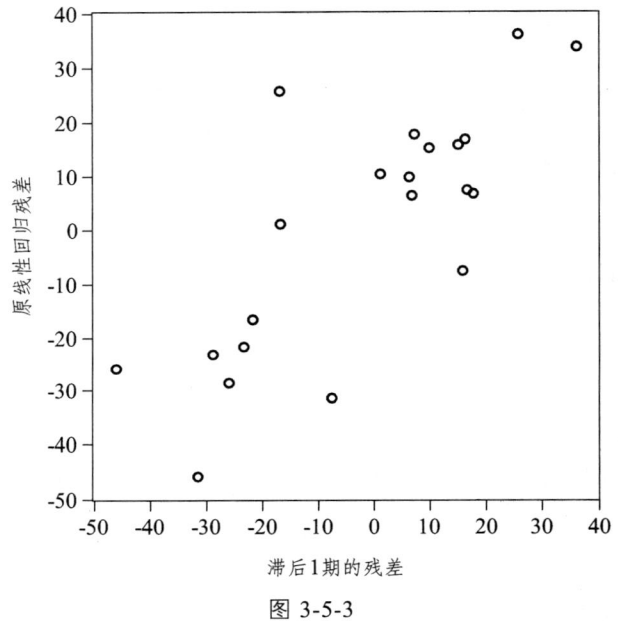

图 3-5-3

判断是否存在相关性的示意图如图 3-5-4 所示。

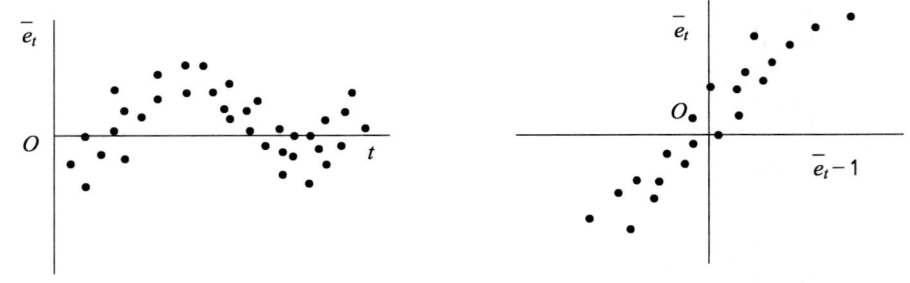

（a）正序列相关（正自相关）

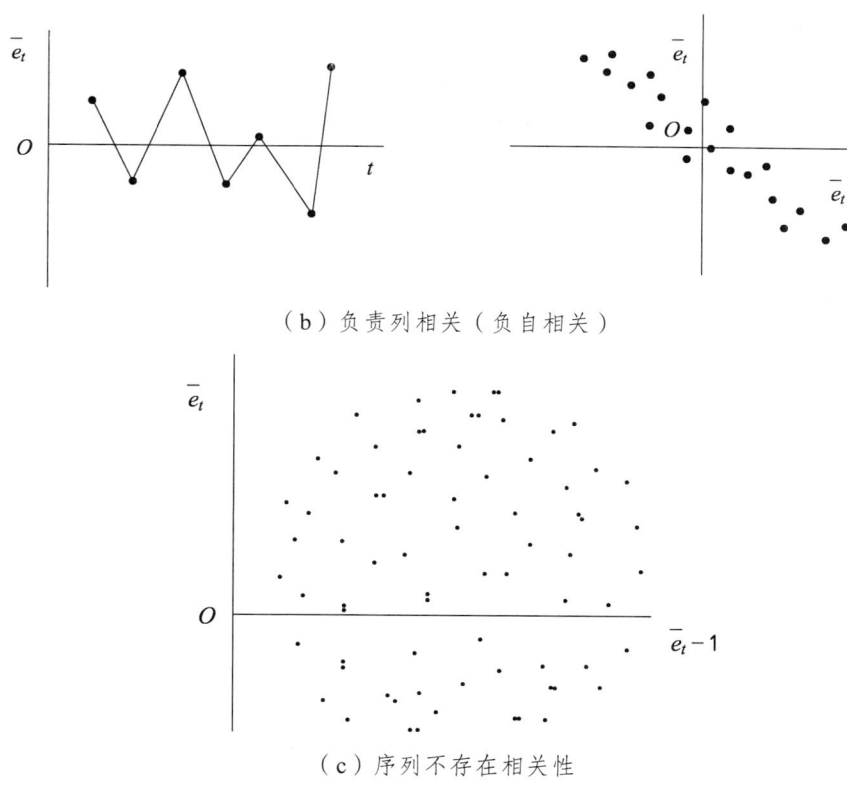

（b）负责列相关（负自相关）

（c）序列不存在相关性

图 3-5-4

通过对比可以初步得出本例模型具有自相关性（序列自相关性）。

另外，通过 e_t 与时间 t 的时序关系图也可以观察模型是否存在序列相关性。在工作文件中双击"xxmx"模型打开这个线性回归模型估计参数分析结果表，再点击本窗口右上角的"Resids"，即可得到残差项 e_t 与时间 t 的关系图。（见图 3-5-5）

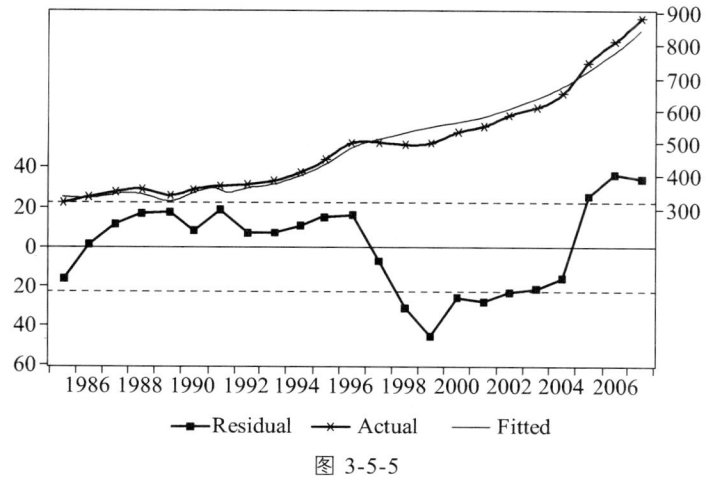

图 3-5-5

注：为了方便印刷版观察，我们特意修改了图中曲线的形状。

如何观察残差序列图呢？简单的方法是，观察残差的时间序列随着时间的变化，若干个残差都有大于 0 或者是小于 0 的倾向，我们就认为具有相关性；而负相关意味着残差并不频繁地改变符号——两个相继的残差具有正负相反的倾向。

观察本例的残差时序图可以看出，随着时间 t 的变化，残差并不频繁地改变符号，而是有些时间段内是同时上升的，而另一些时间段内是同时下降的，即某一时期的残差为正值，而下一时期的残差也是正值，这一现象具有连续性；并且某一时期的残差为负值，而下一时期的残差也是负值，这一现象也具有连续性，表明残差项存在正的序列相关性。

这两种绘图方法都可以看出，本回归模型残差项存在正的序列相关性，表明随机干扰项存在正的序列相关性。但是这是定性分析，是否真的存在自相关性，还需要进一步做数据定量分析。

（二）回归检验法

回归检验法适用于任何类型的序列相关性问题的检验。序列相关性使随机干扰项之间互不独立，那么回归检验法就必然围绕随机干扰项的有关参数进行检验，EViews 实际上是对有关残差各种参数的检验。

大致的步骤如下：

（1）依据模型变量的样本观测数据，应用普通最小二乘法求出模型的样本估计式，并计算出随机干扰项的估计值 e 即 EViews 里的残差 resid。

（2）建立有关随机干扰项（残差 resid）的相互关系模型，它们相互关系的形式和类型是未知的，需要用多种函数形式进行试验。常用的函数形式主要有：双对数、对数、指数、二次多项式等不同形式。

（3）对于不同形式的有关随机干扰项（残差 resid）相互关系模型用普通最小二乘法进行参数估计。即序列相关性的回归检验法是以残差 $\tilde{e}_t$ 为被解释变量，以各种可能残差相关形式，诸如

$$\tilde{e}_{t-1}, \tilde{e}_{t-2}, \tilde{e}_t^2$$

等为解释变量，建立各种方程（解释变量和被解释变量都是残差的不同形式），模型表达式如下：

$$e_t = \rho e_{t-1} + \varepsilon_t$$

通过对方程进行估计并进行显著性检验，如果存在某一种函数形式，使方程显著成立，则说明原模型存在序列相关性。如果检验的结果是每一种估计方程都不显著，就表明有关随机干扰项（残差 resid）是不相关的，随机干扰项之间就不存在序列相关。

序列相关性的回归检验法需要用多种形式的回归模型对有关随机干扰项（残差 resid）的相关性进行检验分析，因而工作量大、计算复杂，显得极为烦琐。但优点是，一旦确定了模型存在序列相关性，同时也就知道了序列相关的具体形式及相关系数的估计值。

下面我们通过回归检验法对该模型进行 OLS 估计，具体操作如下：

1. 先添加几个有关残差的序列

Genr　　$e2$= resid(-1)^2　　　　注：$e2$ 为残差滞后 1 期的平方

Genr　　$e3$=abs(resid (-2)) ^0.5　　注：$e3$ 为残差滞后 2 期的绝对值的开平方

Genr　　$e4$=1/(abs(e0(-1))^0.5)　　注：$e4$ 为残差滞后 1 期的绝对值的开平方的倒数

Genr　　$e5$=1 resid　　　　　　注：$e5$ 为残差的倒数

2. 建立基于残差序列的 OLS 回归模型

在命令栏分别输入以下命令（后面的序号不需要输入），并记录回归结果中的 p 值。

LS　e0　e1　　　　　　　　　① 方程模型
LS　e1　e2　　　　　　　　　② 方程模型
LS　e2　e3　　　　　　　　　③ 方程模型
LS　e1　e2　　　　　　　　　④ 方程模型
LS　e4　e5　　　　　　　　　⑤ 方程模型
LS　e3　e4+e5　　　　　　　⑥ 方程模型
LS　e2　e3　C　　　　　　　⑦ 方程模型

3. 根据 P 值检验估计模型的显著性

特别提醒：这些模型在显著性检验时如果存在某一种函数形式，使方程显著成立，则说明原模型存在序列相关性。

各个方程显著性检验及其分析如表 3-5-2 所示。

表 3-5-2　显著性检验及其分析

方程模型编号	①	②	③	④	⑤	⑥	⑦
Prob 值	0	0.000 1	0.000 1	0.087 5	0.919 9	0.000 1	0.023 2
方程显著性	显著性	显著性	显著性	不显著性	不显著性	显著性	显著性
模型有无序列相关性判断	存在序列相关性	存在序列相关性	存在序列相关性	不存在序列相关性	不存在序列相关性	存在序列相关性	存在序列相关性

结论：原模型中存在序列相关性（自相关性）。

（三）D-W 检验法

D-W 检验即杜宾-瓦特森检验，是计量经济和统计分析中最常用的一种检验序列一阶自相关的方法。

D-W 检验的基本思想如下：给出假设 H_0，$P = 0$，随机干扰项不存在序列相关；H_1，$p \neq 0$，随机干扰项存在一阶序列相关。

建立 D-W 检验统计量的下临界值 DL 和上临界值 DU，确定了具体的用于判断的范围。

注意：n 为案例序列总数（样本容量）；n 为解释变量总数；α 为显著水平（有 5%和 1%之分）。观察 Durbin-Watson stat 的值与 D-W 表的对应值，然后判断模型有无自相关性。（见表 3-5-3）

$0 \leqslant d_W \leqslant d_L$ 残差序列正相关，$d_U < d_W < 4 - d_U$ 无自相关，$4 - d_L < DW \leqslant 4$ 负相关，若不在以上 3 个区间则检验失败，无法判断。（见图 3-5-6）

表 3-5-3　D-W 表

$0 \leqslant DW \leqslant d_L$	误差项 $u_1, u_2, \cdots, u_n$ 间存在正相关
$d_L < DW \leqslant d_U$	不能判定是否有自相关
$d_U < DW < 4 - d_U$	误差项 $u_1, u_2, \cdots, u_n$ 间无自相关
$4 - d_U \leqslant DW < 4 - d_L$	不能判定是否有自相关
$4 - d_L \leqslant DW \leqslant 4$	误差项 $u_1, u_2, \cdots, u_n$ 间存在负相关

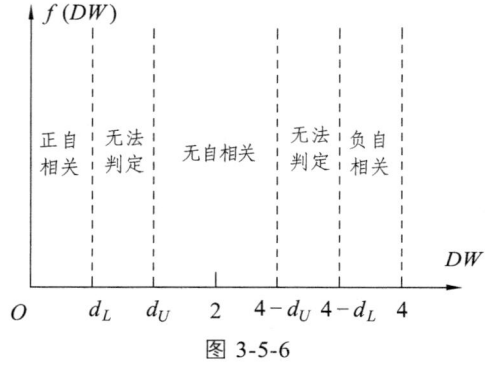

图 3-5-6

简单判断法：

$DW=0$ 时，残差序列存在完全正自相关；

$DW=(0, 2)$ 时，残差序列存在正自相关；

$DW=2$ 时，残差序列无自相关；

$DW=(2, 4)$ 时，残差序列存在负自相关；

$DW=4$ 时，残差序列存在完全负自相关。

对原模型进行 OLS 回归，简单快捷的方法是在命令栏输入下面命令回车即可：

LS　Y　C　X

记录 D-W 统计量，并根据规则判断 5%的显著性水平下是否存在序列相关。（见图 3-5-7）本模型的样本数 $n = 23$，自由度 $k = 2$，Durbin-Watson stat=0.407 833。取显著性水平 $\alpha = 0.05$ 时，查表得 $d_L = 1.26$，$d_U = 1.44$，而 $0 < 0.407\ 833 = DW < d_L$，故存在（正）自相关。

杜宾-沃森检验具有明显的缺陷：一是它只适用于检验一阶序列的相关性是否存在，对更高阶的序列相关性无法进行检测；二是存在两个无法判断的区域。

Dependent Variable: Y			
Method: Least Squares			
Date: 12/12/17　　Time: 18:12			
Sample: 1985 2007			
Included observations: 23			
Variable	Coefficient	Std. Error	t-Statistic	Prob.
C	56.07723	14.47370	3.874421	0.0009
X	0.699142	0.021730	32.17451	0.0000
R-squared	0.980117	Mean dependent var		495.7878
Adjusted R-squared	0.979171	S.D. dependent var		158.3798
S.E. of regression	22.85800	Akaike info criterion		9.179420
Sum squared resid	10972.25	Schwarz criterion		9.278159
Log likelihood	-103.5633	Hannan-Quinn criter.		9.204253
F-statistic	1035.199	Durbin-Watson stat		0.407833
Prob(F-statistic)	0.000000		

图 3-5-7

（四）偏相关系数检验

在多个变量 $y, x_1, x_2, \cdots, x_k$ 之间，如果只考虑 y 与 x_i（$i=1, 2, \cdots, k$）之间的相关关系，其他变量固定不变，这种相关性称为偏相关。用来衡量偏相关程度的数量指标叫作偏相关系数。

如果检验确定原来的模型存在序列相关性，要知道模型是在哪一级序列产生的序列相关性，就需要进行偏相关系数检验。EViews 的具体方法是：打开要检验的线性模型 "XXMX"，在方程窗口中点击："View"（查看）—"Residual diagnostics"（残差诊断）—"Correlogram-Q-statistics"（相关图 C-Q-统计）。弹出的对话框中输入滞后期为 10，单击 "OK"（确定）。于是得到本实验残差 e_t 与 $e_{t-1}, e_{t-2}, \cdots, e_{t-10}$ 的各期相关系数和偏相关系数，如图 3-5-8 所示。

```
Date: 12/12/17   Time: 18:32
Sample: 1985 2007
Included observations: 23

Autocorrelation  Partial Correlation      AC     PAC   Q-Stat  Prob

                                      1   0.732   0.732  13.999  0.000
                                      2   0.373  -0.350  17.806  0.000
                                      3   0.058  -0.132  17.903  0.000
                                      4  -0.073   0.126  18.066  0.001
                                      5  -0.161  -0.199  18.894  0.002
                                      6  -0.342  -0.415  22.851  0.001
                                      7  -0.432   0.131  29.572  0.000
                                      8  -0.446  -0.133  37.200  0.000
                                      9  -0.288   0.035  40.614  0.000
                                     10  -0.187  -0.200  42.152  0.000
```

图 3-5-8

图中，"Autocorrelation"表示自相关图，"Partial Correlation"表示偏自相关图。右侧表中的第一列自然序数是滞后期，与自相关图和偏自相关图对应。"AC"列是估计的自相关系数值，"PAC"列是估计的偏自相关系数值，它们的数值与左侧图相对应。"Q-Stat"表示 Q 统计量数值，"Prob"表示的是 Q 统计量取值大于该样本计算的 Q 值的概率。如果 P 值大于给定的显著性水平（如1%），则接受原假设，即序列非自相关；如果 P 值小于给定的显著性水平，则拒绝原假设，即序列存在自相关。

如果随机干扰项（即残差）仅仅与它的前一期有关，则称为一阶序列相关；如果仅仅与它的前两期有关，则称为二阶序列相关。依此类推，我们把二阶以上的统称为高阶序列相关。

图形左半部分分别描绘了相关系数和偏相关系数的直方图，其中虚线表示正负 0.5。当某期偏相关系数的直方块超过虚线部分时，表明存在该阶自相关性。

本实验到此时，从图中可以看出，图中的"autocorrelation"（自动相关）和"partial correlation"（偏相关）的第 1 期偏相关系数的直方块超过了虚线部分，存在着一阶和二阶自相关。

另外图中右侧"Prob"此时 P 值小于 0.05 也小于 0.001，说明模型已经存在序列自相关。

（五）LM 检验法

为了克服杜宾-沃森 D-W 检验的缺陷，统计学家布劳舒（Breusch）和戈弗雷（Godfrey）于 1978 年提出了一种新的检验方法，即拉格朗日乘数检验（Lagrange multiplier test，LM 检验），又称 BG 检验。这种方法允许被解释变量的滞后项存在，同时还可以检验高阶序列相关性，因此它比杜宾-沃森检验更具有一般性。

1. LM 检验法（BG 检验法）的原理

LM 检验（BG 检验）的原理：在要检验的模型中再加入几个滞后序列，检验加入滞后序列后的模型是否显著原理，如果显著，说明被检验的模型存在序列相关性；如果不显著，说明被检验的模型不存在序列相关性。

LM 检验法（BG 检验法）的原假设是 H_0：模型不存在序列相关性；H_1：模型存在序列相关性。

LM 检验法（BG 检验法）判断对照表如表 3-5-4 所示。

表 3-5-4 LM 检验法判断对照表

Prob. Chi-Square(N)<0.05 检验意义		Prob. Chi-Square(N)>0.05 检验意义		RESID(-N)的 $P<0.05$	RESID(-N)的 $P>0.05$
加入滞后序列后的模型显著	被检验的模型存在序列相关性	加入滞后序列后的模型不显著	被检验的模型不存在序列相关性	滞后 N 阶对模型影响不显著	滞后 N 阶对模型影响显著
结论：拒绝原假设 H_0，接受 H_1，模型存在序列相关性		结论：接受原假设 H_0，拒绝 H_1，模型不存在序列相关性		结论：不存在 N 阶序列相关性	结论：存在 N 阶序列相关性

检验方法是给定显著水平 α 如 0.05，查自由度为 k 的卡方分布 χ^2 的临界值。若 LM>χ^2 临界值，则拒绝 H_0，认为模型存在序列相关性；反之，认为不存在序列相关性。

在实际运用时，通常是从一阶开始逐次向更高阶检验。

2. LM 检验法（BG 检验法）的操作步骤

（1）重新运行显示原模型，命令是：

LS　Y　C　X

（2）对原模型进行 OLS 回归。

单击新的原模型窗口菜单"View"（查看）—"Residual diagnostics"（残差诊断）—"Series Correlation LM Test"（系列相关 LM 测试）—弹出"Lag Specifcation"对话框，使用默认滞后长度"1"—单击"OK"。LM 检验法（BG 检验法）的估计参数如图 3-5-9 所示。

Breusch-Godfrey Serial Correlation LM Test:			
F-statistic	31.68114	Prob. F(1,20)	0.0000
Obs*R-squared	14.09927	Prob. Chi-Square(1)	0.0002
Test Equation:			
Dependent Variable: RESID			
Method: Least Squares			
Date: 12/13/17　　Time: 18:54			
Sample: 1985 2007			
Included observations: 23			
Presample missing value lagged residuals set to zero.			
Variable	Coefficient	Std. Error	t-Statistic	Prob.
C	-5.929406	9.286155	-0.638521	0.5304
X	0.011376	0.013998	0.812675	0.4260
RESID(-1)	0.837610	0.148813	5.628600	0.0000
R-squared	0.613012	Mean dependent var		-1.02E-13
Adjusted R-squared	0.574313	S.D. dependent var		22.33246
S.E. of regression	14.57075	Akaike info criterion		8.317016
Sum squared resid	4246.133	Schwarz criterion		8.465124
Log likelihood	-92.64569	Hannan-Quinn criter.		8.354265
F-statistic	15.84057	Durbin-Watson stat		1.487230
Prob(F-statistic)	0.000075			

图 3-5-9

表中的 Obs*R-squared 指的就是 LM 统计量，其对应的 Prob. Chi-Square（2）就是 LM 检验的原假设成立的概率。由于 Prob. Chi-Square（1）值为 0.000 2，同时 RESID（-1）的 P 值为 0，说明在 α =5%下的临界值下显著，不存在一阶序列相关性的可能性几乎为零，即拒绝 H_0，认为存在一阶序列相关性。

同时 R^2=Obs*R-squared=14.099 27

本例用 LM 检验后，此时有 23 个样本，辅助回归式中有 2 个待估参数 X 和 RESID(-1)，即卡方表的自由度为 2。

查自由度 k=2，显著性为 0.05 的卡方值应为 5.99，即：

$LM>\chi^2$ 表值,也说明了 5%显著水平下卡方分布的临界值则拒绝原假设 H_0,认为模型存在序列相关性。

(3) 继续修改 LM 检验法(BG 检验法)的滞后序列。

重复上面的步骤(2),在 "Lag Specifcation" 对话框中改变滞后阶数,可以处依次填入 2,3,4,5,…,记下 Obs*R-squared 及其对应的直到对应的 Prob. Chi-Square(2)值。

本例在 "Lag Specifcation" 对话框中输入 2 后的结果如图 3-5-10 所示。

Breusch-Godfrey Serial Correlation LM Test:			
F-statistic	17.62432	Prob. F(2,19)	0.0000
Obs*R-squared	14.94450	Prob. Chi-Square(2)	0.0006
Test Equation:			
Dependent Variable: RESID			
Method: Least Squares			
Date: 12/13/17 Time: 18:56			
Sample: 1985 2007			
Included observations: 23			
Presample missing value lagged residuals set to zero.			
Variable	Coefficient	Std. Error	t-Statistic	Prob.
C	-1.292100	9.640452	-0.134029	0.8948
X	0.002807	0.014950	0.187757	0.8531
RESID(-1)	1.071371	0.220244	4.864483	0.0001
RESID(-2)	-0.360274	0.255161	-1.411946	0.1741
R-squared	0.649761	Mean dependent var		-1.02E-13
Adjusted R-squared	0.594460	S.D. dependent var		22.33246
S.E. of regression	14.22176	Akaike info criterion		8.304195
Sum squared resid	3842.912	Schwarz criterion		8.501672
Log likelihood	-91.49824	Hannan-Quinn criter.		8.353860
F-statistic	11.74954	Durbin-Watson stat		2.019530
Prob(F-statistic)	0.000140			

图 3-5-10

此时 Prob. Chi-Square(2)值为 0.000 6,非常接近零,说明在 α=5%下的临界值下有显著性,存在二阶序列相关性,这是对整个模型 P 值的估计。而 RESID(-2) 的 P 值为 0.174 1,说明在 5%的临界值下,不具有显著水平,即接受拒绝 H_0,认为不存在二阶序列相关性。

但 R^2=Obs*R-squared=14.944 50

本例用 LM 检验后,辅助回归式中有 3 个待估参数 X、RESID(-1) 和 RESID(-2),即的自由度为 3。

查自由度 k = 3,显著性为 0.05 的卡方值应为 7.81,即:

$LM>\chi^2$ 表值,也说明了 5%显著水平下卡方分布的临界值则拒绝原假设 H_0,认为模型存在序列相关性。

如果在将输入滞后改为 3，结果如图 3-5-11 所示。

Breusch-Godfrey Serial Correlation LM Test:			
F-statistic	11.60042	Prob. F(3,18)	0.0002
Obs*R-squared	15.15928	Prob. Chi-Square(3)	0.0017
Test Equation:			
Dependent Variable: RESID			
Method: Least Squares			
Date: 12/13/17 Time: 18:47			
Sample: 1985 2007			
Included observations: 23			
Presample missing value lagged residuals set to zero.			
Variable	Coefficient	Std. Error	t-Statistic	Prob.
C	2.067091	10.87986	0.189992	0.8514
X	-0.003270	0.017451	-0.187394	0.8534
RESID(-1)	1.024423	0.233039	4.395933	0.0003
RESID(-2)	-0.211122	0.334679	-0.630819	0.5361
RESID(-3)	-0.204412	0.291106	-0.702190	0.4915
R-squared	0.659099	Mean dependent var		-1.02E-13
Adjusted R-squared	0.583343	S.D. dependent var		22.33246
S.E. of regression	14.41537	Akaike info criterion		8.364127
Sum squared resid	3740.451	Schwarz criterion		8.610973
Log likelihood	-91.18746	Hannan-Quinn criter.		8.426208
F-statistic	8.700313	Durbin-Watson stat		1.939804
Prob(F-statistic)	0.000431		

图 3-5-11

此时 Prob. Chi-Square(3) 值为 0.001 7 非常接近零，说明在 $\alpha=5\%$ 下的临界值下有显著性，存在三阶序列相关性，这是对整个模型 P 值的估计。而 RESID(-2) 的 P 值为 0.536 3，RESID(-3) 的 P 值为 0.491 5 说明在 5% 的临界值下，不具有显著水平，即接受拒绝 H_0，认为不存在三阶序列相关性。

但 R^2=Obs*R-squared=15.159 28

本例用 LM 检验后，辅助回归式中有 4 个待估参数 X、RESID(-1)、RESID(-2) 和 RESID(-3)，即卡方表的自由度为 4。

查卡方表自由度 $k=3$，显著性为 0.05 的卡方值应为 9.49，即：

LM>χ^2 表值，说明在 5% 显著水平下卡方分布的临界值拒绝原假设 H_0，认为模型存在序列相关性。

由此可见，原模型存在序列相关性是确定无疑的，只是在二阶之后序列相关性不太明显。本例在经 LM 检验多次测试，在残差滞后十二阶后，LM 检验所有滞后期都不显著，完全可以看出无序列相关性。

六、序列相关性（自相关性）的修正

1. 序列相关性调整的含义

有些教材把本节标注为序列相关性（或自相关性）的消除，其实有些不准确，至少不严谨。因为在现实经济活动中，有些经济数据本身就存在序列相关性，无法消除。但问题是，经典的回归模型不允许有序列相关性的存在，要使经典的回归模型如实地反映现实经济活动的估计模型，就需要对原来的模型进行修正，使其科学合理。

2. 序列相关性修正的途径

如果检验发现随机干扰项之间存在序列相关，首先应当分析序列相关产生的原因。引起序列相关的原因不同，修正序列相关的方法也不同。

如果是回归模型变量选择不当，则应对模型中包含的解释变量进行调整，去掉无关的以及不太重要的变量，引入其他重要的变量；如果是模型的形式选择不当，则应重新确定正确的模型形式；如果以上两种方法都不能消除模型中的序列相关，则需要采用其他数学方法进行处理以消除模型的序列相关，然后再对模型中的未知参数进行估计。

本例的解释变量和被解释变量的选择是正确的，原始方程（模型）中存在序列自相关性（现实经济生活中这两个序列本身可能就存在序列相关性），因此我们需要通过以下方法来调整模型，使模型不再具有序列相关性，实际上是把原来样本中具有序列相关性特点的序列数据特点加入原来的方程模型中。

两种解决途径：最常用的是变换原模型为不存在序列相关的新模型，再采用普通最小二乘法估计，这就是所谓的广义最小二乘法和广义差分法（generalized difference method）；另一条途径是仍采用普通最小二法估计原模型，之后再对参数估计量的方差或标准差进行修正，称为序列相关稳健估计法（serial correlation-robust method）。

3. 广义差分法修正序列相关性

当检测出模型存在序列相关性后，就不能直接采用普通最小二乘法进行回归，必须发展新的估计方法。本实验采用在解决序列相关性方面最常用的方法——广义差分法（generalized difference method）。广义差分法的思想是，将原模型转化为对应的差分形式，消除模型的序列相关性，然后用普通最小二乘法对变换后的模型进行估计，间接得到原模型的参数估计值。

广义差分法得以实施的关键是计算出自相关系数 P 的值，因此，必须采用一些适当的方法对自回归系数 P 进行估计。通常适用的方法主要有经验法、D-W 估计、柯克兰特-奥卡迭代法、杜宾法等。

（1）用杜宾法修正序列相关性。

在 EViews 中，用杜宾两步法修正序列相关性分三步：

第一步，建立新的估计模型。

第二步，P 值和 D-W 检验新模型是否存在序列相关性，一旦确定新模型不存在序列相关性，那么相应的新的模型参数估计值就确定了。

第三步，利用求出的参数估计值建立合适的最终回归方程和模型。

杜宾法修正序列相关性具体操作步骤如下：

建立新模型：

在命令栏输入下面命令并回车：

LS　Y　C　Y(-1)　Y(-2)　X

注：括号里的-1 和 2 表示滞后阶号。Y(-1)相当于后面柯克兰特-奥卡特迭代法中的 AR(1) 函数。

得到的回归估计结果如图 3-5-12 所示。

```
Dependent Variable: Y
Method: Least Squares
Date: 12/17/17   Time: 19:24
Sample (adjusted): 1987 2007
Included observations: 21 after adjustments
```

Variable	Coefficient	Std. Error	t-Statistic	Prob.
C	41.03766	30.21438	1.358216	0.1921
Y(-1)	1.042435	0.233897	4.456819	0.0003
Y(-2)	-0.642167	0.248829	-2.580753	0.0194
X	0.401207	0.146145	2.745261	0.0138
R-squared	0.990077	Mean dependent var		511.8686
Adjusted R-squared	0.988326	S.D. dependent var		156.4001
S.E. of regression	16.89871	Akaike info criterion		8.661994
Sum squared resid	4854.626	Schwarz criterion		8.860951
Log likelihood	-86.95094	Hannan-Quinn criter.		8.705173
F-statistic	565.3856	Durbin-Watson stat		1.484954
Prob(F-statistic)	0.000000			

图 3-5-12

总体 Prob(F-statistic)为 0，说明修正后的模型总体回归显著，修正参数 Y(-1)的 $P=0.0003$ 最显著，说明了滞后一阶序列即 Y(-1)在原来的模型中存在序列相关性；滞后二阶序列 Y(-2) 也小于 0.05 显著，表明他们在原来的模型中也存在序列相关性，但影响小于滞后一阶序列。

再用 D-W 检验。

注意：n 为案例序列总数（样本容量）；k 为解释变量总数（D-W 检验不含常数项）；α 为显著水平（有 5%和 1%之分）。

此时，模型的 $DW=1.484954$，$n=21$，$k=3$，取显著性水平为 0.05 时，查表得 $d_L=1.03$，$d_U=1.67$，$4-d_U=2.04$，而 $1.03<1.484954<1.67$，即 $d_U<DW<4-d_U$，D-W 检验无法说明被检验模型是否存在序列相关性。可见，D-W 检验修正法明显不足。

用偏相关系数检验法得到图 3-5-13。方法是，在方程窗口中点击："View"（查看）— "Residual diagnostics"（残差诊断）— "Correlogram-Q-statistics"（相关图 C-Q-统计）。

本次实验在弹出的对话框中，输入滞后期为 10，单击"OK"（确定），则会得到残差 e_t 与 $e_{t-1}, e_{t-2}, \cdots, e_{t-10}$ 的各期相关系数和偏相关系数。

图中的左侧"Autocorrelation"表示自动相关。

Autocorrelation	Partial Correlation		AC	PAC	Q-Stat	Prob*
		1	0.231	0.231	1.2849	0.257
		2	0.225	0.182	2.5764	0.276
		3	-0.026	-0.121	2.5947	0.458
		4	-0.028	-0.045	2.6169	0.624
		5	0.038	0.094	2.6601	0.752
		6	-0.179	-0.215	3.6963	0.718
		7	-0.383	-0.395	8.7548	0.271
		8	-0.439	-0.288	15.901	0.044
		9	-0.127	0.167	16.548	0.056
		10	-0.080	0.009	16.830	0.078

*Probabilities may not be valid for this equation specification.

图 3-5-13

在图形左半部分分别描绘了相关系数和偏相关系数的直方图，其中虚线表示正负 0.5。当某期偏相关系数的直方块超过虚线部分时，表明存在该阶自相关性。

本实验到此时图中的"Autocorrelation"（自动相关）和"Partial correlation"（偏相关），直方块没有超过了虚线部分，因此被检验模型不存在序列相关性。

图中右侧"Prob"值大于 0.05，说明调整后的模型已经不存在序列自相关。

（2）用柯克兰特-奥卡特迭代法消除序列相关性。

从统计学和计量经济学角度来介绍这些方法原理公式比较繁杂，在 EViews 中可以很快捷直观地进行估算和调整，但 EViews 中要用到 AR（ ）函数。

AR（ ）函数是自回归误差项函数，指从当前模型的 Adjusted R-squared（调整后的可决系数或拟合度）获取的数值。

EViews 中的实现方法为：若存在 p 阶序列相关性，就将 $AR(1)$，$AR(2)$，…，$AR(p)$ 加在解释变量中。其中，$AR(p)$ 表示随机干扰项的 p 阶序列相关性。在确定应该引入几阶序列相关性后，主要的判断依据是 D-W 统计量和 $AR(p)$ 的参数的显著性。即：如果引入了 P 阶序列相关性，只有通过了杜宾检验法的同时，$AR(P)$ 的参数是显著的，才能判断 P 阶序列的相关性。

具体操作如下：

菜单法在 EViews 主页界面点击"Quick"菜单，点击"Estimate Equation"（估计方程），出现"Equation Specification"（方程式说明）对话框，选择 OLS（普通最小二乘法）估计，输入"Y　C　X　AR(1)",点击"OK"，即出现回归结果表。

命令法是在命令栏键入命令：

LS　Y　C　X　AR(1)

结果如图 3-5-14 所示。

AR(1)表示一阶自回归项，AR(2)表示二阶自回归项依次类推。

那么这个模型还存在序列相关性吗？这还需进一步检验。

最简单的方法是，首先看 P 值检验。本例估计过程经过 5 次迭代后收敛，AR(1)的 Prob 值为 0.000 1，修正参数 AR(1)检验显著，说明原来存在一阶序列相关性。模型总体 Prob(F-statistic)为 0 显著。

Dependent Variable: Y			
Method: ARMA Maximum Likelihood (BFGS)			
Date: 12/16/17　Time: 19:18			
Sample: 1985 2007			
Included observations: 23			
Convergence achieved after 5 iterations			
Coefficient covariance computed using outer product of gradients			
Variable	Coefficient	Std. Error	t-Statistic	Prob.
C	29.86652	51.35854	0.581530	0.5677
X	0.741983	0.063102	11.75847	0.0000
AR(1)	0.807021	0.157196	5.133859	0.0001
SIGMASQ	174.3555	55.14171	3.161952	0.0051
R-squared	0.992733	Mean dependent var		495.7878
Adjusted R-squared	0.991586	S.D. dependent var		158.3798
S.E. of regression	14.52797	Akaike info criterion		8.392603
Sum squared resid	4010.176	Schwarz criterion		8.590081
Log likelihood	-92.51494	Hannan-Quinn criter.		8.442268
F-statistic	865.2142	Durbin-Watson stat		1.408167
Prob(F-statistic)	0.000000			
Inverted AR Roots	0.81			

图 3-5-14

由于杜宾-沃森的 D-W 检验有缺陷，往往无法对两个无法判断的区域做出是否存在序列相关性的判断，实验中经常走弯路，浪费时间，况且使用广义差分法得到的模型在 EViews9.0 版出现的估计参数值和数量与 Eviews7.0 版不一样，所以我们建议用偏相关系数检验法和 LM 检验法（BG 检验法）。

继续用偏相关系数检验法检验该模型是否存在序列相关性。

本实验到此时，图中的"Autocorrelation"（自动相关）和"Partial correlation"（偏相关），直方块没有超过了虚线部分，因此被检验模型不存在序列相关性（见图 3-5-15）。

图中右侧"Prob"值大于 0.05 说明调整后的模型已经不存在序列自相关。

Autocorrelation	Partial Correlation		AC	PAC	Q-Stat	Prob*
		1	0.291	0.291	2.2096	
		2	0.061	-0.026	2.3121	0.128
		3	-0.055	-0.072	2.3978	0.302
		4	-0.050	-0.014	2.4736	0.480
		5	0.201	0.246	3.7620	0.439
		6	-0.155	-0.332	4.5727	0.470
		7	-0.249	-0.158	6.7930	0.340
		8	-0.292	-0.146	10.072	0.185
		9	-0.023	0.180	10.094	0.258
		10	-0.136	-0.396	10.907	0.282
		11	-0.134	0.098	11.770	0.301
		12	-0.127	-0.108	12.612	0.319

*Probabilities may not be valid for this equation specification.

图 3-5-15

再用 LM 检验（BG 检验）该模型是否存在序列相关性。

LM 检验（BG 检验）的原假设是 H_0：模型不存在序列相关性。

备择假设 H_1：模型存在序列相关性。

EViews 中的方法是，单击新的原模型窗口菜单"View"（查看）—"Residual diagnostics"（残差诊断）—"Series Correlation LM Test"（系列相关 LM 测试）—弹出"Lag Specifcation"对话框，使用默认滞后长度"2"—"OK"。得到 LM 检验法（BG 检验法）的估计参数如图 3-5-16 所示。

Breusch-Godfrey Serial Correlation LM Test:			
F-statistic	2.029197	Prob. F(2,17)	0.1621
Obs*R-squared	4.239861	Prob. Chi-Square(2)	0.1200
Test Equation:			
Dependent Variable: RESID			
Method: Least Squares			
Date: 12/17/17 Time: 19:03			
Sample: 1986 2007			
Included observations: 22			
Presample missing value lagged residuals set to zero.			
Variable	Coefficient	Std. Error	t-Statistic	Prob.
C	31.61033	47.00083	0.672548	0.5103
X	-0.055873	0.060071	-0.930109	0.3653
AR(1)	-0.331956	0.230115	-1.442568	0.1673
RESID(-1)	0.588099	0.297078	1.979612	0.0642
RESID(-2)	0.262538	0.312600	0.839853	0.4126
R-squared	0.192721	Mean dependent var		2.01E-09
Adjusted R-squared	0.002773	S.D. dependent var		13.74284
S.E. of regression	13.72377	Akaike info criterion		8.272852
Sum squared resid	3201.812	Schwarz criterion		8.520816
Log likelihood	-86.00137	Hannan-Quinn criter.		8.331265
F-statistic	1.014599	Durbin-Watson stat		1.961032
Prob(F-statistic)	0.427560		

图 3-5-16

再次回顾一下 LM 检验法（BG 检验法）判断对照表（见表 3-5-5）。

表 3-5-5 LM 检验法判断对照表

Prob. Chi-Square(N)<0.05 检验意义		Prob. Chi-Square(N)>0.05 检验意义		RESID(-N)的 $P<0.05$	RESID(-N)的 $P>0.05$
加入滞后序列后的模型显著	被检验的模型存在序列相关性	加入滞后序列后的模型不显著	被检验的模型不存在序列相关性	滞后 N 阶对模型影响不显著	滞后 N 阶对模型影响显著
结论：拒绝原假设 H_0，接受 H_1，模型存在序列相关性		结论：接受原假设 H_0，拒绝 H_1，模型不存在序列相关性		结论：不存在 N 阶序列相关性	结论：存在 N 阶序列相关性

检验方法是给定显著水平 α 如 0.05，查自由度为 k 的卡方分布 χ^2 的临界值。若 $LM > \chi^2$ 临界值，则拒绝 H_0，认为模型存在序列相关性；反之，接受 H_1 认为不存在序列相关性。

表中的 Obs*R-squared 指的就是 LM 统计量，其对应的 Prob. Chi-Square(2) 就是 LM 检验的原假设成立的概率。由于 Prob. Chi-Square(2) 值为 0.120 0，同时 RESID(-1) 和 RESID(-2) 的 P 值分别为 0.064 2 和 0.412 6，说明在 α =5%下的临界值下不显著水平，接受 H_0，认为被检验的模型不存在一阶和二阶序列相关性。

同时 R^2 = Obs*R-squared = 4.239 861。

本例用 LM 检验后，此时有 22 个样本，辅助回归式中有 4 个待估参数，即卡方表的自由度为 4。

查自由度 k = 4，显著性为 0.05 的卡方值应为 9.49，即：

$LM < \chi^2$ 表值，也说明了 5%显著水平下卡方分布的临界值则接受原假设 H_0，认为该模型已经不存在序列相关性。

那么存在二阶序列自相关性吗？

用下面命令验证二阶序列是否存在自相关性。在命令栏键入命令：

LS　Y　C　X　AR(1)　AR(2)

EViews9.0 版的回归结果如图 3-5-17 所示。

Dependent Variable: Y			
Method: ARMA Maximum Likelihood (OPG - BHHH)			
Date: 12/16/17　Time: 16:56			
Sample: 1985 2007			
Included observations: 23			
Convergence achieved after 17 iterations			
Coefficient covariance computed using outer product of gradients			
Variable	Coefficient	Std. Error	t-Statistic	Prob.
C	47.02962	40.34876	1.165578	0.2590
X	0.712454	0.060336	11.80802	0.0000
AR(1)	1.117732	0.253888	4.402463	0.0003
AR(2)	-0.411951	0.219702	-1.875044	0.0771
SIGMASQ	148.8412	53.76986	2.768116	0.0127
R-squared	0.993797	Mean dependent var		495.7878
Adjusted R-squared	0.992418	S.D. dependent var		158.3798
S.E. of regression	13.79080	Akaike info criterion		8.334550
Sum squared resid	3423.349	Schwarz criterion		8.581396
Log likelihood	-90.84732	Hannan-Quinn criter.		8.396631
F-statistic	720.9100	Durbin-Watson stat		2.092214
Prob(F-statistic)	0.000000			
Inverted AR Roots	0.56-0.32i	0.56+0.32i		

图 3-5-17

估计结果中,原样本数据 23 个,二阶自回归后样本数据减少 4 个后为 19 个。

AR(1)表示一阶自回归项,AR(2)表示二阶自回归项,依次类推。

估计过程经过 17 次迭代后收敛;AR(1)和 AR(2)的 Prob 值分别为 0.000 3 和 0.077 1,AR(1)检验显著,而 AR(2)不显著,说明原来存在一阶相序列关性,不存在二阶序列相关性,此结果和前边的偏相关系数检验结果相同。

D-W 检验。

注意:n 为案例序列总数(样本容量);k 为解释变量总数;α 为显著水平(有 5%和 1% 之分)。

调整后模型的 DW = 2.092 214,n = 19,k = 4,取显著性水平为 0.05 时,查表得 d_1 = 0.86,d_U = 1.85,4 − d_1 = 4-0.86=3.14,4 − d_U = 4 − 1.85 = 1.977 86。这样 4 − d_U<DW4<4 − d_1,说明无法判断模型是否存在自相关性。

再进行偏相关系数检验该模型(默认 12),结果如图 3-5-18 所示。

Autocorrelation	Partial Correlation		AC	PAC	Q-Stat	Prob*
		1	-0.057	-0.057	0.0836	
		2	0.104	0.102	0.3820	
		3	-0.045	-0.034	0.4403	0.507
		4	-0.130	-0.146	0.9500	0.622
		5	0.295	0.300	3.7251	0.293
		6	-0.239	-0.219	5.6493	0.227
		7	-0.106	-0.217	6.0550	0.301
		8	-0.336	-0.320	10.374	0.110
		9	0.095	0.230	10.746	0.150
		10	-0.134	-0.322	11.542	0.173
		11	-0.025	0.030	11.571	0.239
		12	-0.001	-0.021	11.571	0.315

*Probabilities may not be valid for this equation specification.

图 3-5-18

本实验到此时图中的"Autocorrelation"(自动相关)和"Partial correlation"(偏相关)。直方块没有超过虚线部分,表明效果非常好,第一期、第二期偏相关系数的直方块没有超过虚线部分,因此不存在序列相关性。

同时图中右侧"Prob"值大于 0.05,说明调整后的模型已经不存在序列自相关。

LM 检验(BG 检验)。

单击新的原模型窗口菜单"View"(查看)—"Residual diagnostics"(残差诊断)—"Series Correlation LM Test"(系列相关 LM 测试)—弹出"Lag Specifcation"对话框,使用默认滞后长度"2"—单击"OK"。LM 检验法(BG 检验法)的估计参数如图 3-5-19 所示。

LM 检验法(BG 检验法)是给定显著水平 α 如 0.05,查自由度为 k 的卡方分布 χ^2 的临界值。若 LM>χ^2 临界值,则拒绝 H_0,认为模型存在序列相关性;反之,认为不存在序列相关性。

表中的 Obs*R-squared 指的就是 LM 统计量,其对应的 Prob. Chi-Square(2)就是 LM 检验的原假设成立的概率。由于 Prob. Chi-Square(2)值为 0.758 7,同时 RESID(-1)和 RESID(-2)的 P 值分别为 0.632 8 和 0.897 7,说明在 α =5%下的临界值下不具有显著水平,即接受 H_0,认为现在的模型不存在一阶和二阶序列相关性。

Variable	Coefficient	Std. Error	t-Statistic	Prob.
F-statistic	0.202584	Prob. F(2,15)		0.8188
Obs*R-squared	0.552315	Prob. Chi-Square(2)		0.7587

Test Equation:
Dependent Variable: RESID
Method: Least Squares
Date: 12/17/17   Time: 18:53
Sample: 1987 2007
Included observations: 21
Presample missing value lagged residuals set to zero.

Variable	Coefficient	Std. Error	t-Statistic	Prob.
C	0.167951	41.82152	0.004016	0.9968
X	-0.003187	0.058724	-0.054270	0.9574
AR(1)	0.376575	0.851946	0.442018	0.6648
AR(2)	-0.286085	0.564257	-0.507011	0.6195
RESID(-1)	-0.451397	0.925519	-0.487723	0.6328
RESID(-2)	-0.078471	0.599946	-0.130797	0.8977
R-squared	0.026301	Mean dependent var		-2.67E-11
Adjusted R-squared	-0.298266	S.D. dependent var		12.59863
S.E. of regression	14.35507	Akaike info criterion		8.401040
Sum squared resid	3091.020	Schwarz criterion		8.699475
Log likelihood	-82.21092	Hannan-Quinn criter.		8.465808
F-statistic	0.081033	Durbin-Watson stat		2.018068
Prob(F-statistic)	0.994210			

图 3-5-19

同时 R^2=Obs*R-squared=0.552 315。

本例用 LM 检验后，此时有 21 个样本，辅助回归式中有 5 个待估参数，即卡方表的自由度为 5。

查自由度 $k=5$，显著性为 0.05 的卡方值应为 11.07，即：

LM<χ^2 临界值，也说明了在 5% 显著水平下则接受原假设 H_0，认为该模型已经不存在序列相关性。

但是被检验模型在添加了滞后二阶序列参数后，决定系数拟合度 R-squared 的值为 0.026 301，远远小于 0.8，说明调整后的模型对样本拟合度极差，表明能够用来有效解释被解释变量的样本不足。因此应舍弃这个修正模型。

经过以上几个方程及其模型的修正和检验，可以肯定的是，原来的方程模型 $Y = C(1) + C(2)X$，明显存在一阶序列相关性，杜宾法和柯克兰特-奥卡特迭代法修正后发现只要对一阶序列进行修正即可使模型调整到合理程度，因此我们选定由"LS   Y   C   X   AR(1)"命令产生的模型。该模型的含义为：我国城乡居民年人均消费的相对变动不仅与年人均收入相关，而且受上期年人均消费的影响。

七、重新设定新模型中的解释变量

键入命令：

LS   Y   C   X   Y(-1)

得到的结果如图 3-5-20 所示。

Dependent Variable: Y			
Method: Least Squares			
Date: 12/16/17　　Time: 20:38			
Sample (adjusted): 1986 2007			
Included observations: 22 after adjustments			
Variable	Coefficient	Std. Error	t-Statistic	Prob.
C	-6.818119	23.97897	-0.284337	0.7792
X	0.235724	0.143287	1.645112	0.1164
Y(-1)	0.752498	0.232634	3.234687	0.0044
R-squared	0.986736	Mean dependent var		503.8964
Adjusted R-squared	0.985339	S.D. dependent var		157.1446
S.E. of regression	19.02727	Akaike info criterion		8.855747
Sum squared resid	6878.702	Schwarz criterion		9.004526
Log likelihood	-94.41322	Hannan-Quinn criter.		8.890795
F-statistic	706.7013	Durbin-Watson stat		0.982205
Prob(F-statistic)	0.000000			

图 3-5-20

EViews9.0 版估计方程为：

$Y = C(1) + C(2)X + C(3)Y(-1)$

替代系数：

$Y = -6.818\ 119\ 045\ 74 + 0.235\ 723\ 997\ 179X + 0.752\ 497\ 760\ 017Y(-1)$

注：Y 为年人均收入；X 为年人均消费；$Y(-1)$ 为上期年人均消费。

八、解释模型的经济含义

修正后的模型估计系数说明：我国城乡居民年人均消费的相对变动不仅与年人均收入相关，而且受上期年人均消费的影响。当年人均收入增加 1%时，城乡居民存款余额相对增加 0.235 723 997 179%；当上期居民存款余额增加 1%时，城乡居民存款余额相对增加 0.752 497 760 017%。

九、实验报告及要求

本次实验报告的要素和内容必须包含以下几点：

（1）实验课名称、实验项目名称、实验学时、实验类型、实验起止日期、实验目的要求、实验原理或实验方案、使用的主要仪器设备、材料或软件、方法步骤、实验数据及处理、心得体会与建议。

（2）本次实验报告重点记录：实验过程的方法步骤、实验数据及处理（图、表）、实验结果（分析结论）以及心得体会与建议。

实验项目六　多重共线性

【实验目的】

回归模型涉及多个自变量的时候,自变量之间可能会相互关联,即他们之间存在着多重共线性。本节实验的实验目的就是如何用 EViews 检测各个自变量之间是否存在多重共线,掌握多重共线性的检验以及如何对多重共线性进行修正,分析模型参数意义和数据的经济价值。

【实验内容】

(1)复习多重共线性的基础知识,以我国 1978—1997 年钢铁生产方面的有关数据为例,学习建立多元回归模型,并检验模型是否存在多重共线性。

(2)对存在多重共线性的回归模型进行修正,进而建立合理的多元回归模型,并分析影响我国钢材产量回归模型的经济意义。

【实验课时】

4 课时。

【实验类型】

综合性。

【知识回顾】

1. 多重共线性产生的主要原因

多重共线性(Multicollinearity),是指多元线性回归模型中的解释变量之间由于存在精确相关关系或高度相关关系而使模型估计失真或难以估计准确。一般来说,由于经济数据的限制使模型设计不当,导致设计矩阵中解释变量间存在普遍的相关关系。

多重共线性的产生主要有三个方面:① 经济变量相关的共同趋势;② 滞后变量的引入;③ 样本资料的限制。

2. 多重共线性的解决办法

(1)排除引起共线性的变量:找出引起多重共线性的解释变量,将它排除出去,以逐步回归法得到最广泛的应用。

(2)差分法:将原时间序列数据线性模型变换为差分模型。

（3）减小参数估计量的方差：岭回归法（Ridge Regression），是一种改良的最小二乘估计法，通过放弃最小二乘法的无偏性，以损失部分信息、降低精度为代价获得回归系数更为符合实际、更可靠的回归方法，对病态数据的拟合要强于最小二乘法。

（4）重新定义方程模型。

【实验要求】

复习计量经济学有关多重共线性的基础知识和模型建立的依据；理解多重共线性的含义及其检验原理和解决途径；必须将工作文件保存到本次实验的文件夹下。

【实验步骤】

一、数据说明

本次实验数据为 1978—1997 年我国钢铁生产方面的有关数据，我们从中国统计局网站收集整理了这方面的 6 个主要经济变量，其目的是研究影响我国钢铁生产的经济模型。（见表 3-6-1）

表 3-6-1 我国 1978—1997 年钢铁生产数据

年份	钢材产量 Y	生铁产量 $X1$	发电量 $X2$	固定资产投资 $X3$	国内生产总值 $X4$	铁路运输量 $X5$
1978	2 208	3 479	2 566	668.72	3 264	110 119
1979	2 497	3 673	2 820	699.36	4 038	111 893
1980	2 716	3 802	3 006	746.9	4 518	111 279
1981	2 670	3 417	3 093	638.21	4 862	107 673
1982	2 920	3 551	3 277	805.9	5 295	113 495
1983	3 072	3 738	3 514	885.26	5 935	118 784
1984	3 372	4 001	3 770	1 052.43	7 171	124 074
1985	3 693	4 384	4 107	1 523.51	8 964	130 709
1986	4 058	5 064	4 495	1 795.32	10 202	135 635
1987	4 386	5 503	4 973	2 101.69	11 963	140 653
1988	4 689	5 704	5 452	2 554.86	14 928	144 948
1989	4 859	5 820	5 848	2 340.52	16 909	151 489
1990	5 153	6 238	6 212	253 4	18 548	150 681
1991	5 638	6 765	6 775	3 139.03	21 618	152 893
1992	6 697	7 589	7 539	4 473.76	26 638	157 627

续表

年份	钢材产量 Y	生铁产量 X1	发电量 X2	固定资产投资 X3	国内生产总值 X4	铁路运输量 X5
1993	7 716	8 956	8 395	6 811.35	34 634	162 663
1994	8 428	9 741	9 281	9 355.35	46 759	163 093
1995	8 980	10 529	10 070	10 702.97	58 478	165 855
1996	9 338	10 723	10 813	12 185.79	67 885	168 803
1997	9 979	11 511	11 356	13 838.96	74 463	169 734

要求：判断钢产量 Y 与生铁产量 $X1$，发电量 $X2$，固定资产投资 $X3$，国内生产总值 $X4$，铁路运输量 $X5$ 之间的关系。

二、工作文件的建立与数据输入

首先在 D 盘建立一个自己的文件夹，文件夹的名字为：你的班级 + 姓名 + 实验项目六。

再修改默认目录，方法：双击 EViews 右下边"PATH="后的路径名—选择自己 D 盘的文件夹—确定。

（一）建立工作文件

（1）打开 EViews，进入 EViews 主窗口。

（2）建立 EViews 工作文件方法一：菜单法。

点击"File"（文件）—"New"（新文件）—"Workfile"（工作文件），系统默认为有序数据结构正符合本次实验，在初始日期和结束日期分别输入初始年份"1978"和结束年份"1997"。点击"OK"确定。

（3）建立 EViews 工作文件方法二：命令法。

在命令栏输入以下命令并回车。

CREATE　A　1978　1997

（二）保存工作文件

实验要求将本次工作文件保存到本次实验文件夹下，文件名为"XXX 多重共线性实验"。（注意：文件名中的"XXX"应该为学生自己的姓名）

（三）输入数据

（1）命令格式为：data <序列名 1><序列名 2>……<序列名 n>，序列名之间用空格隔开。

本次实验命令为：data　Y　X1　X2　X3　X4　X5

（2）文件导入法。

确保已经建立了适合本实验数据序列的工作文件，并且确保实验计算机上有诸如 Excel

的电子表格类的数据文件，那么可以直接将数据导入到 EViews 工作文件中。具体步骤为：

打开 Eviews 工作文件，然后点击主菜单中的"File"（文件）—"Import"（导入）—"Import from file"（从文件导入）或工作文件菜单中的"Procs"（过程）—"Import"（导入）—"Import from file"（选择合适的文件类型和文件导入），然后选择数据列，修改列名（重点是去掉中文），按照提示完成数据输入。

三、建立多元线性回归模型

很显然，本例数据要建立的模型是一个多元线性回归模型，理论上我们确认了这个多元线性回归模型的自变量是 $X1$、$X2$、$X3$、$X4$、$X5$，因变量是 Y，那么可以采用多元线性回归建模方式的强行进入法建立多元线性回归模型，即选定所有的自变量全部进入回归模型。可在命令栏输入命令并回车。命令为：

LS   Y   C   X1   X2   X3   X4   X5

于是得到的模型分析报告结果如图 3-6-1 所示。

Dependent Variable: Y				
Method: Least Squares				
Date: 04/19/13 Time: 11:24				
Sample: 1978 1997				
Included observations: 20				
Variable	Coefficient	Std. Error	t-Statistic	Prob.
C	354.5884	435.6968	0.813842	0.4294
X1	0.026041	0.120064	0.216892	0.8314
X2	0.994536	0.136474	7.287380	0.0000
X3	0.392676	0.086468	4.541271	0.0005
X4	-0.085436	0.016472	-5.186649	0.0001
X5	-0.005998	0.006034	-0.994019	0.3371
R-squared	0.999098	Mean dependent var		5153.450
Adjusted R-squared	0.998776	S.D. dependent var		2512.131
S.E. of regression	87.87969	Akaike info criterion		12.03314
Sum squared resid	108119.8	Schwarz criterion		12.33186
Log likelihood	-114.3314	Hannan-Quinn criter.		12.09145
F-statistic	3102.411	Durbin-Watson stat		1.919746
Prob(F-statistic)	0.000000			

图 3-6-1

保存本模型：打开本模型—单击"Name"—名称为"mx1"，演示标签名为"多重共线性模型1"。

四、是否具有多重共线性的判断

1. 显著性初步检验

从模型结果可以看出，尽管决定系数拟合度 R-squared 和调整后的决定系数 Adjusted R-squared 的值都非常好，但拒绝零假设的随机事件发生概率 P 值（Prob）中出现了三个大于 0.05 的检验标准，X1 和 X5 没有通过 P 检验，因此可以认为本模型有不合理的因素。由于是多元线性回归，所以极有可能存在多重共线性。

2. 本实验多元线性回归变量显著性 T 值检验

给定的显著性水平 $\alpha = 0.05$，查 t 分布表得自由度为 $n-k-1 = 20-5-1 = 14$，临界值 $t_{\alpha/2}(n-k-1)$=经查指导书后附表可知，$t(14) = 2.145$，结合上表可知，X1 的 T 值 = 0.216 892，和 X5 的 T 值 = -0.994 019，X1 和 X5 没有通过 t 检验。

3. 回归方程总体线性显著性 F 值检验

本例多元线性回归方程总体线性显著性检验的具体操作。

本实验在给定的显著性水平 $\alpha = 0.05$，在 F 分布表中查的 $F_\alpha(k, n-k-1)$ 临界值，即：$F_\alpha(k, n-k-1) = F_\alpha(5, 20-5-1) = F_\alpha(5, 14) = 2.96$。本模型多元线性回归得到 $F = 3102.411 > 2.96$，即拒绝原假设 H_0，说明回归方程显著，但 F-statistic 检验值较大，估计解释变量之间可能存在着多重共线性。

4. 相关系数矩阵检验

当有多个解释变量时又会存在多重共线性，可用相关系数矩阵分析检验法来初步判断模型是否具有多重共线性。用 EViews 软件做出各解释变量的相关系数矩阵的操作方法：

首先选择 X1、X2、X3、X4、X5 序列，然后单击菜单"View"菜单下的"Covariance Analysis"—只勾选"Correlation"选项（左边面板）可以得到相关系数矩阵，也可以直接用命令产生相关系数矩阵。本实验 EViews 相关系数检验命令为：

COR X1 X2 X3 X4 X5

相关性保留 6 位小数的结果如表 3-6-2 所示。

表 3-6-2 相关性结果

	X1	X2	X3	X4	X5	X6	X7
X1	1.000 000	-0.741 304	-0.721 585	-0.781 920	0.758 494	-0.378 543	-0.630 368
X2	-0.741 304	1.000 000	0.930 129	0.917 868	-0.951 194	0.761 852	0.886 313
X3	-0.721 585	0.930 129	1.000 000	0.976 246	-0.942 073	0.770 837	0.971 962

续表

	$X1$	$X2$	$X3$	$X4$	$X5$	$X6$	$X7$
$X4$	-0.781 920	0.917 868	0.976 246	1.000 000	-0.963 614	0.673 377	0.938 008
$X5$	0.758 494	-0.951 194	-0.942 073	-0.963 614	1.000 000	-0.634 370	-0.885 638
$X6$	-0.378 543	0.761 852	0.770 837	0.673 377	-0.634 370	1.000 000	0.749 008
$X7$	-0.630 368	0.886 313	0.971 962	0.938 008	-0.885 638	0.749 008	1.000 000

判断多个解释变量之间是否存在多重共线，可根据相关系数矩阵表中的值进行初步判定。存在相关系数的绝对值在 0.3 以下是无线性相关，0.3 以上是线性相关，0.3～0.5 是低度线性相关，0.5～0.8 是显著线性相关（中等程度相关），0.8 以上是高度线性相关。

我们把本实验相关系数矩阵中绝对值大于 0.8 的数据加粗显示，可知 $X2$、$X3$、$X4$、$X5$、$X7$ 变量之间存在着较强的多重共线。但是这些解释变量之间具体存在哪些多重共线需要进一步做细致的检验。

五、多重共线性回归模型检验

我们分别用 Y 和 X_i 做线性回归，辅助回归模型检验命令如下：

LS   Y   C   X1
LS   Y   C   X2
LS   Y   C   X3
LS   Y   C   X4
LS   Y   C   X5

结果整理如表 3-6-3 所示。

表 3-6-3　线性回归结果

$X1$	R-squared	0.994 453	Mean dependent var	5153.450
$X2$	R-squared	0.995 411	Mean dependent var	5153.450
$X3$	R-squared	0.930 148	Mean dependent var	5153.450
$X4$	R-squared	0.939 387	Mean dependent var	5153.450
$X5$	R-squared	0.879 348	Mean dependent var	5153.450

由表 3-6-3 可知，拟合由强到弱的顺序依次是：$X2$、$X1$、$X4$、$X3$、$X5$，我们选定拟合最好的 $X2$ 作为基准变量，分别导入 $X1$、$X4$、$X3$、$X5$ 做回归，即命令如下：

LS   Y   C   X2   X1
LS   Y   C   X2   X1   X3
LS   Y   C   X2   X1   X3   X4

LS　Y　C　X2　X1　X3　X4　X5

T 和 P 检验结果整理分析如表 3-6-4 所示。

表 3-6-4　T 和 P 检验结果

Variable	Coefficient	Std. Error	t-Statistic	Prob.
C	−287.686 7	101.234 1	−2.841 797	0.011 3
X2	0.487 185	0.112 687	4.323 352	0.000 5
X1	0.415 867	0.117 497	3.539 376	0.002 5

X1 的 t 统计量为 3.539 376，而 t0.01（17）=1.333，处于拒绝区域，则拒绝 H_0，保存 X1 变量。然后我们以 X2、X1 为解释变量，对 X3、X4、X5 做回归，结果如表 3-6-5 ~ 3-6-7 所示。

表 3-6-5　回归结果（1）

Variable	Coefficient	Std. Error	t-Statistic	Prob.
C	−260.782 2	215.830 7	−1.208 272	0.244 5
X2	0.490 976	0.119 095	4.122 544	0.000 8
X1	0.405 060	0.142 867	2.835 232	0.011 9
X3	0.004 554	0.031 986	0.142 378	0.888 6

表 3-6-6　回归结果（2）

Variable	Coefficient	Std. Error	t-Statistic	Prob.
C	−393.012 5	195.352 8	−2.011 808	0.061 4
X2	0.491 128	0.114 888	4.274 839	0.000 6
X1	0.443 259	0.127 166	3.485 687	0.003 1
X4	−0.003 932	0.006 196	−0.634 662	0.534 6

表 3-6-7　回归结果（3）

Variable	Coefficient	Std. Error	t-Statistic	Prob.
C	−188.882 2	495.082 2	−0.381 517	0.707 8
X2	0.502 528	0.138 221	3.635 681	0.002 2
X1	0.407 267	0.128 082	3.179 734	0.005 8
X5	−0.000 970	0.004 752	−0.204 146	0.840 8

可知解释变量 X3、X4、X5 的 t 统计量均小于 t0.01（17）=1.333 4，接受 H_0，即 X3、X4、X5 前面的系数为零，可以删除，只保留解释变量 X2、X1，回归结果如表 3-6-8 所示。

表 3-6-8　回归结果（4）

Variable	Coefficient	Std. Error	t-Statistic	Prob.
C	−287.6867	101.234 1	−2.841 797	0.011 3
X2	0.487 185	0.112 687	4.323 352	0.000 5
X1	0.415 867	0.117 497	3.539 376	0.002 5
R − squared	0.997 358	Mean dependent var		5 153.450
Adjusted R − squared	0.997 047	S.D. dependent var		2 512.131
S.E. of regression	136.509 6	Akaike info criterion		12.808 15
Sum squared resid	316 792.9	Schwarz criterion		12.957 51
Log likelihood	−125.081 5	F − statistic		3 208.727
Durbin − Watson stat	0.692 473	Prob(F − statistic)		0

回归结果：

$$Y = -287.6867 + 0.415867 X1 + 0.487185 X2$$
$$(-2.841797) \quad (3.539376) \quad (4.323352)$$

六、对修正后的模型进行序列相关检验和异方差检验

1. 序列相关性检验

此时 t 统计量均能通过检验，但是 DW 为 0.692 473，经查表可知，存在着序列相关性。又因为 $DW = 2(1-p)$，得 $p = 0.6538$，以此我们可以用广义差分法再次进行回归，在这里我们用另一种方法，即 Cochrane-Orcutt 法估计模型，回归结果如表 3-6-9 所示。

表 3-6-9　Cochrane-Orcutt 法估计模型

Variable	Coefficient	Std. Error	t-Statistic	Prob.
C	−214.1697	162.8751	−1.314 932	0.208 3
X1	0.515 590	0.118 979	4.333 443	0.000 6
X2	0.375 872	0.116 493	3.226 572	0.005 6
AR(1)	0.582 521	0.186 316	3.126 522	0.006 9
R − squared	0.998 626	Mean dependent var		5 308.474
Adjusted R − squared	0.998 351	S.D. dependent var		2 480.737
S.E. of regression	100.7230	Akaike info criterion		12.247 29
Sum squared resid	152 176.9	Schwarz criterion		12.446 12
Log likelihood	−112.349 2	F − statistic		3 634.613
Durbin − Watson stat	1.589 375	Prob(F − statistic)		0
Inverted AR Roots	0.58			

此时，$DW=1.589\,375$，$d_U<DW<4-d_U$，表明模型中不存在自相关。

回归方程为：

$$Y = -214.169\,7 + 0.515\,590X1 + 0.374\,872X2$$
$$(-1.314\,932) \quad (4.333\,443) \quad (3.226\,572)$$

2. 异方差性检验

利用实验三异方差试验方法再次检验方程的异方差性，结果如图 3-6-2 所示。

White Heteroskedasticity Test:				
F-statistic	0.900529		Probability	0.489771
Obs*R-squared	3.888180		Probability	0.421351
Test Equation:				
Dependent Variable: RESID^2				
Method: Least Squares				
Date: 04/19/13 Time: 23:41				
Sample: 1979 1997				
Included observations: 19				
Variable	Coefficient	Std. Error	t-Statistic	Prob.
C	-48641.86	42241.01	-1.151532	0.2688
X1	24.88128	45.16291	0.550923	0.5904
X1^2	-0.002558	0.003265	-0.783372	0.4465
X2	-6.771283	37.99257	-0.178227	0.8611
X2^2	0.001379	0.002940	0.468886	0.6464
R-squared	0.204641	Mean dependent var		8009.308
Adjusted R-squared	-0.022604	S.D. dependent var		16252.35
S.E. of regression	16435.01	Akaike info criterion		22.47315
Sum squared resid	3.78E+09	Schwarz criterion		22.72169
Log likelihood	-208.4949	F-statistic		0.900529
Durbin-Watson stat	2.428196	Prob(F-statistic)		0.489771

图 3-6-2

由于 $T \times R^2 - \chi^2(m)$，检验结果显示 $T \times R^2 = 3.888\,180$，且约束条件的个数 $m=4$，经查表可知 $\chi^2_{0.05}(4) = 9.448$，即 $T \times R^2 - \chi^2(m)$，落在非拒绝区域，即原方程不存在异方差性。而且，$X1$ 和 $X2$ 均为正数，符合经济学意义，即最终的回归方程为：

$$Y = -214.169\,7 + 0.515\,590X1 + 0.374\,872X2$$
$$(-1.314\,932) \quad (4.333\,443) \quad (3.226\,572)$$

七、解释本模型的经济含义

学生仿照前几个实验项目对模型经济意义的分析方法来分析本实验项目模型的经济意义，重点分析模型的方程和调整后的模型估计系数的意义。

八、学生自主实验

以下只提供数据，学生仿照上边的实验例子进行多重共线性分析检验。

根据理论和经验分析，影响服装需求的主要因素有：可支配收入 $X1$，流动资产拥有量 $X2$，服装类价格指数 $X3$ 和总物价指数 $X4$，表 3-6-10 给出了有关统计资料。

表 3-6-10 服装需求函数有关统计资料

年份	服装需求	可支配收入 $X1$	流动资产拥有量 $X2$	服装类价格指数 $X3$	总物价指数 $X4$
1979	8.4	82.9	17.1	92	94
1980	9.6	88.0	21.3	93	96
1981	10.4	99.9	25.1	96	97
1982	11.4	105.3	29.0	94	97
1983	12.2	117.7	34.0	100	100
1984	14.2	131.0	40.0	101	101
1985	15.8	148.0	44.0	105	104
1986	17.9	161.8	49.0	112	109
1987	19.3	174.2	51.0	112	111
1988	20.8	184.7	53.0	112	111

九、实验报告及要求

本次实验报告的要素和内容必须包含以下几点：

（1）实验课名称、实验项目名称、实验学时、实验类型、实验起止日期、实验目的要求、实验原理或实验方案、使用的主要仪器设备、材料或软件、方法步骤、实验数据及处理、心得体会与建议。

（2）本次实验报告重点记录：实验过程的方法步骤、实验数据及处理（图、表）、实验结果（分析结论）以及心得体会与建议。

实验项目七 时间序列数据模型分析

【实验目的】

（1）理解时间序列数据模型及其平稳性，其他检验等基本概念术语的含义。

（2）学习并掌握判断时间序列平稳性的方法，掌握时间序列单整和协整的检验与误差修正。

【实验内容】

（1）回顾复习时间序列数据的含义等基本概念，时间序列模型分析和检验原理。

（2）以我国1978—2016年的GDP与居民消费数据为例，学习掌握时间序列数据模型单整检验与误差修正模型建立的方法步骤。

（3）学习掌握时间序列协整性检验与误差修正模型建立的方法步骤，并能分析修正协整模型的经济意义。

【实验课时】

6课时。

【实验类型】

综合型。

【知识回顾】

1. 时间序列数据的含义

时间序列数据，是指按时间的先后顺序排列起来的一组观察值。这种含有时间意义的数据反映了某一事物或现象随时间的变化呈现的状态或程度。许多计量经济学的模型都用到了时间序列数据。

2. 时间序列模型

时间序列模型指仅用时间序列自身的过去值及随机扰动项所建立起来的模型，其一般形式为：

$$X_t = F(X_{t-1}, X_{t-2}, \cdots, \mu_t) \quad (t = 1, 2, \cdots)$$

3. 时间序列模型分类

时间序列模型分类分为两大类：确定性时间序列模型和随机时间序列模型。

对于确定性时间序列模型，主要是通过一些简单的外推技术，如移动平均、指数平滑等进行预测，不反映时间序列的随机性质。

随机时间序列模型是一个随时间变化的随机变量在不同时点取值的结果。例如，时间序列 X_1，X_2，…，X_t 可以认为是某个随机变量 X_t 在 t-1，1，2，…，T 的一个可能结果。

随机时间序列模型：又称无条件预测模型，揭示时间序列不同时点观测值之间的关系。

随机性时间序列模型包括：$AR(p)$、$MA(q)$、$ARMA(p,q)$。

4．随机过程

样本观察值来自参数时间 t 的随机变量集合 $\{y_t\}$，这个无穷随机序列称为随机过程。实际实验中，一个平稳的时间序列回归模型中的随机干扰项 μ 就是一个随机过程。

5．时间序列数据的平稳性

假定时间序列 X_t（t = 1，2，…）的每个数值都从一个概率分布中随机得到的，并且其均值、方差都是常数，与时间无关；其协方差值也是一个常数，与时间无关，但与时间的间隔期有关，那么该随机时间序列是平稳的，该随机过程是平稳随机过程。

自然科学领域中的许多随机过程常常是平稳的，如某地的气温变化过程，人的心率的变化过程等。

平稳性又分严平稳和宽平稳。

严平稳：随机过程 $\{y_t\}$ 的联合分布函数与时间位移无关。

宽平稳：又称"弱平稳"，随机过程 $\{y_t\}$ 的均值、方差以及协方差不随时间而变化。计量经济学研究的大多是宽平稳。

6．时间序列数据的非平稳性

时间序列的非平稳性，是指时间序列的统计规律随着时间的位移而发生变化，即随机过程的均值、方差以及协方差不再是个常数，而是随时间而变化的。

7．白噪声过程

假如一个随机过程不随时间的改变而改变，且均值等于 0，方差是个常数，协方差为 0，那么该随机过程常被称为白噪声过程。白噪声过程的时间序列是平稳性时间序列的一种特例。

8．随机游走过程

时间序列数据是非平稳的，其方差函数不再是常数，常常为无限大，协方差函数也不仅仅是时间间隔的函数。经济活动中有许多时间序列数据是非平稳性，典型的如股票、期货的涨跌以及赌博的赢输结果都具有无法预测将来的发展步骤和方向，这样的时间序列数据集合是个随机游走过程。

9．趋势平稳过程

趋势平稳过程代表了一个时间序列长期稳定的变化过程。许多时间序列数据，特别是宏观经济数据，常常显示出明显的时间趋势，如 GDP 随时间递增。这种趋势可归结为技术进步、劳动力及其素质的增长等。

　　10. 时间序列模型分析的重要意义

　　我们前面的实验都是基于经典计量经济学模型，这些模型又是基于多种假设之上的，如对时间序列的分析是通过建立因果关系为基础的结构模型分析。这种分析有一个重要的隐含假设，即这些经济时间序列数据是平稳的。

　　但是后来人们研究发现，实际的时间序列数据是非平稳的，而且主要的经济变量如消费、收入、价格往往表现为一致上升或下降。如果直接将非平稳时间序列当作平稳时间序列进行回归分析，则可能会带来不良后果，如"虚假回归"，即"伪回归"问题。这样一般不会得到有意义的结果。

　　"伪回归"是指几组无任何经济关系的数据，如果用回归模型进行回归分析，却表现出很高的拟合度和可决系数。造成"伪回归"的根本原因在于时间序列变量的非平稳性。因此，在利用回归分析方法讨论经济变量有无意义的经济关系时，必须对经济变量时间序列的平稳性与非平稳性进行判断。如果经济变量时间序列是非平稳的，则需要寻找新的处理方法。20 世纪 80 年代发展起来的协整理论就是处理非平稳经济变量关系行之有效的方法。该理论自从诞生以来，受到众多经济学家的重视，并广泛运用于对实际经济问题的研究之中。

　　由于担心涉及时间序列数据的模型带来"伪回归"问题，就必须对以时间序列数据建立的模型进行检验分析。时间序列分析模型方法就是在这样的情况下，以通过揭示时间序列自身的变化规律为主线而发展起来的、全新的计量经济学方法论。

【实验要求】

　　复习计量经济学回归分析知识，理解时间序列数据分析的基本知识。本实验项目进行两个实验：第一个实验为学生学习掌握时间序列数据模型的建立、检验、分析和修正，第二个实验为学生仿照本实验项目的第一个实验自主实验。学生必须将本次工作文件保存到规定的文件夹下。

【实验步骤】

一、单整时间序列分析

　　从变量的种类数量角度考虑，可以把时间序列数据分为两大部分：单整（一个时间序列变量）和协整（多个时间序列变量）。

　　大多数时间序列数据都是非平稳的，为防止伪回归，有以下两种处理办法：

　　一是差分（自回归）：对于单一的时间序列数据，且描述所研究的经济现象的短期状态或非均衡状态，使用变量差分形式进行回归，如若几阶回归后没有了单位根，数据趋于平稳，那么该时间序列数据就是单整的。

二是协整：尽管一些经济变量是非平稳的，但如果多个非平稳经济变量或单整变量通过某种线性组合，如平稳就是协整的。

为了便于理解和掌握对有关时间序列模型的检验和修正，我们从简单到复杂，从易到难，先进行单整时间序列的分析实验。

社会实际活动中观察得到的数据尤其是宏观经济数据，诸如国民经济收入、财政收入、财政支出、居民消费，都是时间序列数据，且就单个数据序列来观察，它们往往具有非平稳性。如果我们不对这些时间序列数据进行平稳性检验，不对其模型进行修正，那么按照前面几章进行的实验，其最终的结论很可能是错误的。因此我们本次实验选择宏观数据单个时间序列 GDP 进行时间序列实验，对其进行各种单整检验分析与修正。

（一）数据来源说明

我国 1978—2016 年的 GDP 与居民消费数据，来源于中华人民共和国国家统计局《中国统计年鉴 2016》。具体数据如表 3-7-1 所示。

表 3-7-1 1978—2016 年的 GDP 与居民消费数据

年份	GDP/亿元	居民消费水平/元	年份	GDP/亿元	居民消费水平/元
1978	3 678.7	184.0	1998	83 817.6	3 159.0
1979	4 100.5	208.0	1999	89 366.5	3 346.0
1980	4 587.6	238.0	2000	99 066.1	3 632.0
1981	4 933.7	264.0	2001	109 276.2	3 887.0
1982	5 380.5	288.0	2002	120 480.4	4 144.0
1983	6 043.8	316.0	2003	136 576.3	4 475.0
1984	7 314.2	361.0	2004	161 415.4	5 032.0
1985	9 123.6	446.0	2005	185 998.9	5 596.0
1986	10 375.4	497.0	2006	219 028.5	6 299.0
1987	12 166.6	565.0	2007	270 844.0	7 310.0
1988	15 174.4	714.0	2008	321 500.5	8 430.0
1989	17 188.4	788.0	2009	348 498.5	9 283.0
1990	18 923.3	833.0	2010	411 265.2	10 522.0
1991	22 050.3	932.0	2011	484 753.2	12 570.0
1992	27 208.2	1 116.0	2012	539 116.5	14 110.0
1993	35 599.2	1 393.0	2013	590 422.4	15 632.0
1994	48 548.2	1 833.0	2014	644 791.1	17 778.0
1995	60 356.6	2 355.0	2015	686 449.6	19 397.3
1996	70 779.6	2 789.0	2016	741 140.4	21 227.9
1997	78 802.9	3 002.0			

（二）工作文件的建立

1. 建立文件夹

在 D 盘建立一个自己的文件夹，文件夹的名字为：你的班级+姓名+实验项目七。

再修改默认目录，方法：双击 EViews 右下边"PATH="后的路径名—选择自己 D 盘的文件夹—"确定"。

2. 建立单整时间序列工作文件

（1）打开 EViews，进入 EViews 主窗口。

（2）用菜单法完成建立工作表文件。

点击"File"（文件）—"New"（新文件）—"Workfile"（工作文件），系统默认为有序数据结构为"Annual"（整年），符合本次实验数据结构，可以不更改其他选项，在弹出的对话框中输入起始年 1978 和结束年 2016。（见图 3-7-1）

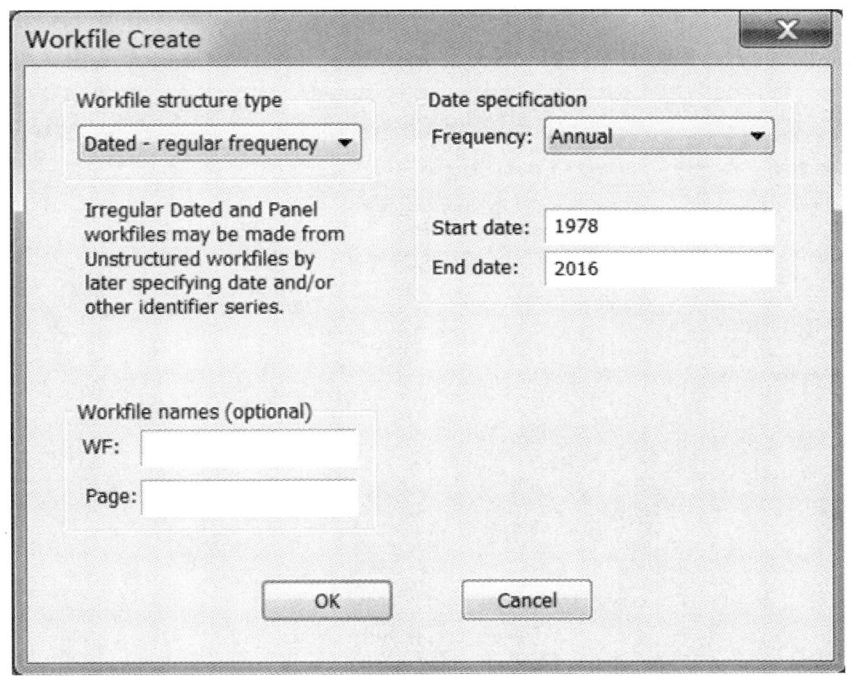

图 3-7-1

其他可不输入，直接点击"OK"，这样就建立了一个空白数据的工作文件。

（3）保存工作文件。

方法一：单击"File"—"Save"。

方法二：Ctrl+S。

方法三：在命令栏输入命令并回车：wfsave(1)。

方法四：在命令栏输入命令并回车：wfsave(2)。

在弹出的对话框中输入文件名，然后单击"保存"即可。实验要求将本次工作文件保存到你的本次实验文件夹下,文件名为"XXX 时间序列数据模型分析实验七"(注意:文件名中的"XXX"应该为学生自己的姓名)。

(三)输入数据

(1)本次实验命令为:data NF GDP XF。

(2)文件导入法。

如果已经建立了适合本实验数据序列的工作文件,并且确保实验计算机上有诸如 Excel 的电子表格类的数据文件,那么可以直接将数据导入 EViews 工作文件中。具体步骤为:

打开 EViews 工作文件,然后点击主菜单中的"File"(文件)—"Import"(导入)—"Import from file"(从文件导入)或工作文件菜单中的"Procs"(过程)—"Import"(导入)—"Import from file"(选择合适的文件类型和文件导入),然后选择数据列,修改列名(重点是去掉中文)按照提示完成数据输入。

如果想在 EViews 工作文件表中将导入的日期作为序列,那么在导入时的第三步应在"Import method"(导入方法)下选择"Sequential read"(顺序读取)。(见图 3-7-2)

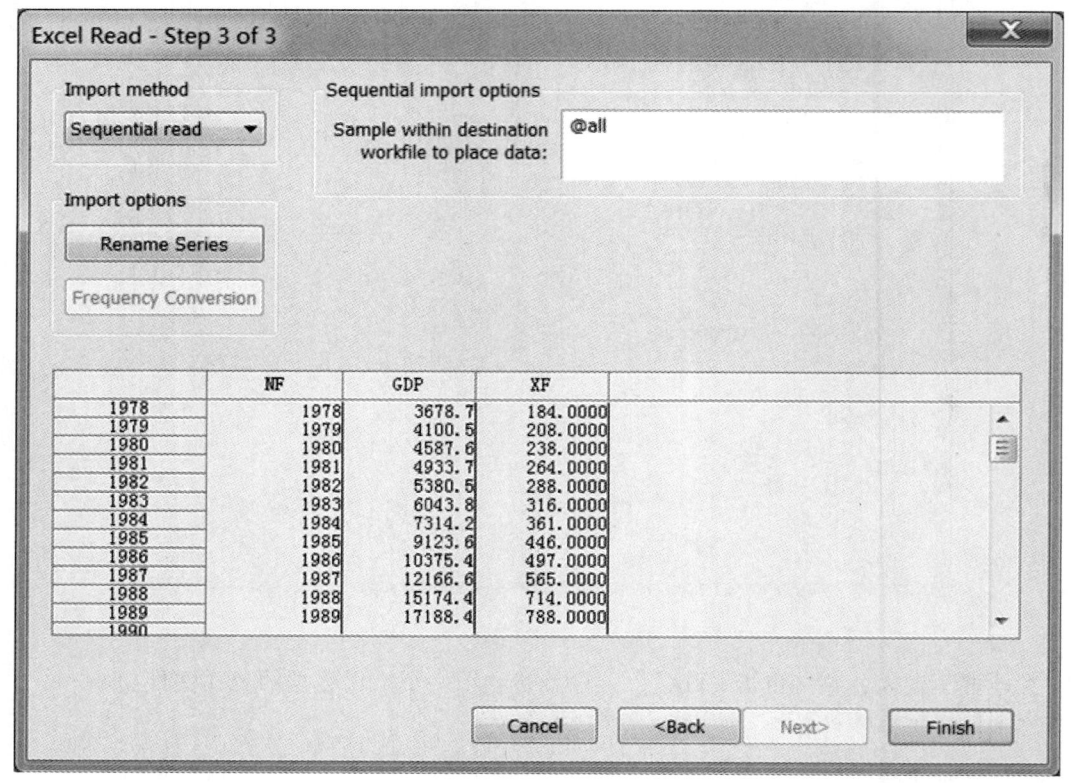

图 3-7-2

单击"Finish"(完成),就完成了对数据的导入。本次实验数据不多,学生可手工输入。

为了方便理解,可修改 NF、GDP 和 XF 序列的演示标签名分别为:"年份 NF""国民经济收入 GDP"和"居民消费 XF"。

（四）单一时间序列数据平稳性检验方法

一般认为，当一国的国内生产总值提高，居民的收入提高，消费能力提升，消费水平也就上升；反之，若一国的国内生产总值下降，居民的收入减少，消费能力降低，消费水平也就下降。因此，一般可以将国内生产总值 GDP 设定为解释变量，居民消费为被解释变量来建立一元回归模型研究两者的具体经济意义。

由于在社会实际活动中，许多时间序列数据可能存在自相关，是非平稳序列，但是以时间序列数据建立的模型的平稳性在计量经济建模中又具有重要地位，因此必须要对观察值的时间序列数据进行平稳性检验。

可以先对一个单一的时间序列数据进行平稳性检验，然后再检验其他时间序列数据的平稳性。

本实验只对 GDP 数据的平稳性进行检验，对居民消费 XF 序列的平稳性检验，学生仿照实验操作进行实验检验。

对于单一的时间序列数据平稳性检验主要有：图形检验法、单位根检验法（DF 检验、ADF 检验、PP 检验、KPSS 检验、ERSPO 检验和 NG 检验）。

（五）图示分析

1. 基本思想

给出一个随机时间序列，画出该时间序列的折线图或散点图，然后观察散点是否是围绕其均值上下波动的曲线。

通过做图可以较为直观地观察时间序列数据是否具有平稳性。

2. 判断标准

通过该序列的时间和路径图粗略地判断它是否是平稳的。

平稳的时间序列：时间序列在图形上往往表现出一种围绕其均值不断波动的过程。

非平稳时间序列：往往表现出在不同的时间段具有不同的均值（如持续上升或持续下降），如图 3-7-3 所示。

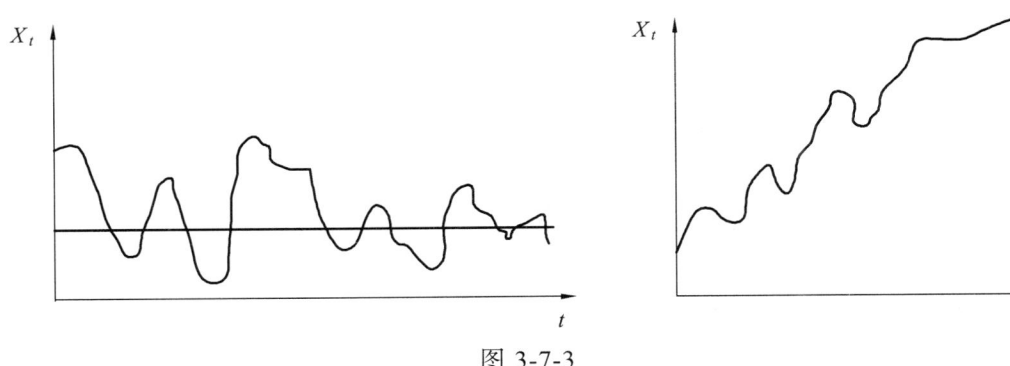

图 3-7-3

3. 折线图散点图检验平稳性

首先在主窗口选中 GDP 序列，然后在主窗口单击菜单 "Quick"—"Graph…"—"OK"，然后在弹出的图形类型对话框中选择图形类别和图像风格。本次实验选择默认的线性特征，即第一个，最后单击"OK"就可以显示该时间序列的线型图（见图3-7-4）。

单击本窗口菜单"Name"给这个图形名称框输入"zxt"，演示标签名输入"GDP时间序列数据的折线图"，可以长久地保存此图。

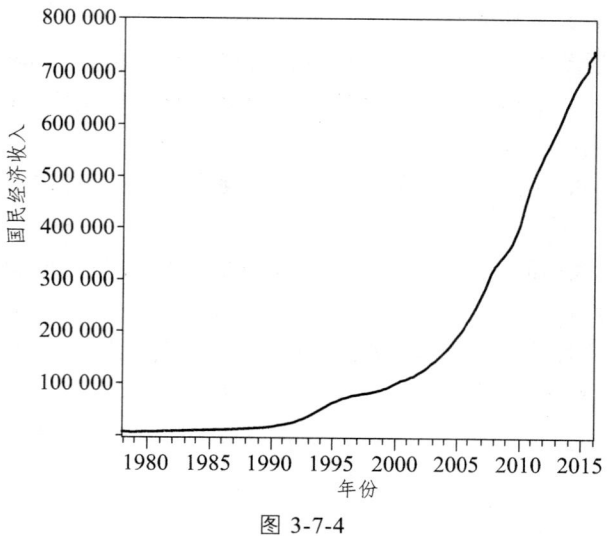

图 3-7-4

散点图可用命令：Scat　GDP　NF

GDP基于年份NF的时间序列数据的散点图。

单一的看本例时间序列数据GDP，从折线图和散点图的形状很容易看到人均消费水平具备线性上升的趋势，是个持续上升的过程，初步判断应该是非平稳的。（见图3-7-5）

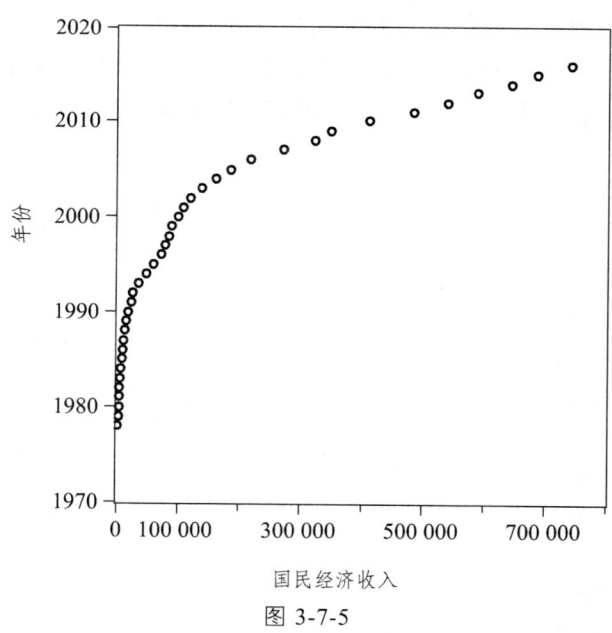

图 3-7-5

但是需要特别指出的是，这也许可能是后面我们将要在"协整"时间序列中遇到的"趋势平稳的时间序列"，至少要有两个以上的时间序列变量比较。

由于现在只有一个时间序列变量，折线图和散点图都会显示这个时间序列是不平稳的，需要进一步用数据分析。

4. 自相关图检验平稳性

我们知道回归分析必然有自变量和因变量，对于只有一个变量如何进行回归分析呢？我们把这个变量的滞后项作为自变量，把这个变量作为因变量可以建立一元回归模型，这样的回归模型称之为自回归模型。通过自回归图可以很好地观察时间序列是否具有平稳性。

自相关图检验平稳性的标准：平稳时间序列过程的自协方差，或由协方差计算的自相关函数，应该很小并且很快趋于 0 或小值，具有截尾特征。

当计算出的样本自相关函数估计值下降速度比较慢，有很多落在临界值范围外时，可以初步判断时间序列是非平稳的。

GDP 自回归图的建立：单击主窗口菜单"Quick"（快速）—"Seriesstatistics"（序列统计）—"Correlogram"（自相关图）—输入要观察的序列名"GDP"，弹出对话框"Correlogram of"：

"Level"表示原序列，"1st difference"表示一阶差分序列，"2nd difference"表示二阶差分序列。在"Lags to include"中输入最大滞后期，这个要根据样本容量而定。然后单击"OK"（确定）。（见图 3-7-6）

于是得到本实验 GDP 的自相关图。（见图 3-7-7）

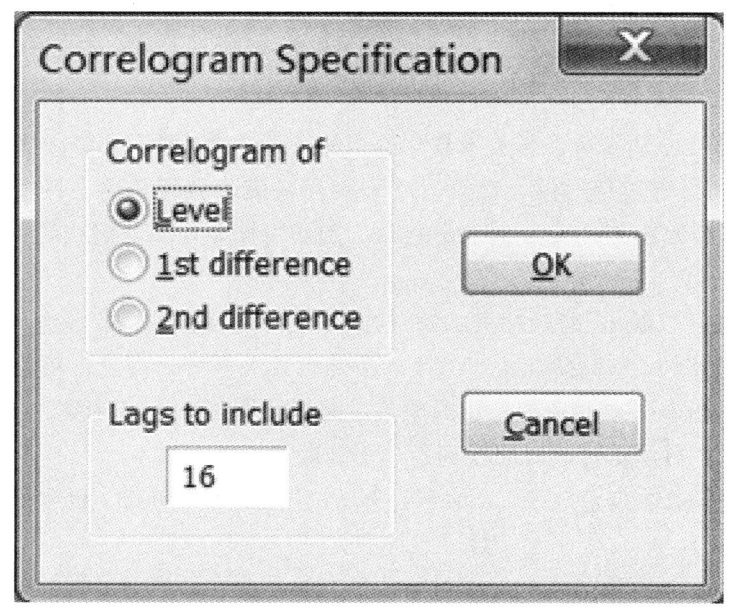

图 3-7-6

```
Date: 03/30/18   Time: 15:07
Sample: 1978 2016
Included observations: 39
```

Autocorrelation	Partial Correlation		AC	PAC	Q-Stat	Prob
		1	0.895	0.895	33.679	0.000
		2	0.790	-0.050	60.682	0.000
		3	0.684	-0.067	81.489	0.000
		4	0.581	-0.049	96.917	0.000
		5	0.481	-0.050	107.79	0.000
		6	0.386	-0.040	115.02	0.000
		7	0.305	-0.001	119.65	0.000
		8	0.235	-0.005	122.49	0.000
		9	0.166	-0.054	123.96	0.000
		10	0.107	-0.012	124.59	0.000
		11	0.059	0.002	124.79	0.000
		12	0.018	-0.019	124.81	0.000
		13	-0.019	-0.026	124.83	0.000
		14	-0.051	-0.019	125.00	0.000
		15	-0.081	-0.030	125.43	0.000
		16	-0.108	-0.034	126.25	0.000

图 3-7-7

再次复习一下自相关图的知识。

图中，"Autocorrelation"表示自相关图，"Partial Correlation"表示偏自相关图。右侧表中的第一列自然序数是滞后期从 1 到最大滞后期的值，与自相关图和偏自相关图对应。"AC"列是估计的自相关系数值，"PAC"列是估计的偏自相关系数值，它们的数值与左侧图相对应。"Q-Stat"表示 Q 统计量数值，"Prob"表示的是 Q 统计量取值大于该样本计算的 Q 值的概率。该 Q 统计量的原假设为序列是非自相关的，如果 P 值大于给定的显著性水平（如 1%或 5%），则接受原假设，即序列非自相关；如果 P 值小于给定的显著性水平，则拒绝原假设，即序列存在自相关。

在图形左半部分分别描绘了相关系数和偏相关系数的直方图，其中虚线表示正负 0.5。当某期偏相关系数的直方块超过虚线部分时，表明存在该阶自相关性。只需要直接看自相关"Autocorrelation"和偏相关"Partial Correlation"图中每期矩形块与虚线的关系就可以断定哪阶发生了哪阶自相关。

从图中最左侧可以看出，时间序列 GDP 的第 1 至 6 期自相关系数的直方块超过了虚线部分，存在着七阶自相关——高阶相关（大于二阶的自相关被称为高阶自相关）。并且 GDP 序列自相关系数由显著非零衰减为较小值的波动过程持续期长，相当缓慢，自相关系数具有不截尾——拖尾现象。可以认定该时间序列是非平稳的。

另外，上图右侧数据统计表中，P 值全为 0，小于显著水平 0.05，也小于 0.01，因此 GDP 序列是自相关的。

由于本实验中时间序列 GDP 的函数估计值有很多落在临界值范围外时，存在高阶自相关，下降速度比较慢，可以初步判断时间序列是非平稳的。

（六）单位根检验时间序列平稳性

在实际应用研究中，由于图示法判断时间序列平稳性存在不确定性，所以很难完全用图示法来确定时间序列的平稳性，一般都要通过各种回归统计来进行综合判断。

1. 单位根检验法的基本知识

（1）单位根检验的几个概念。

单位根检验（Unit root test）主要用来判定时间序列的平稳性。单位根检验实际上使用的是自回归方法。

自回归是变量对自身的回归，是用同一个变量例如 X 的之前各期，即 X_1 至 X_{t-1} 来预测本期 X_t 的表现（t 表示时间期数），并假设它们为一线性关系，但不用 X 预测 Y，而是用 X 预测 X（自己），所以叫作自回归。

差分：时间变量的本期值与其滞后值相减的运算叫差分。

如果一个自回归的 $p=1$（实际操作显著性水平取值 1%、5%、10%），那么就称随机变量有一个单位根。显然，一个有单位根的时间序列就是随机游走序列，而随机游走序列是非平稳的。因此，要判断某时间序列是否是平稳的，通过判断它是否有单位根即可。

另外，如果一个时间序列是非平稳的，它常常可通过取一定的差分而形成平稳序列。一般来说，一个序列通过二阶差分回归后应该趋于平稳，如果仍不平稳。那么这个序列就没有规律，这时就可以放弃对该序列数据的研究。

EViews9.0 版本中单位根检验常有六种：Dickey-FullerGLS（DF-GLS）检验、Augmented Dickey-Fuller 扩展的 DF(ADF)检验、Phillips-Perron（PP）检验、Kwiatkowski-phillips-schmidt-shin（KPSS）检验、Elliott-Rothenberg-stock-point-optimal（ERSPO）检验和 Ng-perron（NG）检验。

比较成熟的单位根检验方法是：DF-GLS、ADF 和 PP 检验。这三种检验方法都有常数与趋势项假设，使用较麻烦，但效果好。后三种检验方法是去除原序列趋势后进行检验，较简单方便。学会了前两种检验方法，其他的检验方法就可以自学。

注意：（DF-GLS）检验、（ADF）检验、（PP）检验、（ERSPO）、（NG）检验这 5 种单位根检验方法的原假设是被检验的时间序列存在单位根，是不稳定的，但（KPSS）检验的原假设是被检验的时间序列不存在单位根，是稳定的。

（2）单位根检验差分的选定。

差分方式的选择如下：

如果数据序列蕴含着显著的线性趋势，一阶差分就可以实现趋势平稳，那么可选择一阶自回归模型 AR（1）；

如果数据序列蕴含着曲线趋势，通常低阶（二阶或三阶）差分就可以提取出曲线趋势的影响，那么可选择二阶自回归模型 AR（2）或三阶自回归模型 AR（3）；

对于蕴含着固定周期的序列进行步长为周期长度的差分运算，通常可以较好地提取周期信息。

另外从偏自相关图中，也可以看出自回归模型的选择标准。如果某阶的偏自相关系数显著大于标准差之外，其他的偏自相关系数都在 2 倍标准差范围内做小值随机波动，而且由非零相关系数衰减为较小值波动的过程非常突然，那么该偏自相关系数可视为该阶截尾。因此可以考虑拟合模型为该阶自回归模型。

2. Dickey-Fuller GLS (DF-GLS)单位根检验

Dickey-Fuller (DF) 单位根检验也叫迪基-富乐检验。EViews7.0 后标注为 DF-GLS 检验。

首先选择要做检验的时间序列 GDP，打开该序列对象窗口。然后单击工具栏中的"View"—"Unit Root Test"选项，会弹出如图 3-7-8 所示的对话框。

（1）(DF-GLS)单位根检验对话框 4 个区域解释。

在"Test type"列表中提供了 6 种单位根检验的方法。

系统默认为"ADF"检验。本次实验选择"Dickey-Fuller GLS"(DF-GLS) 检验。

在"Test for unit root in"(用于单位根检验)单选卡内有"Level"表示原序列，"lst difference"表示对一阶差分序列进行检 z 验，"2nd difference"表示对二阶差分序列进行检验。

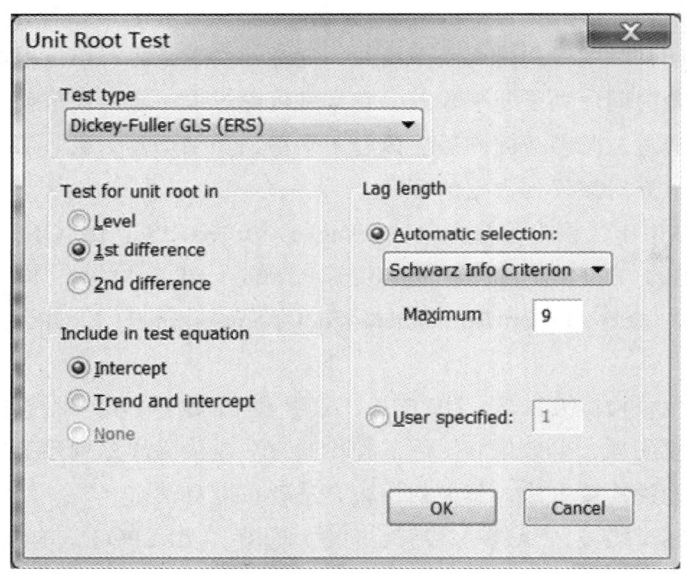

图 3-7-8

在"Include In tset equation"(包括在测试方程公式里的变量)单选卡内有"Intercept"(含有截距项 C)、"Trend and intercept"(含有截距项 C 和时间趋势项)和"None"(不含有截距项 C 和时间趋势项)，DF 检验没有"None"选项。

在"Lag length"(滞后长度选择)，Lag lenth 这个选项卡中可以选择一些确定消除序列相关所需的滞后阶数的准则。选项卡内有"Automatic selection"(系统自动选择)和"Maximum"(最大限度)和"User specified"(用户指定)。其中"Automatic selection"(系统自动选择)是指用哪种信息准则，可选择"Akaike info criterion"(赤池信息准则)、"Schwarz criterion"(施瓦茨准则)、"Hannan-Quinn criter"(汉南-奎因准则)和其他几个可选标准。系统默认为"Schwarz criterion"(施瓦茨准则)，可以不改动。"Maximum"(最大限度)系统默认值在不同的版本里不一样，实验时可以默认，也可以改动，只要保证对比的模型"Maximum"取值一样即可。在没有确切理由的情况下，不主张擅自采用"User specified"用户指定的选项。

（2）DF-GLS 一阶检验对比实验操作。

由于从折线图和散点图以及自相关图分析中已经直观地知道本实验时间序列数据 GDP 存在非平稳性，因此我们无须再做"Level"原始序列检验，我们要实验测试到底是哪阶序列仍有非平稳性，哪阶序列具有平稳性，从而确立新的模型。

在打开的对话框中，选择"Dickey-Fuller GLS "(DF-GLS)检验、"1nd difference"（一阶差分）和"Intercept"（含有截距项 C），"Maximum"=1（其实取值大小对 DF-GLS 检测临界值影响不大，对信息准则的值影响大，为了便于观察我们改为小值1），其他默认系统选择，然后点击"OK"，EViews 将显示检验统计量和估计检验回归。得到含有截距项 CDF 检验数据分析报告如图 3-7-9 所示。

Null Hypothesis: D(GDP) has a unit root			
Exogenous: Constant（含有截距项 C）			
Lag Length: 0 (Automatic - based on SIC, maxlag=1)			
Elliott-Rothenberg-Stock DF-GLS test statistic（DF 检验统计量）			-0.769231
Test critical values: （测试临界值）	1% level		-2.628961
	5% level		-1.950117
	10% level		-1.611339
*MacKinnon (1996)			
DF-GLS Test Equation on GLS Detrended Residuals			
Dependent Variable: D(GLSRESID)因变量：D(GLSRESID)。			
Method: Least Squares			
Date: 04/15/18　　Time: 11:23			
Sample (adjusted): 1980 2016			
Included observations: 37 after adjustments（差分后的观察样本数）			
Variable	Coefficient	Std. Error	t-Statistic	Prob.
GLSRESID(-1)	-0.055749	0.072474	-0.769231	0.4468
R-squared	-0.008345	Mean dependent var		1466.730
Adjusted R-squared	-0.008345	S.D. dependent var		9419.756
S.E. of regression	9458.976	Akaike info criterion		21.17397
Sum squared resid	3.22E+09	Schwarz criterion		21.21751
Log likelihood	-390.7185	Hannan-Quinn criter.		21.18932
Durbin-Watson stat	2.217044			

图 3-7-9

注：表中加粗的数据为重要的观察点数据。EViews 中函数 $D(X)$ 是一阶差分函数，分析报告表中的 D(GDP) 表示 GDP 的一阶差分。

分析报告表中的因变量是 D(GLSRESID)。函数 D(GLSRESID)表示 GLSRESID 一阶差分，GLSRESID 是对 GDP 进行一阶差分回归后得到的残差值。这个值是 DF-GLS 检验自动生成的。

单击本窗口的"Freeze"（冻结）按钮，暂时锁住这 DF 检验数据分析报告，单击冻结了的窗口菜单中的"Name"按钮，在弹出的对话框中输入英文名为"DF11"，中文演示名为"含有截距项 C 的一阶 DF 检验"保存，以便与后面新产生的分析报告做对比。

单击未锁定的数据窗口工具栏中的"View"——"Unit Root Test"选项，会弹出对话框，选择"Dickey-Fuller GLS"(DF-GLS)检验、"1nd difference"（一阶差分）和"Trend And intercept"（含有截距项 C 和时间趋势项的 DF-GLS 检验），"Maximum"=1，其他默认系统选择，然后点击"OK"，得到新的 DF-GLS 检验数据分析报告如图 3-7-10 所示。

Null Hypothesis: D(GDP) has a unit root				
Exogenous: Constant, Linear Trend（含有截距项 C 和时间趋势项）				
Lag Length: 0 (Automatic - based on SIC, maxlag=1)				
Elliott-Rothenberg-Stock DF-GLS test statistic（DF 检验统计量）				-2.796872
Test critical values:（测试临界值）	1% level			-3.770000
	5% level			-3.190000
	10% level			-2.890000
*Elliott-Rothenberg-Stock (1996, Table 1)				
Warning: Test critical values calculated for 50 observations				
and may not be accurate for a sample size of 37				
DF-GLS Test Equation on GLS Detrended Residuals				
Dependent Variable: D(GLSRESID)				
Method: Least Squares				
Date: 04/15/18 Time: 11:50				
Sample (adjusted): 1980 2016				
Included observations: 37 after adjustments（差分后的观察样本数）				
Variable	Coefficient	Std. Error	t-Statistic	Prob.
GLSRESID(-1)	-0.351573	0.125702	-2.796872	0.0082
R-squared	0.178411	Mean dependent var		-98.72961
Adjusted R-squared	0.178411	S.D. dependent var		9419.756
S.E. of regression	8538.210	Akaike info criterion		20.96915
Sum squared resid	2.62E+09	Schwarz criterion		21.01268
Log likelihood	-386.9292	Hannan-Quinn criter.		20.98449
Durbin-Watson stat	2.025120			

图 3-7-10

注：表中加粗的数据为重要的观察点数据。

单击本窗口的"Freeze"（冻结）按钮，暂时锁住这 DF-GLS 检验数据分析报告，单击冻结了的窗口菜单中的"Name"按钮，在弹出的对话框中输入英文名为"DF12"，中文演示名为"含有截距项 C 和时间趋势项的一阶 DF-GLS 检验"保存，以便与后面新产生的分析报告做对比。

① DF-GLS 检验分析依据。

首先强调一点，DF-GLS 单位根检验不能照搬前面学的一元回归模型中 P 值（Prob.）来判断模型是否合理，也不能用 T 分布表的临界值判断显著性，而要根据"Test critical values（测试关键值）"来判断。

Dickey-Fuller（DF）单位根临界值，给出了包括 1%、5%、10%几个显著性水平的临界值，1%是严格拒绝原假设；5%是拒绝原假设，10%仅起类推作用，一般观测 5%的显著性值。"Dickey-Fuller（DF）单位根临界值表"见本书附录 6。

为了区分，把上述 DF-GLS 检验回归分析报告中的 t-Statistic 统计量称为"DF 检验统计量"。

临界值计算公式：$c_\alpha = \beta_0 + \beta_1 T^{-1} + \beta_2 T^{-2}$

式中，T 表示样本容量；N 表示变量数（包括解释变量和被解释变量）；α 表示显著水平。

例如，样本容量为 29 个，变量个数有 2 个，Dickey-Fuller 单位根测试方程公式里只含有截距项 C，给定显著性 α 为 5%，那么查看"Dickey-Fuller（DF）单位根临界值表"，临界值计算结果为：

$$C(\alpha) = -2.8621 + (-2.738/29) + (-8.36/29^{\wedge}2) = -2.96645434$$

然后用计算的临界值与 EViews 中 DF 检验分析报告中的"Test critical values（测试关键值）"对应的值进行比较并做出判断。若 DF 检验统计量值小于 DF 临界值，则拒绝原假设 H_0，说明序列不存在单位根，说明是一个平稳序列；若 DF 检验统计量值大于或等于 DF 临界值，则接受原假设 H_0，说明序列存在单位根，是一个非平稳序列。

② 对"含有截距项 C 的一阶 DF 检验"模型的比较与判断。

简单地判断方法只需要对比"DF 检验统计量"和"Test critical values（测试关键值）"1% level、5% level、10% level。

本实验"含有截距项 C 的一阶 DF 检验"模型的"DF 检验统计量"为 – 0.769 231 大于显著性 1%、5%和 10%的测试关键值 – 2.628 961、– 1.950 117、– 1.611 339，因此可以断定本实验接受原假设 H_0，说明序列存在单位根，是一个非平稳序列。

但用对比"DF 检验统计量"和"Test critical values（测试关键值）"并不严格。我们可以利用"Dickey-Fuller（DF）单位根临界值表"，使用公式计算法来进行更严格的检验。在显著性水平为 5%的情况下，本实验"含有截距项 C 的一阶 DF 检验"应该的临界值计算方法如下：

本实验此时的样本数为 $T = 37$，$N = 2$，著性水平取 5%，那么，

$$C(\alpha) = -2.8621 + (-2.738/37) + (-8.36/37^{\wedge}2) = -2.942206647$$

本实验"含有截距项 C 的一阶 DF 检验"分析报告里 5%的"DF 检验统计量"= – 1.950 117。即本实验的"DF 检验统计量"大于"Dickey-Fuller（DF）单位根临界值表"的值，那么接受原假设 H_0，说明序列存在单位根，说明 GDP 的一阶回归仍然是个非平稳序列。

③ 对"含有截距项 C 和时间趋势项的一阶 DF 检验"模型的比较与判断。

先用简单的判断方法观察本实验"含有截距项 C 和时间趋势项的一阶 DF 检验"模型的"DF 检验统计量"为 −2.796 872 大于显著性 1%、5%和 10%的测试关键值 −3.770 000、−3.190 000、−2.890 000，那么本实验接受原假设 H_0，说明序列存在单位根，是一个非平稳序列。

同样我们可以利用"Dickey-Fuller（DF）单位根临界值表"，使用公式计算法来进行更严格的检验。在显著性水平为 5%的情况下，本实验"含有截距项 C 的一阶 DF 检验"应该的临界值计算方法如下：

本实验此时调整后的样本数为 $T = 37$，$N = 2$，著性水平取 5%，那么，

$$C(\alpha) = -2.8621 + (-2.738/37) + (-8.36/37^2) = -2.942\,206\,647$$

本实验"含有截距项 C 的一阶 DF 检验"分析报告里 5%的"DF 检验统计量"= −1.950 117。可见，本实验的"DF 检验统计量"大于"Dickey-Fuller（DF）单位根临界值表"的值，那么接受原假设 H_0，说明序列存在单位根，GDP 的一阶回归仍然是个非平稳序列。

（3）DF-GLS 二阶检验对比实验操作。

选择要做检验的时间序列 GDP 并打开该序列对象窗口。然后单击工具栏中的"View"—"Unit Root Test"选项。在打开的对话框中选择"Dickey-Fuller GLS (ERS)"（DF）检验、"2nd difference"（二阶差分）和"Intercept"（含有截距项 C），"Maximum"=2（其实取值大小对 DF 检验统计量结果几乎无影响，但对信息准则的值有影响），其他默认系统选择，然后点击"OK"，EViews 将显示检验统计量和估计检验回归。得到含有截距项 CDF 检验数据分析报告如图 3-7-11 所示。

Null Hypothesis: D(GDP,2) has a unit root				
Exogenous: Constant（含有截距项 C）				
Lag Length: 1 (Automatic - based on SIC, maxlag=1)				
				t-Statistic
Elliott-Rothenberg-Stock DF-GLS test statistic（DF 检验统计量）				-8.009499
Test critical values:（测试临界值）		1% level		-2.632688
		5% level		-1.950687
		10% level		-1.611059
*MacKinnon (1996)				
DF-GLS Test Equation on GLS Detrended Residuals				
Dependent Variable: D(GLSRESID)				
Method: Least Squares				
Date: 04/19/18 Time: 16:44				
Sample (adjusted): 1982 2016				
Included observations: 35 after adjustments（差分后的观察样本数）				
Variable	Coefficient	Std. Error	t-Statistic	Prob.
GLSRESID(-1)	-1.852372	0.231272	-8.009499	0.0000
D(GLSRESID(-1))	0.556576	0.154416	3.604397	0.0010
R-squared		0.709056	Mean dependent var	376.3800
Adjusted R-squared		0.700240	S.D. dependent var	14889.27
S.E. of regression		8151.928	Akaike info criterion	20.90534
Sum squared resid		2.19E+09	Schwarz criterion	20.99422
Log likelihood		-363.8435	Hannan-Quinn criter.	20.93602
Durbin-Watson stat		1.730505		

图 3-7-11

注：EViews 中函数 $D(X, N)$ 是 X 的 N 阶差分函数，分析报告表中的 $D(GDP，2)$ 表示 GDP 序列的二阶差分。

单击本窗口的"Freeze"（冻结）按钮，暂时锁住这 DF-GLS 检验数据分析报告，单击冻结了的窗口菜单中的"Name"按钮，在弹出的对话框中输入英文名为"DF21"，中文演示名为"含有截距项 C 和时间趋势项的二阶 DF 检验"保存，以便与后面新产生的分析报告做对比。

单击未锁定的数据窗口工具栏中的"View"—"Unit Root Test"选项，会弹出对话框，选择"Dickey-Fuller GLS"（DF-GLS）检验、"1nd difference"（二阶差分）和"Trend and intercept"（含有截距项 C 和时间趋势项的 DF 检验），"Maximum"=2（可以默认系统取值，取小值仅仅为了便于观察，但是必须保证几个要对比的模型"Maximum"取值一样），其他默认系统选择，然后点击"OK"。得到新的 DF-GLS 检验数据分析报告如图 3-7-12 所示。

Null Hypothesis: D(GDP,2) has a unit root			
Exogenous: Constant, Linear Trend（含有截距项 C 和时间趋势项）			
Lag Length: 1 (Automatic - based on SIC, maxlag=2)			
			t-Statistic
Elliott-Rothenberg-Stock DF-GLS test statistic			-7.982085
Test critical values:（测试临界值）	1% level		-3.770000
	5% level		-3.190000
	10% level		-2.890000
*Elliott-Rothenberg-Stock (1996, Table 1)			
Warning: Test critical values calculated for 50 observations			
and may not be accurate for a sample size of 35			
DF-GLS Test Equation on GLS Detrended Residuals			
Dependent Variable: D(GLSRESID)			
Method: Least Squares			
Date: 04/19/18 Time: 16:47			
Sample (adjusted): 1982 2016			
Included observations: 35 after adjustments（差分后的观察样本数）			
Variable	Coefficient	Std. Error	t-Statistic	Prob.
GLSRESID(-1)	-1.841693	0.230728	-7.982085	0.0000
D(GLSRESID(-1))	0.562236	0.155362	3.618872	0.0010
R-squared		0.707820	Mean dependent var	240.9245
Adjusted R-squared		0.698966	S.D. dependent var	14889.27
S.E. of regression		8169.236	Akaike info criterion	20.90958
Sum squared resid		2.20E+09	Schwarz criterion	20.99846
Log likelihood		-363.9177	Hannan-Quinn criter.	20.94026
Durbin-Watson stat		1.749211		

图 3-7-12

单击本窗口的"Freeze"（冻结）按钮，暂时锁住这 DF 检验数据分析报告，单击冻结了的窗口菜单中的"Name"按钮，在弹出的对话框中输入英文名为"DF22"，中文演示名为"含有截距项 C 和时间趋势项的二阶 DF 检验"保存，以便与后面新产生的分析报告做对比。

① 对"含有截距项 C 的二阶 DF 检验"模型的比较与判断。

本实验"含有截距项 C 的二阶 DF 检验"模型的"DF 检验统计量"为 -8.009 499，远远小于显著性 1%、5% 和 10% 的测试关键值 -2.632 688、-1.950 687、-1.611 059，因此可以断定本实验拒绝原假设 H_0，说明"含有截距项 C 的二阶 DF 检验"模型的序列不存在单位根，已经是一个平稳序列。

学生可以使用"Dickey-Fuller（DF）单位根临界值表"用公式计算判断。

② 对"含有截距项 C 和时间趋势项的二阶 DF 检验"模型的比较与判断。

本实验"含有截距项 C 和时间趋势项的二阶 DF 检验"模型的"DF 检验统计量"为 -7.982 085，也远远小于显著性 1%、5% 和 10% 的测试关键值 -3.770 000、-3.190 000、-2.890 000，因此可以断定本实验拒绝原假设 H_0，说明"含有截距项 C 和时间趋势项的二阶 DF 检验"模型的序列不存在单位根，已经是一个平稳序列。

学生可以使用"Dickey-Fuller GLS（DF-GLS）单位根临界值表"用公式计算判断。

对比结果说明，本例实验时间序列数据 GDP 是个二阶单整序列 I(2)。

但是两个模型哪个更合适呢？这就要看"Automatic selection"信息准则的数值。

判断标准为：

信息准则中"Akaike info criterion"（赤池信息准则）、"Schwarz criterion"（施瓦茨准则）和"Hannan-Quinn criter"（汉南-奎因准则）的单个值越小越合适；模型分析报告中信息准则数值小的项目越多越合适。

两个 DF 检验信息准则结果对比如表 3-7-2 所示。

表 3-7-2 DF 二阶检验信息准则值

信息准则名	Constant 截距项 C	Constant, Linear Trend 截距项 C 和时间趋势项
Akaike info criterion	20.905 34	20.909 58
Schwarz criterion	20.994 22	20.998 46
Hannan-Quinn criter	20.936 02	20.940 26

可见只含有截距项 C 的 DF 检验更合理。

3. 扩展的 DF(ADF) 单位根检验法

本例实验序列存在高阶滞后相关，这就违背了扰动项是独立同分布的假设。用 DF 检验存在不足之处，在这种情况下，可以使用扩展的 DF 检验方法（ADF）来检验含有高阶序列相关的序列的单位根。具体操作如图 3-7-13 所示。

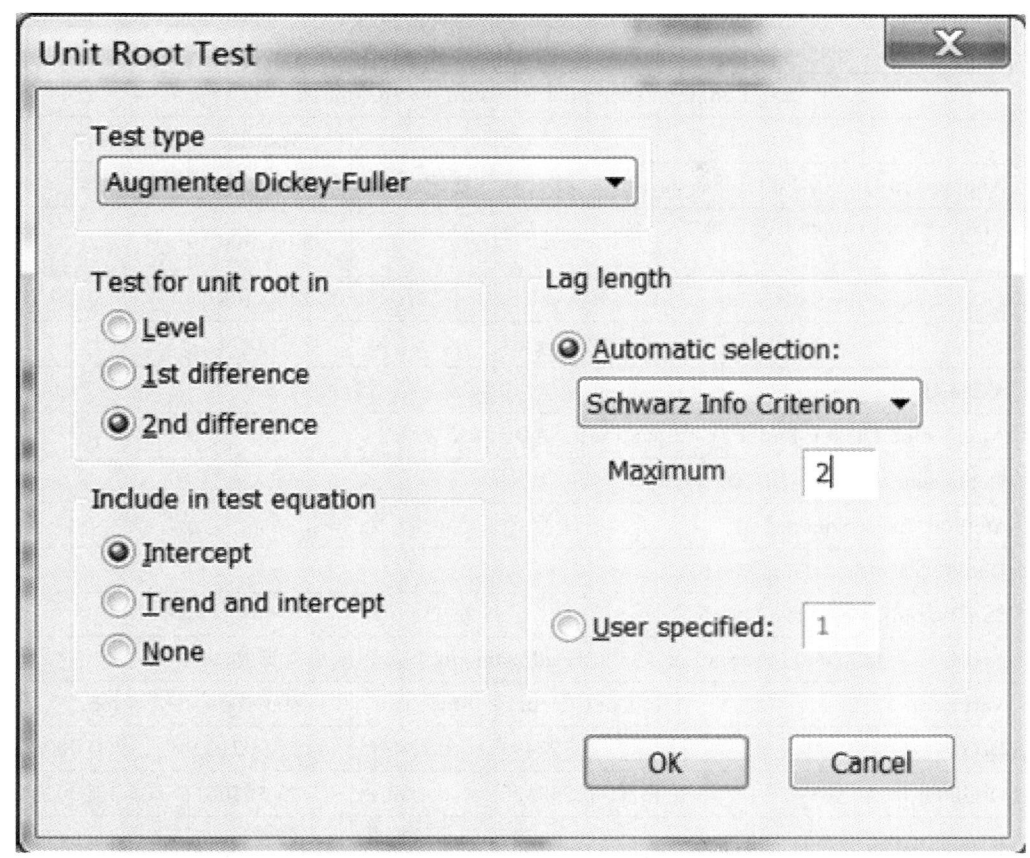

图 3-7-13

（1）ADF 单位根检验法对比实验操作。

本例前期实验已经检验说明 GDP 时间序列原始数据和一阶回归都存在不平稳性，因此 ADF 根检验应选择二阶差分序列检验，但"Include in tset equation"（包括在测试公式解释变量）有三种可能，需要我们对比检验。

在对话框中选择"Augmented dickey-Fuller"、"2nd difference"（二阶差分）和"Intercept"（含有截距项 C），"Maximum"=2，其他默认系统选择，然后点击"OK"，EViews 将显示检验统计量和估计检验回归。得到含有截距项 C 和时间趋势项 ADF 检验数据分析报告如图 3-7-14 所示。

单击本窗口的"Freeze"（冻结）按钮，暂时锁住 ADF 检验数据分析报告，单击冻结了的窗口菜单中的"Name"按钮，在弹出的对话框中输入英文名为"ADF1"，中文演示名为"含有截距项 C 二阶 ADF 检验"保存，以便与后面新产生的分析报告做对比。

Null Hypothesis: D(GDP,2) has a unit root				
Exogenous: Constant（含有截距项 C）				
Lag Length: 1 (Automatic - based on SIC, maxlag=2)				
			t-Statistic	Prob.*
Augmented Dickey-Fuller test statistic（ADF 单位根统计量）			-7.907100	0.0000
Test critical values（测试临界值）：	1% level		-3.632900	
	5% level		-2.948404	
	10% level		-2.612874	
*MacKinnon (1996) one-sided p-values.				
Augmented Dickey-Fuller Test Equation：（ADF 测试方程）				
Dependent Variable: D(GDP,3)				
Method: Least Squares				
Date: 04/19/18 Time: 18:10				
Sample (adjusted): 1982 2016				
Included observations: 35 after adjustments（差分后的观察样本数）				
Variable	Coefficient	Std. Error	t-Statistic	Prob.
D(GDP(-1),2)	-1.857493	0.234915	-7.907100	0.0000
D(GDP(-1),3)	0.558328	0.156611	3.565061	0.0012
C	2765.194	1433.507	1.928971	0.0626
R-squared	0.710108	Mean dependent var		376.3800
Adjusted R-squared	0.691989	S.D. dependent var		14889.27
S.E. of regression	8263.353	Akaike info criterion		20.95886
Sum squared resid	2.19E+09	Schwarz criterion		21.09218
Log likelihood	-363.7801	Hannan-Quinn criter.		21.00489
F-statistic	39.19288	Durbin-Watson stat		1.729686
Prob(F-statistic)	0.000000			

图 3-7-14

单击未锁定的数据窗口工具栏中的"View"—"Unit root test"选项，会弹出对话框，选择"Augmented dickey-fuller""2nd difference"（二阶差分）和"Trend and intercept"（含有截距项 C 和时间趋势项），"Maximum"=2，其他默认系统选择，然后点击"OK"，得到新的 ADF 检验数据分析报告如图 3-7-15 所示。

Null Hypothesis: D(GDP,2) has a unit root				
Exogenous: Constant, Linear Trend（含有截距项 C 和时间趋势项）				
Lag Length: 1 (Automatic - based on SIC, maxlag=2)				
			t-Statistic	Prob.*
Augmented Dickey-Fuller test statistic（ADF 单位根统计量）			-7.952921	0.0000
Test critical values（测试临界值）：	1% level		-4.243644	
	5% level		-3.544284	
	10% level		-3.204699	
*MacKinnon (1996) one-sided p-values.				
Augmented Dickey-Fuller Test Equation：（ADF 测试方程）				
Dependent Variable: D(GDP,3)				
Method: Least Squares				
Date: 04/19/18 Time: 18:17				
Sample (adjusted): 1982 2016				
Included observations: 35 after adjustments（差分后的观察样本数）				
Variable	Coefficient	Std. Error	t-Statistic	Prob.
D(GDP(-1),2)	-1.880609	0.236468	-7.952921	0.0000
D(GDP(-1),3)	0.575430	0.157837	3.645720	0.0010
C	-1.243153	3229.404	-0.000385	0.9997
@TREND("1978")	133.3272	139.4198	0.956300	0.3463
R-squared	0.718414	Mean dependent var		376.3800
Adjusted R-squared	0.691164	S.D. dependent var		14889.27
S.E. of regression	8274.413	Akaike info criterion		20.98693
Sum squared resid	2.12E+09	Schwarz criterion		21.16469
Log likelihood	-363.2713	Hannan-Quinn criter.		21.04829
F-statistic	26.36362	Durbin-Watson stat		1.759495
Prob(F-statistic)	0.000000			

图 3-7-15

单击本窗口的"Freeze"（冻结）按钮，暂时锁住 ADF 检验数据分析报告，单击冻结了的窗口菜单中的"Name"按钮，在弹出的对话框中输入英文名为"ADF2"，中文演示名为"含有截距项 C 和时间趋势项的二阶 ADF 检验"保存，以便与后面新产生的分析报告做对比。

单击未锁定的数据窗口工具栏中的"View"——"Unit root test"选项，会弹出对话框，选择"Augmented Dickey-Fuller"、"2nd difference"（二阶差分）和"None"（没有），"Maximum"=2，其他默认系统选择，然后点击"OK"，又得到一个新的 ADF 检验数据分析报告如图 3-7-16 所示。

Null Hypothesis: D(GDP,2) has a unit root			
Exogenous: None（不有截距项 C 和时间趋势项）			
Lag Length: 1 (Automatic - based on SIC, maxlag=2)			
		t-Statistic	Prob.*
Augmented Dickey-Fuller test statistic（ADF 单位根统计量）		-7.372087	0.0000
Test critical values(测试临界值)：	1% level	-2.632688	
	5% level	-1.950687	
	10% level	-1.611059	
*MacKinnon (1996) one-sided p-values.			
Augmented Dickey-Fuller Test Equation：（ADF 测试方程）			
Dependent Variable: D(GDP,3)			
Method: Least Squares			
Date: 04/19/18 Time: 18:22			
Sample (adjusted): 1982 2016			
Included observations: 35 after adjustments（差分后的观察样本数）			
Variable	Coefficient	Std. Error	t-Statistic	Prob.
D(GDP(-1),2)	-1.756201	0.238223	-7.372087	0.0000
D(GDP(-1),3)	0.501358	0.160016	3.133171	0.0036
R-squared	0.676399	Mean dependent var		376.3800
Adjusted R-squared	0.666593	S.D. dependent var		14889.27
S.E. of regression	8597.273	Akaike info criterion		21.01172
Sum squared resid	2.44E+09	Schwarz criterion		21.10060
Log likelihood	-365.7051	Hannan-Quinn criter.		21.04240
Durbin-Watson stat	1.659113			

图 3-7-16

单击本窗口的"Freeze"（冻结）按钮，暂时锁住 ADF 检验数据分析报告，单击冻结了的窗口菜单中的"Name"按钮，在弹出的对话框中输入英文名为"ADF3"，中文演示名为"不含截距项 C 和时间趋势项的二阶 ADF 检验"保存，以便与今后的分析报告做对比。

（2）对比 ADF 检验数据分析报告，确定合适 ADF 根检验的模型。

以上实验产生的三个数据分析报告中，三个模型的 ADF 单位根统计量都分别远小于他们显著性 1%、5%和 10%的测试关键值，因此可以断定三个模型都拒绝原假设 H_0，说明在二阶差分序列不存在单位根，即二阶差分序列是一个平稳序列。

三个模型信息准则数值对比如表 3-7-3 所示。

表 3-7-3 ADF 二阶检验信息准则值

信息准则名	Constant 截距项 C	Constant, Linear Trend 截距项 C 和趋势	None 无截距项 C 和趋势
Akaike info criterion	20.958 86	20.986 93	21.011 72
Schwarz criterion	21.092 18	21.164 69	21.100 60
Hannan-Quinn criter	21.004 89	21.048 29	21.042 40
Durbin-Watson stat	1.729 686	1.759 495	

对比结果说明，在公式中含有截距项 C 二阶差分 ADF 检验显著性最强，该模型时间序列具有良好的平稳性，也说明本例实验时间序列数据 GDP 是个二阶单整序列 I(2)。

4. PP 单位根检验法

PP 单位根检验法即"Philips-Perron,PP Test"（菲利浦斯—配荣）检验，针对的是回归模型的干扰项存在异方差或序列相关的现象进行的检验。在 EViews 软件中与 ADF 检验操作相似。PP 检验统计量的临界值分布表与 DF 检验统计量的临界值分布表也相同。但 PP 检验统计量的计算与 DF 检验统计量的计算不同，PP 统计量的计算比较复杂，是在对应 DF 统计量的形式上加以修正的。本次实验不做 PP 检验，学生可仿照前面 ADF 的实验步骤进行实验练习。

5. 单变量时间序列回归模型的建立

单变量时间序列回归模型的建立过程如图 3-7-17 所示。

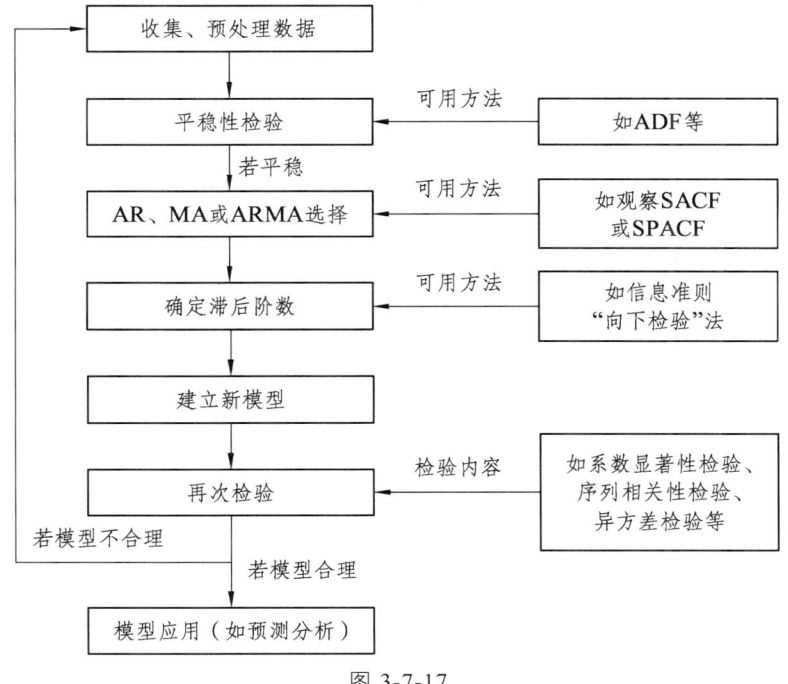

图 3-7-17

前面我们通过一系列的检验，已经得出本实验数据 GDP 是一个二阶单整序列。如果要给这个单变量数据序列建立模型，那么我们可以尝试以下方法来建立单变量时间序列模型，然后比较检验哪个模型最适合。

（1）$D(X)$ 函数建立单变量时间自回归模型。

EViews 中函数 $D(X)$ 表示 X 的一阶差分函数，函数 $D(X, N)$ 是 X 的 N 阶差分函数。

通过 ADF 检验，确定了合理的检验方程后（Augmented Dickey-Fuller Test Equation ADF 测试方程），也就确定了 ADF 回归模型，参照"ADF1"表——"含有截距项 C 二阶 ADF 检验"分析报告表，可以确定自回归模型的解释变量和被解释变量。在命令栏输入以下命令并回车：

LS　　D(GDP,3)　　C　　D(GDP(-1),2)　　D(GDP(-1),3)

产生一个新模型，单击"Name"，输入模型名为"C_D"，中文演示名为"含有截距项 C 二阶差分 D 函数模型"，保存该模型以便于后期分析。

其模型分析报告中 P 值如表 3-7-4 所示。

表 3-7-4　分析报告的 P 值

Variable	Coefficient	Std. Error	t-Statistic	Prob.
C	2 765.194	1 433.507	1.928 971	0.062 6
D(GDP(-1),2)	-1.857 493	0.234 915	-7.907 100	0
D(GDP(-1),3)	0.558 328	0.156 611	3.565 061	0.001 2

说明含有截距项 C 的二阶差分 D 函数模型的显著性非常好。

打开模型"c_adf"，在方程窗口中点击："View"（查看）—"Residual diagnostics"（残差诊断）—"Correlogram-Q-statistics"（相关图 C-Q-统计）。在弹出的对话框中滞后期为 16，则会得到残差 e_t 与 $e_{t-1}, e_{t-2}, \cdots, e_{t-16}$ 各期的相关系数和偏相关系数，如图 3-7-18 所示。

```
Date: 04/17/18   Time: 18:43
Sample: 1978 2016
Included observations: 35
Q-statistic probabilities adjusted for 2 dynamic regressors

Autocorrelation   Partial Correlation        AC      PAC    Q-Stat   Prob*
                                        1   0.118   0.118   0.5324   0.466
                                        2   0.020   0.006   0.5476   0.760
                                        3   0.111   0.109   1.0440   0.791
                                        4   0.064   0.040   1.2168   0.875
                                        5  -0.116  -0.133   1.8000   0.876
                                        6   0.189   0.215   3.3880   0.759
                                        7  -0.221  -0.309   5.6375   0.583
                                        8  -0.212  -0.120   7.7882   0.454
                                        9  -0.127  -0.121   8.5974   0.475
                                       10  -0.047  -0.015   8.7102   0.560
                                       11  -0.078   0.063   9.0419   0.618
                                       12  -0.019  -0.103   9.0626   0.698
                                       13  -0.020   0.112   9.0860   0.766
                                       14   0.013  -0.019   9.0965   0.825
                                       15  -0.010  -0.043   9.1027   0.872
                                       16   0.085   0.036   9.5979   0.887

*Probabilities may not be valid for this equation specification.
```

图 3-7-18

很显然,本实验时间序列数据 GDP 在含有截距项 C 的二阶回归后具有时间序列数据平稳性,数据序列不再具有自相关和偏相关(自相关和偏相关图都在虚线内)。

(2)利用自回归模型 AR( )建立单变量时间模型。

$AR(N)$ 表示被解释变量的第 N 个自回归。

在命令栏输入以下命令并回车:

LS　D(GDP)　C　AR(1)　AR(2)

产生一个新模型,单击"Name",输入模型名为"C_AR",中文演示名为"含有截距项 C 二阶的 AR 模型",保存该模型以便于后期分析。

其模型分析报告中 P 值如表 3-7-5 所示。

表 3-7-5　分析报告中的 P 值

Variable	Coefficient	Std. Error	t-Statistic	Prob.
C	22 678.84	22 399.59	1.012 466	0.318 5
$AR(1)$	0.780 487	0.096 191	8.113 929	0
$AR(2)$	0.150 365	0.096 560	1.557 229	0.128 7
SIGMASQ	833 920 30	135 580 16	6.150 755	0

说明含有截距项 C 二阶的 AR 模型显著性尚好,但不如"含有截距项 C 二阶差分 D 函数模型"。

模型"c_adf"各期的相关系数和偏相关系数,如图 3-7-19 所示。

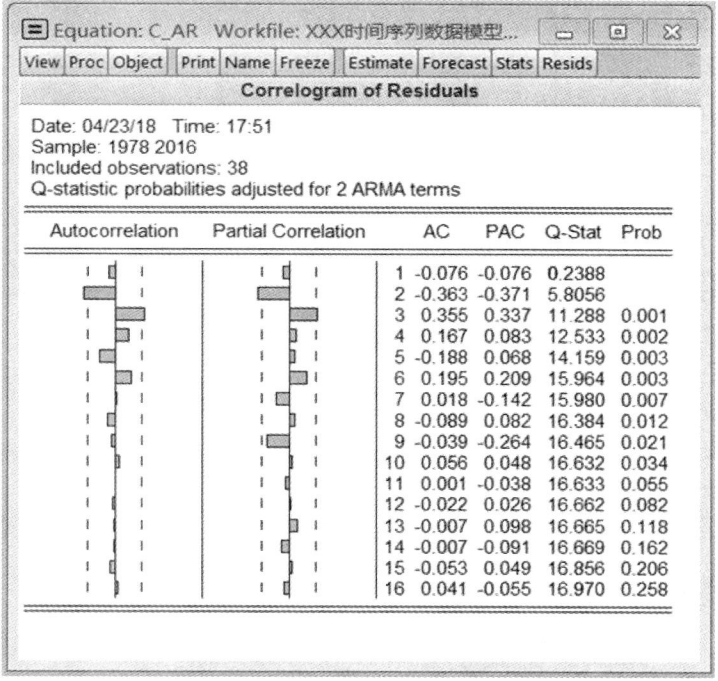

图 3-7-19

从图中可以看出，用 AR（ ）函数建立的模型时间序列数据 GDP 在含有截距项 C 的二阶回归后具有时间序列数据平稳性，因为数据序列自相关和偏相关图仍有稍微超出虚线的（第二阶）。

（3）利用移动平均模型 MA（ ）建立单变量时间模型。

移动平均法是一种简单的平滑预测技术。它的基本思想是：根据时间序列数据逐项推移，依次计算包含一定项数的序时平均值，以反映长期趋势的方法。用 $MA(N)$ 形式来表示，$MA(N)$ 就是该移动平均过程的 N 阶数。例如 $MA(1)$ 就是一阶移动平均过程，$MA(2)$ 就是二阶移动平均过程。

在命令栏输入以下命令并回车：

LS　D(GDP)　C　MA(1)　MA(2)

于是得到一个新模型，单击"Name"，输入模型名为"C_ma"，中文演示名为"含有截距项 C 二阶 MA 模型"，保存该模型以便于后期分析。

虽然模型的 P 值显示显著性非常好，对其各期相关系数和偏相关系数如图 3-7-20 所示。

```
Date: 04/24/18   Time: 10:21
Sample: 1978 2016
Included observations: 38
Q-statistic probabilities adjusted for 2 ARMA terms

Autocorrelation   Partial Correlation        AC      PAC    Q-Stat   Prob

                                        1   0.016   0.016   0.0107
                                        2   0.327   0.327   4.5294
                                        3   0.475   0.522  14.329   0.000
                                        4   0.256   0.336  17.248   0.000
                                        5   0.115  -0.164  17.857   0.000
                                        6   0.412  -0.025  25.922   0.000
                                        7   0.079  -0.145  26.225   0.000
                                        8   0.093  -0.171  26.666   0.000
                                        9   0.109  -0.233  27.294   0.000
                                       10   0.083  -0.064  27.671   0.001
                                       11   0.004   0.144  27.671   0.001
                                       12  -0.004   0.061  27.672   0.002
                                       13  -0.035  -0.041  27.746   0.004
                                       14  -0.011   0.013  27.754   0.006
                                       15  -0.106  -0.008  28.498   0.008
                                       16  -0.024   0.020  28.539   0.012
```

图 3-7-20

很显然，用单纯的移动平均模型 MA（ ）建立的 GDP 时间序列模型是不平稳的，应舍弃此模型。

（4）利用自回归移动平均模型 ARMA（ ）建立单变量时间模型。

这种模型是把 AR（ ）和 MA（ ）结合起来建立的模型。

从单纯的 AR（ ）模型和 MA（ ）模型的自相关和偏相关图中可以看出，都在第 3 个峰值有超出虚线的部分。于是尝试建立 ARMA 模型，在命令栏输入以下命令并回车：

LS　D(GDP)　C　AR(1)　AR(2)　MA(1)　MA(2)

产生一个新模型，其 P 值如表 3-7-6 所示。

表 3-7-6 新模型的 P 值

Variable	Coefficient	Std. Error	t-Statistic	Prob.
C	24 356.52	24 939.97	0.976 606	0.336 1
AR(1)	0.671 268	0.699 424	0.959 743	0.344 4
AR(2)	0.291 269	0.644 318	0.452 058	0.654 3
MA(1)	0.202 080	0.655 397	0.308 333	0.759 8
MA(2)	-0.322 540	0.233 100	-1.383 697	0.176 0
SIGMASQ	720 424 29	137 758 35	5.229 623	0

说明该模型不能通过显著性检验。

于是修改模型中方程：单击本窗口菜单"Estimate"（估计），修改"Specification"规格参数描述如下：

D(GDP)　C　AR(1)　AR(2)　MA(1)　MA(3)

新模型，其 P 值如表 3-7-7 所示。

表 3-7-7 新模型的 P 值

Variable	Coefficient	Std. Error	t − Statistic	Prob.
C	18 810.71	20 241.50	0.929 314	0.359 7
AR(1)	1.521 987	0.150 327	10.124 48	0.000 0
AR(2)	-0.569 920	0.142 060	-4.011 822	0.000 3
MA(1)	-0.916 844	0.104 385	-8.783 313	0.000 0
MA(3)	0.526 934	0.153 269	3.437 972	0.001 6
SIGMASQ	566 222 19	130 552 18	4.337 133	0.000 1

说明该模型显著性良好，通过检验。

单击"Name"，输入模型名为"C_ARMA"，中文演示名为"含有截距项 C 二阶 ARMA 模型"，保存该模型以便于后期分析。该模型各期的相关系数和偏相关系数，如图 3-7-21 所示。

```
Date: 04/24/18   Time: 11:36
Sample: 1978 2016
Included observations: 38
Q-statistic probabilities adjusted for 4 ARMA terms

Autocorrelation    Partial Correlation      AC     PAC    Q-Stat   Prob

                                        1   0.027   0.027   0.0303
                                        2  -0.141  -0.141   0.8653
                                        3   0.137   0.148   1.6762
                                        4   0.045   0.014   1.7661
                                        5  -0.213  -0.183   3.8618  0.049
                                        6   0.196   0.221   5.6903  0.058
                                        7  -0.099  -0.214   6.1748  0.103
                                        8  -0.078   0.068   6.4854  0.166
                                        9   0.017  -0.067   6.5002  0.261
                                       10   0.088   0.072   6.9221  0.328
                                       11  -0.011   0.089   6.9289  0.436
                                       12  -0.024  -0.150   6.9635  0.541
                                       13  -0.061   0.037   7.1917  0.617
                                       14  -0.053  -0.148   7.3722  0.690
                                       15  -0.073  -0.014   7.7282  0.737
                                       16   0.055   0.061   7.9379  0.790
```

图 3-7-21

通过以上几个模型的分析比较可以看出,"含有截距项 C 二阶差分 D 函数模型"和"含有截距项 C 二阶 ARMA 模型"的模型 P 值显著,同时各期相关系数和偏相关系数也反映出时间序列已经平稳,但这两个模型哪个更合适呢,这就需要进一步对比他们的信息准则。(见表 3-7-8)

表 3-7-8 信息准则

信息准则	C_D 模型	C_ARMA 模型
Akaike info criterion	20.958 86	21.115 58
Schwarz criterion	21.092 18	21.374 15
Hannan-Quinn criter	21.004 89	21.207 58
Durbin-Watson stat	1.729 686	1.863 534

从对比结果可以看出,"含有截距项 C 二阶差分 D 函数模型"的各项信息准则值都比"含有截距项 C 二阶 ARMA 模型"的要小,所以"含有截距项 C 二阶差分 D 函数模型"——"C_D"模型是本实验时间序列数据 GDP 的单整模型。单击本窗口"Representations"(模型陈述),其模型方程为:

$$D(GDP,3) = C(1) + C(2) \times D(GDP(-1),2) + C(3) \times D(GDP(-1),3)$$

模型系数为:

$$D(GDP,3) = 2765.194\ 307\ 39 - 1.857\ 492\ 910\ 38 \times D(GDP(-1),2) + 0.558\ 327\ 826\ 548 \times D(GDP(-1),3)$$

6. 单变量时间序列回归模型的经济意义

经过以上各种检验可以得到以下结论:

(1)我国 1978—2016 年的 GDP 在 5%的显著水平下,接受原假设,说明存在单位根,GDP 时间序列数据是个非平稳的序列;若二阶单位根检验,在 5%的显著水平下,拒绝原假设,说明二阶差分不存在单位根,二阶差分的 GDP 时间序列数据是个平稳的序列,GDP 时间序列数据是一个二阶单整序列 I(2)。

(2)时间序列数据 GDP 的单位根检验也说明了原 GDP 数据序列存在自相关。GDP 为二阶单整序列也说明了 GDP 数据在 1980 年后各年的 GDP 波动基本上是一个随机游走模型。

(3)从本实验最终模型系数看,GDP 的变化有自身惯性影响因素,近期弹性影响为 $-1.857\ 492\ 910\ 38$,长期弹性影响为 $0.558\ 327\ 826\ 548$。

二、对居民消费水平时间序列 XF 的平稳性检验

学生仿照本实验对 GDP 时间序列数据的检验方法并进行操作,主要记录以下数据和结论。要求:学生工作文件中必须有图表记录,主要完成以下实验:

(1) 制作 XF 基于年份 NF 的时间序列数据的散点图并初步判断 XF 序列是否平稳。

(2) 制作 XF 时间序列自相关图,检验并判断时间序列 XF 哪期自相关系数的直方块超过了虚线部分,该时间序列是否是非平稳的,可能存在哪阶单整。

(3) 进行 Dickey-Fuller (DF-GSL) 单位根检验,判断单整阶数。

(DF-GSL)单位根检验过程和临界值数值计算学生完成,结论提示:XF 一阶(DF-GSL) 单位根检验存在单位根,说明 XF 的一阶回归是个非平稳序列。

XF 二阶(DF-GSL) 单位根检验不存在单位根,说明 XF 的二阶回归是个平稳序列。

XF 时间序列数据是一个二阶单整序列 I(2)。

(4) 进行(ADF)单位根检验,判断单整阶数。

XF 时间序列数据(ADF)单位根检验由学生完成,结论提示:(ADF)单位根检验表明 XF 时间序列数据在含有截距项 C 和趋势(Constant, Linear Trend)的检验显著性明显,此时该时间序列具有良好的平稳性,也说明本例实验时间序列数据 XF 是个二阶单整序列 I(2)。

三、时间序列的协整检验

1. 协整的概念和检验原理

有时虽然两个变量都是随机游走的,但它们的某个线形组合却可能是平稳的。在这种情况下,我们称这两个变量是协整的。这是因为虽然很多金融、经济时间序列数据都是不平稳的,但它们可能受某些共同因素的影响,从而在时间上表现出共同的趋势,即变量之间存在一种稳定的关系。它们的变化受到这种关系的制约,因此它们的某种线性组合可能是平稳的,即存在协整关系。例如,变量 X_t 和 Y_t 是随机游走的,但变量 $Z_t = X_t - \lambda Y_t$ 可能是平稳的。在这种情况下,我们称 X_t 和 Y_t 是协整的,其中 λ 为协整参数,构成两变量线性组合的系数向量称为"协整向量"。

一般情况下,同阶单整序列,如果线性组合后单整阶数降低,则变量之间存在协整关系。

两时间序列之间若长期均衡存在,则均衡误差应当围绕均衡值 0 波动。也就是说,均衡误差应当是一个平稳时间序列。两时间序列之间的协整是表示它们之间存在长期均衡关系的另一种方式。因此,若 Y_t 和 X_t 是协整的,并且均衡误差是平稳的且具有零均值,则可以确信,方程 $Y_t = \beta_0 + \beta_1 X_t + \mu_t$ 将不会产生伪回归结果。由此可知,如果想避免伪回归问题,就应该在进行回归之前检验一下所涉及的变量是否协整。

2. 协整检验的意义

虽然两个变量具有各自的长期波动规律,但是如果它们是 (d, d) 阶协整的,则它们之间存在着一个长期稳定的比例关系。这也解释了尽管这两时间序列是非稳定的,但可以用经典的回归分析方法建立回归模型的原因。

经济理论指出,某些经济变量间确实存在着长期均衡关系,这种均衡关系意味着经济系统不存在破坏均衡的内在机制,如果变量在某时期受到干扰后偏离其长期均衡点,则均衡机制将会在下一期进行调整以使其重新回到均衡状态。

3. 协整的检验方法

EViews 提供了两种协整检验法。

（1）EG 两步法：基于回归残差的检验。

（2）Johanson 协整检验：基于回归系数的检验。

4. Engle-Granger（EG）协整检验步骤

步骤一：

用前面介绍的时间序列数据单位根方法求出两变量的单整的阶，然后分情况处理，共有三种情况：

（1）若两变量单整的阶相同，进入下一步；

（2）若两变量单整的阶不同，则两变量不是协整的；

（3）若两变量是平稳的，则整个检验过程停止，因为可以采用标准回归技术处理。

步骤二：

若两变量是同阶单整的，如 I（1）或 I（2），则用普通 OLS（最小二乘法）法估计长期均衡方程——与传统的回归模型建立方法步骤一样——普通静态 OLS 回归。

得到并保存本次回归的残差 ET，作为均衡误差 ε_t 的估计值。

步骤三：

对于两个协整变量来说，均衡误差必须是平稳的。为检验其平稳性，对上一步保存的均衡误差估计值（即协整回归的残差 e_t）应用单位根方法。具体做法是：将 Augmented Dickey-Fuller（ADF）检验法用于时间序列 e_t，也就是用 OLS 法估计形如下式的方程：

$$\Delta e_i = \delta e_{t-1} + v_t$$

有两点必须提醒，请注意：

（1）$\Delta e_i = \delta e_{t-1} + v_t$ 式不包含常数项（即截距项 C），这是因为普通 OLS（最小二乘法）中已经包含常数项（即截距项 C），它的残差 ε_t 应以 0 为中心波动。

（2）协整检验的临界值查看与计算见附录"EG 协整临界值表"。

（3）根据"EG 协整临界值表"，用公式计算出的协整临界值并与（EG）协整的检验分析报告表中对应的显著水平测试临界值进行比较，若测试临界值大于公式计算出的协整临界值，那么接受原假设，不存在协整；若测试临界值小于公式计算出的协整临界值，那么拒绝原假设，说明存在协整。这时原型为长期均衡模型。

（4）利用向量自回归模型 VAR 建立协整误差修正模型，并再次检验模型的有效性，如果合理，分析模型经济意义，否则重新收集数据或调整研究方向。

EG 协整检验的过程和步骤如图 3-7-22 所示。

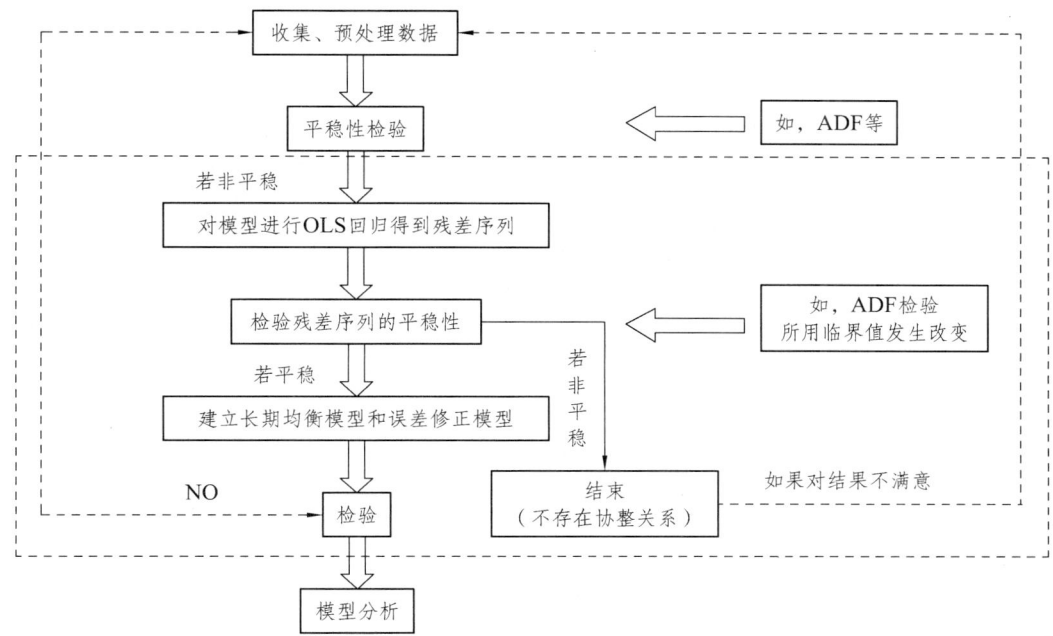

图 3-7-22

5. 静态 OLS 回归模型的 EG 协整检验

本实验 1978—2016 年我国 GDP 收入和人均居民消费 XF 这两个时间序列数据单个检验是不平稳的,由于本实验时间序列数据 GDP 和 XF 已经被检验证明都是为二阶单整 I(2),那么我们就可以用传统的 OLS 法(静态的 OLS)估计长期均衡方程进行协整检验。

(1)建立回归模型。在命令栏输入以下命令并回车:

LS　　XF　　C　　GDP

得到的结果如图 3-7-23 所示。

Dependent Variable: XF			
Method: Least Squares			
Date: 04/24/18　Time: 16:48			
Sample: 1978 2016			
Included observations: 39			
Variable	Coefficient	Std. Error	t-Statistic	Prob.
C	409.1243	91.35318	4.478490	0.0001
GDP	0.026691	0.000331	80.73101	0.0000
R-squared	0.994355	Mean dependent var		4998.774
Adjusted R-squared	0.994202	S.D. dependent var		5864.933
S.E. of regression	446.5655	Akaike info criterion		15.09097
Sum squared resid	7378568.	Schwarz criterion		15.17628
Log likelihood	-292.2739	Hannan-Quinn criter.		15.12158
F-statistic	6517.496	Durbin-Watson stat		0.199529
Prob(F-statistic)	0.000000			

图 3-7-23

单中的"Name"按钮,在弹出的对话框中输入英文名为"XZCS",中文演示名为"协整测试模型"保存,

(2)获取残差变量。单击本窗口"Proc"(程序)—"makeresidualseries"(创建一个残差序列)—"OK"。这样将产生一个本回归模型的残差序列,残差名称修改为"ET"。

在主窗口双击"ET"序列打开该序列窗口,单击该窗口工具栏中的"View"—"Unit root Test"选项,会弹出对话框,分别选择"Augmented dickey-fuller"(ADF 检验)、"Level"和"None",其他默认—点击"OK",得到新的 ADF 检验数据分析报告如图 3-7-24 所示。

Null Hypothesis: RESID01 has a unit root				
Exogenous: None				
Lag Length: 3 (Automatic - based on SIC, maxlag=9)				
			t-Statistic	Prob.*
Augmented Dickey-Fuller test statistic(ADF 单位根统计量)			-3.968127	0.0002
Test critical values(测试临界值):	1% level		-2.632688	
	5% level		-1.950687	
	10% level		-1.611059	
*MacKinnon (1996) one-sided p-values.				
Augmented Dickey-Fuller Test Equation				
Dependent Variable: D(RESID01)				
Method: Least Squares				
Date: 04/24/18 Time: 17:07				
Sample (adjusted): 1982 2016				
Included observations: 35 after adjustments(样本数)				
Variable	Coefficient	Std. Error	t-Statistic	Prob.
RESID01(-1)	-0.278725	0.070241	-3.968127	0.0004
D(RESID01(-1))	0.430001	0.144598	2.973767	0.0057
D(RESID01(-2))	0.436707	0.166651	2.620494	0.0135
D(RESID01(-3))	0.604334	0.217962	2.772655	0.0093
R-squared	0.577663	Mean dependent var		37.52827
Adjusted R-squared	0.536792	S.D. dependent var		204.5235
S.E. of regression	139.1975	Akaike info criterion		12.81687
Sum squared resid	600654.0	Schwarz criterion		12.99463
Log likelihood	-220.2953	Hannan-Quinn criter.		12.87824
Durbin-Watson stat	1.803583			

图 3-7-24

EG 协整检验不看 Prob 的值,尽管这里的 Prob 的值小于 1%和 5%,但对 EG 协整检验没有意义。

单击本窗口的"Freeze"（冻结）按钮，暂时锁住这检验数据分析报告。单击"Name"按钮，在弹出的对话框中输入英文名为"EGxzjy"，中文演示名为"EG 协整检验"，保存这个分析报告表。

现在我们可以利用"EG 协整临界值表"使用公式计算法来进行协整检验。在显著性水平为 5% 的情况下，本实验协整检验应该的临界值计算方法如下：

本实验此时调整后的样本数为 $T = 35$，变量数 $N = 2$，著性水平取 5%，那么，

$$C(\alpha) = -3.3377 + (-5.967/35) + (-8.89/35^\wedge 2) = -3.515516327$$

本实验 EG 协整检验分析报告里显著水平为 5% 的测试临界值 $= -1.950687$。即本实验的协整检验统计量小于"EG 协整临界值表"的值，那么拒绝接受原假设 H_0，说明序列不存在单位根，即 GDP 和 XF 是趋势平稳的时间序列。

经过以上各种检验可以得到以下结论：因此中国居民人均消费水平 XF 与人均 GDP 是 (2,2) 阶协整的，说明了该两变量间存在长期稳定的"均衡"关系。

单击 XZCS"协整测试模型"窗口"View"——"representations"（模型陈述），本模型系数如下：

$XF = 409.124337805 + 0.0266914001 \times GDP$

方程中的系数 0.02669140010 是居民消费弹性，表明 GDP 每增加 1 亿会使居民实际消费增加 0.02669140010。

但是由于存在（2,2）阶协整，严格地讲，这个模型实际上不可以直接用来解释经济规律。

6. 典型协整回归（CCR）的 EG 协整检验

（1）建立典型协整回归（CCR）模型。

先后选中 XF 和 GDP 两个序列—单击右键—"Open"（打开）—"as equation"（一个方程）—在弹出的对话框中"method"（模式）右边选择"Cointreg-cointegrating regression"（CCR 协整回归）。（见图 3-7-25）

有三个部分来指定协整回归方程式。首先，应该使用对话的前两个部分（方程描述和协整回归规范）来指定协整回归方程组。其次，使用非平稳估计设置部分来指定基本协整回归估计方法。最后，应该输入一个样本规范，然后点击"OK"来估计方程。

其中："Equationspecification"（方程描述）输入被解释变量和解释变量 XF GDP，在"Trend"（趋势）下拉框中一般选择有截距项 C（常数项）；

"Additional"（附加）选项卡下默认"None"和"Nonstationaryestimationsettings"（非平稳估计设置）；

"Method"（模式）有三种估算单一协整向量的方法：完全修正的 OLS（FMOLS）、Dynamic OLS（动态 DOLS）和"Cointreg-cointegrating regression"典型协整回归（CCR）。

普通静态 OLS 回归可以看作是动态 DOLS 的特例，它用 Engle-Granger（EG）协整的检验。典型协整回归（CCR）"Cointreg-cointegrating regression"模型也用 EG 协整检验。

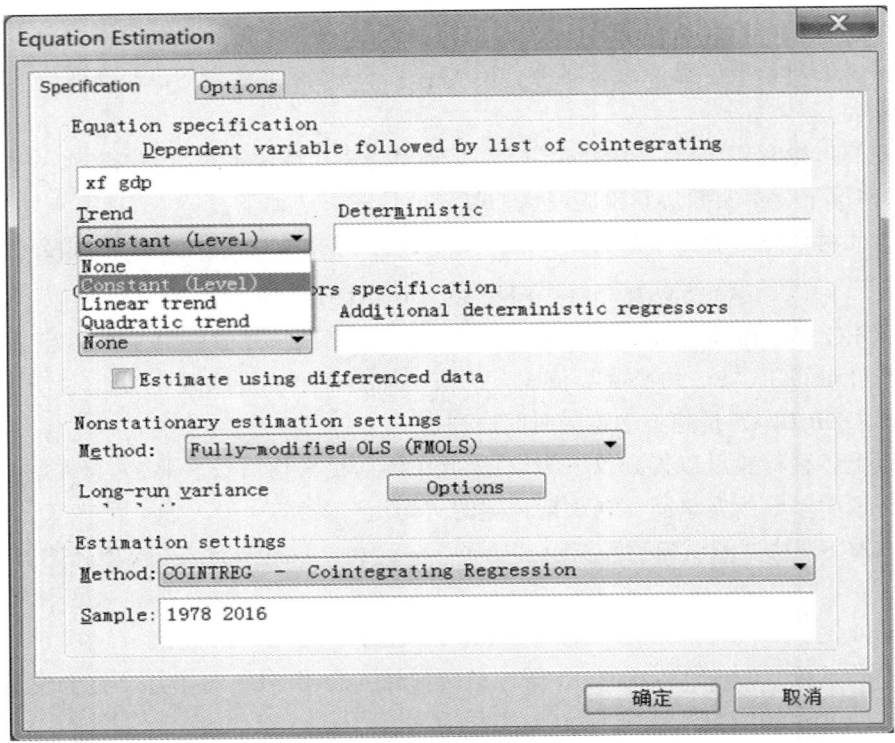

图 3-7-25

EViews 默认的"Fully-modified OLS（FMOLS）"即（完全修正的 FMOLS），最后单击"确定"，在 EViews9.0 版本下得到的 CCR 协整回归分析报告如图 3-7-26 所示。

Dependent Variable: XF				
Method: Fully Modified Least Squares (FMOLS)				
Date: 04/25/18 Time: 16:16				
Sample (adjusted): 1979 2016				
Included observations: 38 after adjustments（调整后的样本数）				
Cointegrating equation deterministics: C				
Long-run covariance estimate (Bartlett kernel, Newey-West fixed bandwidth = 4.0000)				
Variable	Coefficient	Std. Error	t-Statistic	Prob.
GDP	0.026907	0.000563	47.77902	0.0000
C	440.4464	157.6392	2.794017	0.0083
R-squared	0.994140	Mean dependent var		5125.479
Adjusted R-squared	0.993977	S.D. dependent var		5889.318
S.E. of regression	457.0399	Sum squared resid		7519877.
Long-run variance	569374.9			

图 3-7-26

单击"Name"输入英文名为"CCR",中文演示名为"CCR协整回归模型",保存此模型。
(2)典型协整回归CCR的EG协整检验。
单击"CCR"模型窗口"View"—"Cointegrationtests"(协整检验),弹出对话框。(见图3-7-27)
注意:在进行典型协整回归(CCR)时"View"菜单下才有"Cointegrationtests"(协整检验)子菜单选项。

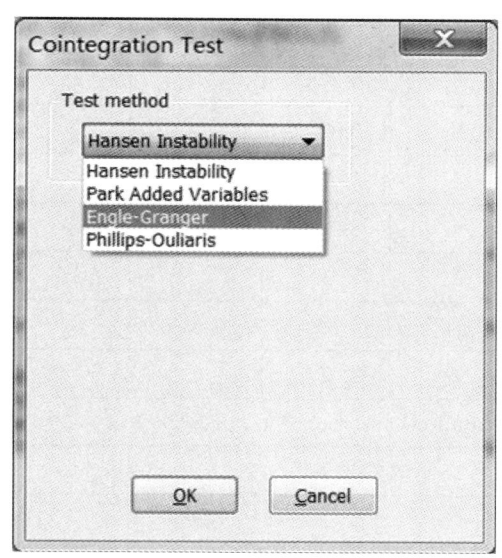
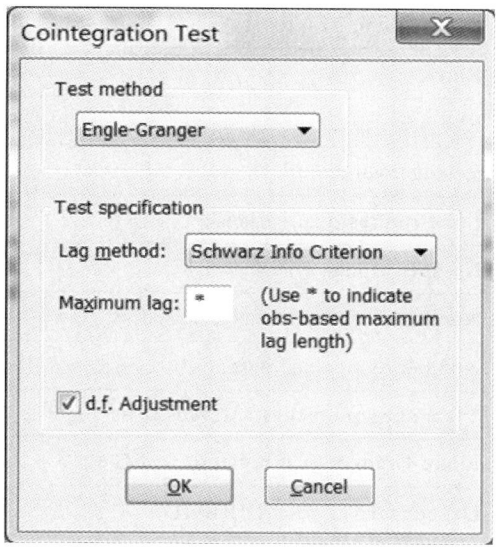

图 3-7-27

在"Test method"(测试模式)选项卡下有四种测试方法,选择"Engle-Granger"(GE检验),其他默认,点击"OK"确定,得到的协整检验分析报告如图3-7-28所示。

锁定这个报告,单击"Name"输入英文名"CCREGjy",中文名"CCR协整回归EG检验结果"。

(3)典型协整回归(CCR)的EG协整检验结果分析。
输出的分析报告第一部分描述测试设置(原分析报告表头部的说明较长,为了方便观察本表删除了这一部分)。

分析报告第二部分是显示总体测试结果:T统计量和Z统计量,这是关键点。
关于总体测试结果,EViews协整EG检验回归计算出了恩格尔-格兰杰tau统计(T统计量)和归一化自相关系数(我们称之为Z统计量)。经过协整回归,对于不同的因变量,测试结果大致相似,tau统计(T统计量)一致地拒绝在传统层次上拒绝没有协整的空值。z-统计的结果是混合的,来自方程的残差在5%的水平上拒绝单位根为零。但总的来说,检验统计表明我们不能拒绝没有协整的零假设。

分析报告的中间部分,用了很多行显示对应于每个因变量的测试的中间计算。"基于剩余的测试"提供了对这些统计数据的分析。我们确实注意到,由于我们假设回归器中存在非零漂移，所以渐近分布中只有 2 个随机趋势（而不是 3 个对应于该组中的变量数量）。

		Value	Prob.*	
Engle-Granger tau-statistic（恩格尔 - 格兰杰 t 统计量）		-3.968127	0.0185	（总结测试结果）
Engle-Granger z-statistic（恩格尔 - 格兰杰 z 统计量）		20.71025	1.0000	
*MacKinnon (1996) p-values.				
Intermediate Results:（基于剩余的测试的中间结果）				
Rho - 1		-0.278725		
Rho S.E.		0.070241		
Residual variance（残差）		19375.93		
Long-run residual variance（长期残差）		87326.11		
Number of lags（滞后数）		3		
Number of observations（观察次数）		35		
Number of stochastic trends**（随机趋势数量）		2		
**Number of stochastic trends in asymptotic distribution.（渐近分布的随机趋势数）				
Engle-Granger Test Equation:（EG 恩格尔 - 格兰杰测试方程）				
Dependent Variable: D(RESID)				
Method: Least Squares				
Date: 04/25/18　　Time: 16:32				
Sample (adjusted): 1982 2016				
Included observations: 35 after adjustments				
Variable	Coefficient	Std. Error	t-Statistic	Prob.
RESID(-1)	-0.278725	0.070241	-3.968127	0.0004
D(RESID(-1))	0.430001	0.144598	2.973767	0.0057
D(RESID(-2))	0.436707	0.166651	2.620494	0.0135
D(RESID(-3))	0.604334	0.217962	2.772655	0.0093
R-squared	0.577663	Mean dependent var		37.52827
Adjusted R-squared	0.536792	S.D. dependent var		204.5235
S.E. of regression	139.1975	Akaike info criterion		12.81687
Sum squared resid	600654.0	Schwarz criterion		12.99463
Log likelihood	-220.2953	Hannan-Quinn criter.		12.87824
Durbin-Watson stat	1.803583			

图 3-7-28

分析报告底部是对残差的回归分析，与传统回归分析相似。

由于采用了典型协整回归模型（CCR），EG 检验的 P 值可以直接用来衡量模型的显著性。本实验 Engle-Granger tau-statistic（恩格尔-格兰杰 T 统计量）对应的 Prob 值是 0.0185，其显著水平远小于 5%（0.05），因此拒绝原假设，说明经典协整回归后不存在单位根，XF 和 GDP 是协整的序列。

并且 Number of stochastic trends**（随机趋势数量）的值=2，说明是（2,2）阶协整序列。

7. Johanson 协整检验

通过 EG 协整检验后可以基本确定时间序列数据是否是协整序列，但为了更加准确地证明序列协整性，可继续实验 Johanson 协整检验，对时间序列数据进行协整检验。

（1）Johanson 协整检验概述。

约翰森 Jonhamson（1995）协整检验是基于 VAR 模型的一种检验方法，但也可直接用于多变量间的协整检验。

Johanson 检验不是一次能完成的独立检验，而是一种针对不同取值的连续检验过程。EViews 从检验不存在协整关系的零假设开始，其后最多是一个协整关系，直到最多 N-1 个协整关系，共需进行 N 次检验。

（2）约翰森协整检验与 EG 协整检验的比较。

① EG 协整检验是基于回归残差的检验，而 Johanson 协整检验是基于回归系数的检验。

② 约翰森协整检验不必划分内生变量和外生变量，而基于单一方程的 EG 协整检验则须进行内生、外生变量的划分。

③ 约翰森协整检验可给出全部协整关系，而 EG 则不能。

④ 约翰森协整检验的功效更稳定，故约翰森协整检验优于 EG 检验。当 $N>2$ 时，最好用 Jonhamson 协整检验方法。

（3）Johanson 协整检验的假设。

原假设 H_0：有 0 个协整关系，即不存在协整关系；

备择假设 H_1：有 M 个协整关系，即存在协整关系。

（4）Johanson 协整检验的具体操作。

首先在主窗口选中要检验的时间序列（两个以上）—单击右键"Open"—"As group"—在打开的数据序列窗口中单击菜单"View"—"Cointegration test"（协整测试）—"Johansensystemcointegration test"（约翰森系统协整检验），弹出的对话框如图 3-7-29 所示。

Johansen 协整检验窗口由四部分构成。左上部分用户选择检验式的基本形式，在 EViews9.0 里提供了六个假设方程结构。

协整方程结构假设：与时间序列方程可能含有截距和趋势项类似，协整方程也可含有截距和趋势项。协整方程可有以下六种结构：

① 无确定性趋势且协整方程无截距；

② 无确定性趋势且协整方程只有截距；

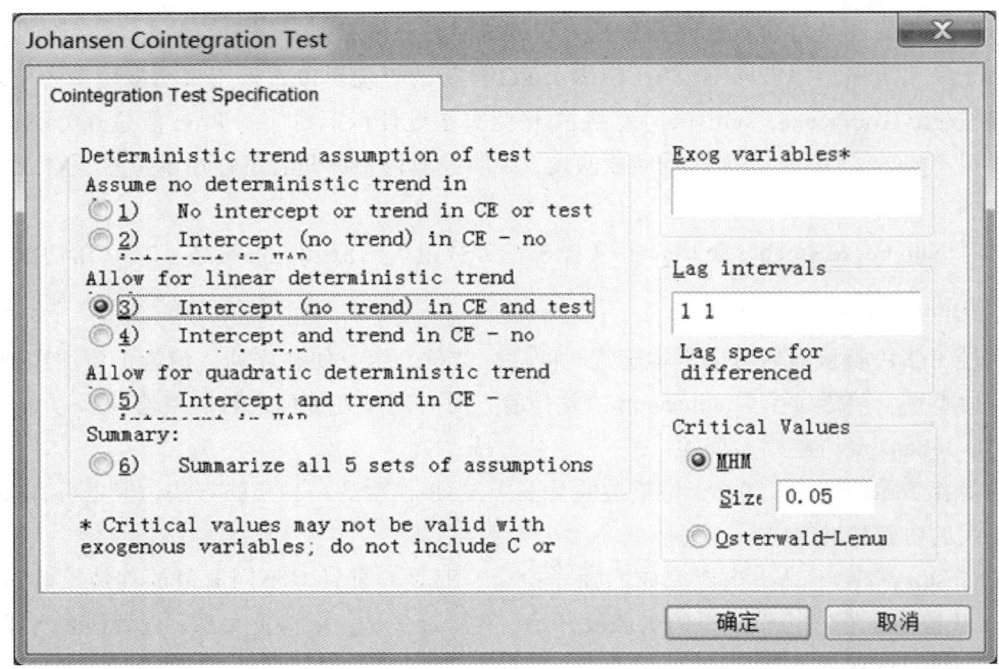

图 3-7-29

③ 有线性趋势但协整方程只有截距;
④ 有线性趋势但协整方程有截距和趋势;
⑤ 有二次趋势但协整方程有截距和线性趋势;
⑥ 以上所有 5 个趋势假设总结选项。

结构①和⑤很少使用。只有当你知道所有系列的平均值为零时,才使用结构①。结构⑤可能会提供一个很好的样本内抽样,但会产生样本外的不合理的预测。因此,一般实际使用可选②、③、④。系统默认为结构③——数据具有线性趋势但协整方程只有截距。

右边"Exog variables"表示有无外生变量,本例没有,可不填。

"Lag intervals"表示滞后区间,用户可选择输入比较,系统默认为"1 1",其他默认,单击"确定",于是产生约翰森协整检验报告分析表。由于分析报告表很长,截取主要的表上本部分如图 3-7-30 所示。

单击"Name",输入英文名"jjy",中文演示名"约翰森协整检验"保存分析报告表。

Granger 因果检验的原假设 H_0:变量 x 不是 y 的 Granger 解释变量。

备择假设 H_1:变量 x 是 y 的 Granger 解释变量。

图 7-7-30 显示如果滞后区间为(1 1),测试结果表明在 0.05 水平(P 值)上有 1 个协整方程。

本实验 Johansen 协整检验,如果滞后区间为(1 1),测试结果表明在 0.05 水平上有 1 个协整方程。

Date: 04/27/18	Time: 09:37		
Sample (adjusted): 1980 2016			
Included observations: 37 after adjustments（调整后的样本数量）			
Trend assumption: Linear deterministic trend（趋势假设：线性确定性趋势）			
Series: XF GDP	测试的序列 XF GDP		
Lags interval (in first differences): 1 to 1（滞后时间间隔（第一次差异）：1 比 1）			
Unrestricted Cointegration Rank Test (Trace)无限制协整秩检验（追踪）			
Hypothesized（假设）		Trace（最大特征根统计量）	0.05（显著性）	
No. of CE(s)	Eigenvalue（特征值）	Statistic（统计量）	Critical Value（临界值）	Prob.**（显著性）
None *（*有协整标识）	0.483679	25.99902	15.49471	0.0009
At most 1	0.040794	1.541037	3.841466	0.2145
Trace test indicates 1 cointegrating eqn(s) at the 0.05 level（测试表明在 0.05 水平上有 1 个协整方程）				
* denotes rejection of the hypothesis at the 0.05 level（*表示显著性水平 0.05，即 95%拒绝假设）				
MacKinnon-Haug-Michelis (1999) p-values（表示显著性水平 0.01,即 99%拒绝假设）				

图 3-7-30

表的下边还给出的是经标准化的协整系数的估计值，将具有协整关系的协整系数和方程都列了出来，如图 3-7-31 所示。

Unrestricted Cointegrating Coefficients (normalized by b'*S11*b=I):（非标准化系数）			
XF	GDP		
0.000452	-3.03E-05		
0.002824	-7.56E-05		
Unrestricted Adjustment Coefficients (alpha): 不受限制的调整系数，用 D()函数差分回归：			
D(XF)	-150.3816	-2.356702	
D(GDP)	-5204.565	1064.118	
1 Cointegrating Equation(s):	Log likelihood	-611.5016	
Normalized cointegrating coefficients (standard error in parentheses)归一化协整系数（括号中的标准误差）			
XF	GDP		
1.000000	-0.066901		
	(0.00713)		
Adjustment coefficients (standard error in parentheses)调整系数，用 D()函数差分回归（括号中的标准误差）			
D(XF)	-0.068021		
	(0.01227)		
D(GDP)	-2.354143		
	(0.59276)		

图 3-7-31

本实验的测试如果滞后区间为（1 2），测试结果表明在 0.05 水平上也只有 1 个协整方程；若测试若滞后区间为（1 3），测试结果表明在 0.05 水平上没有 1 个协整方程；若测试滞后区间为（1 4），那么分析报告如图 3-7-32 所示。

Hypothesized No. of CE(s)	Eigenvalue	Trace Statistic	0.05 Critical Value	Prob.**
None *	0.351117	20.78655	15.49471	0.0072
At most 1 *	0.163782	6.081444	3.841466	0.0137

图 3-7-32

测试结果表明，如果滞后区间为（1 4），显著水平为 0.05，XF 和 GDP 也只有两个协整方程。

总之，Johansen 协整检验证明了 XF 和 GDP 是协整序列。

四、用 VAR 向量自回归建立协整修正模型

如果时间序列数据被证明是协整序列，那么我们可以为其建立协整模型或协整误差修正模型。常用的方法有两种：一是利用协整检验结果参数直接建立误差修正模型，方法简单，但检验工具不足；二是利用 VAR 模型——向量自回归模型建立协整模型或协整误差修正模型，这是现在较为流行的方法。

在研究复杂的经济问题时，经济学家使用了联立方程模型，它是描述如价格水平、价格变化率、供给数量、需求数量之类的各种不同经济变量之间相互联系方式的方程系统。传统的经典计量经济学中，由线性方程构成的联立方程模型是以经济理论为基础来描述变量关系的模型。但是经济理论通常并不足以对变量之间的动态联系提供一个严密的说明。由于内生、外生变量的划分问题较为复杂；当模型不可识别时，为达到可识别的目的，常要将不同的工具变量加到各方程中，通常这种工具变量的解释能力很弱；当变量是非平稳的时候，则会违反假设，带来更严重的伪回归问题。为了解决这些问题而出现了一种用非结构性方法来建立各个变量之间关系的模型。这就是 VAR 向量自回归模型。

VAR 向量自回归是基于数据的统计性质建立模型，VAR 模型把系统中每一个内生变量作为系统中所有内生变量的滞后值的函数来构造模型，从而将单变量自回归模型推广到由多元时间序列变量组成的"向量"自回归模型。VAR 模型是处理多个相关经济指标的分析与预测最容易操作的模型之一，并且在一定的条件下，多元 MA 和 ARMA 模型也可转化成 VAR 模型。

1. VAR 向量自回归模型的特点

（1）VAR 模型不以严格的经济理论为依据。在建模过程中只需明确两件事：第一，确定具有相关关系的变量，它们都纳入 VAR 模型中；第二，滞后阶数 P 的确定，保证残差刚好不存在自相关。

（2）VAR 模型对参数不施加零约束，它对无显著性的参数估计值并不从模型中剔除，也不分析回归参数的意义。

（3）VAR 模型的解释变量中不含当期变量，所有与联立方程组模型有关的问题在 VAR 中均不存在；

（4）VAR 模型需估计的参数较多。如 VAR 模型含 6 个变量($N=6$)，最大滞后期为 $K=2$，则有 $K \times N^2 = 2 \times 36 = 72$ 个参数需要估计；

（5）当样本容量较小时，多数参数估计的精度较差，故需大样本，一般 $N>50$。

（6）VAR 模型可做脉冲响应分析、方差分解。

（7）用 VAR 模型做样本外近期预测非常准确。做样本外长期预测时，则只能预测出变动的趋势，而对短期波动预测不理想。

VAR 这种方程模型主要用于分析联合内生变量间的动态关系。联合是指研究 N 个变量间的相互影响关系，动态是指 P 期滞后。称 VAR 模型是分析联合内生变量间的动态关系的动态模型，而不带有任何约束条件，故又称无约束模型。

注意："VAR"需大写，以区别金融风险管理中的 VAR。

VAR 模型的目的：

（1）预测，且可用于长期预测；

（2）脉冲响应分析和方差分解，用于变量间的动态结构分析。

2. 利用 VAR 向量自回归模型接建立协整误差修正模型

EViews 的实验操作经验告诉我们，为了用 VAR 向量自回归建立合理的协整模型，最好先对预建立协整方程的序列进行 VAR 平稳性检验。但是本实验的数据特点是，只能建立 VAR 带修正函数的模型，所以为了全面了解 VAR 向量自回归建模过程，先建立各种模型后再用 VAR 平稳性检验来测试合理的 VAR 模型。

同时选中"XF"和"GDP"两个序列—单击右键—"Open"—"as VAR"，弹出的对话框如图 3-7-33 所示。

VAR 向量自回归对话框信息解释如下：

右边 "VAR Type"（VAR 类型）单选项卡中有：

"Unrestricted"（无限制的）、"Vector error correction"（向量修修正 VEC）和"Bayesian"（贝叶斯定律）。VAR 为无约束模型，故选择"Unrestricted"（无限制的）。

"Estimation Sample"（估计样本）；

右边三个输入框分别是：

"Endogenous variables"（内生变量）。

"Lag Intervals for endogenous"（内生滞后阶区间）是指引起不平稳的滞后区间，常用 P

表示，测试取值默认为 1 至 2。这是建立 VAR 模型的难点也是重点所在。

"Exogenous variables"（外生变量）。

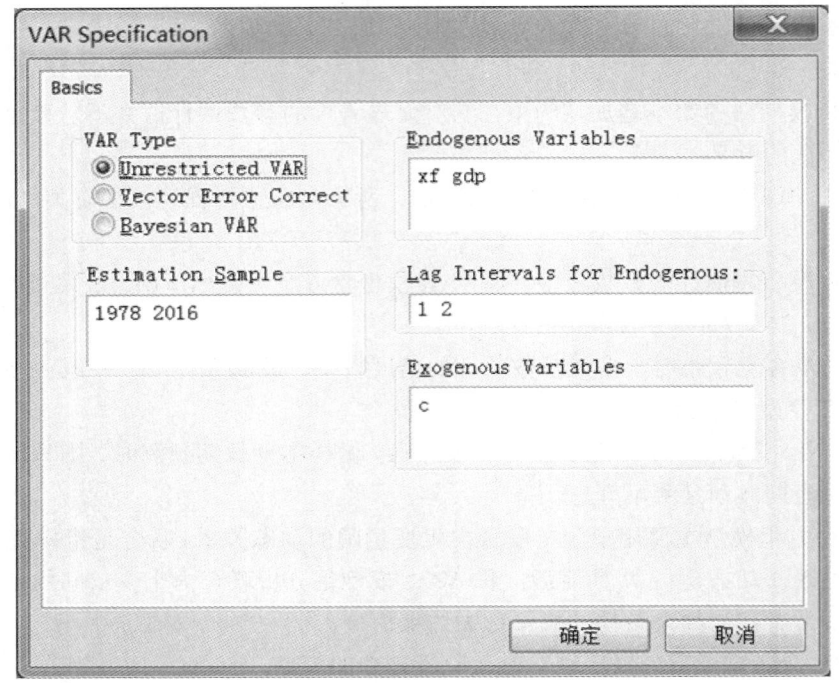

图 3-7-33

VAR 模型中滞后阶数 P 的确定方法：

在 VAR 模型中，如果解释变量的最大滞后阶数 P 太小，残差可能存在自相关，并导致参数估计的非一致性。适当加大 P 值（即增加滞后变量个数），可消除残差中存在的自相关。但 P 值又不能太大。P 值过大，待估参数多，自由度降低严重，直接影响模型参数估计的有效性。这里介绍两种常用的确定 P 值的方法。

方法一：用赤池信息准则（AIC）和施瓦茨（SC）准则确定 P 值。确定 P 值的方法与原则是在增加 P 值的过程中，使 AIC 和 SC 值同时最小。

具体做法是：对年度、季度数据，一般比较到 $P=4$，即分别建立 VAR(1)、VAR(2)、VAR(3)、VAR(4)模型，比较 AIC、SC，使它们同时取最小值的 P 值即为所求。而对月度数据，一般取 $P=12$。

当 AIC 与 SC 等对应的最小值不同时，选择对应滞后阶数最小的。

方法二：当 AIC 与 SC 的最小值对应不同的 P 值时，也能用 LR 检验法。

LR 的计算公式：$LR = -2[\log L(k) - \log l(k+1)] \sim X(N^2)$

式中，$\log L(k)$ 和 $\log L(k+1)$ 分别是 VAR(k) 和 VAR($k+1$) 模型的极大似然估计值。n 样本容量，k 表示 VAR 模型中滞后变量的最大滞后期。LR 统计量近似服从卡方分布。方法二比较麻烦本实验不做。

理论上讲，P 值可取 1 至 4（年度或季度序列）或 1 至 12（月度序列），但要逐步测试，最终比较后可以确定最合适的 P 值。

我们默认系统取值,单击"确定",得到向量自回归模型分析报告。然后单击本窗口"View"—"Lag structure"(滞后结构)—"Lag lengthcriteria"(滞后长度标准,最大滞后时间为 12)。我们输入最大数 2。于是得到的分析报告表如图 3-7-34 所示。

VAR Lag Order Selection Criteria						
Endogenous variables: XF GDP						
Exogenous variables: C						
Date: 04/25/18 Time: 19:15						
Sample: 1978 2016						
Included observations: 27						
Lag	LogL	LR	FPE	AIC	SC	HQ
0	-785.0834	NA	1.03e+16	42.54505	42.63213	42.57575
1	-622.3565	299.0657	1.93e+12	33.96522	34.22645	34.05731
2	-610.7310	20.10892*	1.28e+12*	33.55303*	33.98841*	33.70652*
* indicates lag order selected by the criterion(*号表示由标准选择的滞后顺序)						
LR: sequential modified LR test statistic (each test at 5% level) 顺序修正的 LR 检验统计量(每个检验在 5% 的水平)						
FPE: Final prediction error			最终预测错误			
AIC: Akaike information criterion			Akaike 信息标准			
SC: Schwarz information criterion			Schwarz 信息标准			
HQ: Hannan-Quinn information criterion			Hannan-Quinn 信息标准			

图 3-7-34

表中数据带星号最多的就是 VAR 回归的标准选择的滞后顺序阶数。我们取不同的滞后阶区间 P 值,然后用赤池信息准则(AIC)和施瓦茨(SC)准则选择合适的滞后阶区间 P 值,对比结果如表 3-7-9 和 3-7-10 所示。

表 3-7-9　对比结果(1)

Lag	LogL	LR	FPE	AIC	SC	HQ
0	-764.247 1	NA	1.05e+16	42.569 28	42.657 26	42.599 99
1	-606.190 4	289.770 6	2.02e+12	34.010 58	34.274 50	34.102 70
2	-595.096 8	19.105 64	1.37e+12	33.616 49	34.056 36	33.770 02
3	-586.384 0	14.037 33*	1.06e+12*	33.354 67*	33.970 48*	33.569 60*

表 3-7-10　对比结果(2)

Lag	LogL	LR	FPE	AIC	SC	HQ
0	-743.391 4	NA	1.08e+16	42.593 79	42.682 67	42.624 47
1	-589.951 0	280.576 7	2.11e+12	34.054 34	34.320 97	34.146 38
2	-579.409 9	18.070 40	1.46e+12	33.680 57	34.124 95	33.833 97
3	-570.757 0	13.844 69	1.13e+12	33.414 68	34.036 82	33.629 45
4	-557.780 7	19.279 10*	6.83e+11*	32.901 75*	33.701 65*	33.177 88*

AIC 和 SC 最小值对应的 P 值均为 4。也就是说，如果 VAR 模型选择 "Unrestricted"（无限制的）的序列，应取 VAR 模型滞后阶数 $P=4$。但这也许是错误的，原因是未进一步检验协整模型变量及其有效性。

3. VAR 模型变量平稳性检验

用 VAR 模型建立的协整模型的变量是否具有平稳性，仍然需要进一步检验。对用 VAR 模型建立的协整模型平稳性检验方法比较多，主要如下：

（1）AR 根图检验。

操作步骤如下：

打开用 VAR 建立的模型—单击 "View" — "Lag structure"（滞后结构）— "ARrootsgraph"（AR 根图），可得到 VAR 建立协整模型变量根分布图。

如果 AR 特征根的倒数绝对值小于 1，即位于单位圆内，那么协整模型变量是稳定的，否则模型变量不稳定。下边是我们对无限制 VAR 模型变量根分布图的分析（见图 3-7-35）。

很显然，以上所有无限制的 VAR 模型单位根都有落在圆圈外的，所以本实验数据不能用无限制的 VAR 建立协整模型。我们重新建立有限制的，即 "Vector error correction"（向量修修正 VEC）VEC 修正模型。

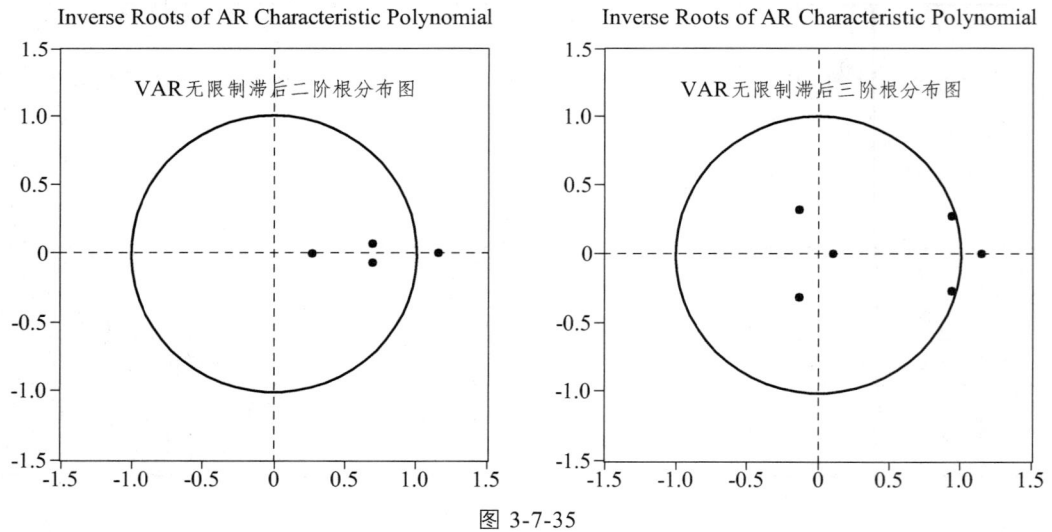

图 3-7-35

实验步骤如下：

先选中 "XF" 和 "GDP" 两个序列—单击右键— "Open" — "as VAR" —在弹出的对话框中选择 "Vector error correction"（向量修改 VEC），"Lag Intervals for endogenous"（内生滞后阶区间）分别取 2、3、4 建立 VRC 修正测试模型，每次建立模型后都做 AR 根图检验，然后比较合适的修正模型。（见图 3-7-36）

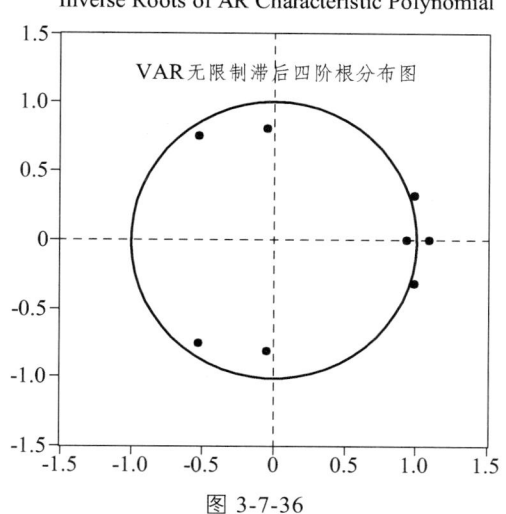

图 3-7-36

下边是用 VAR 带 "Vector error correction"（向量修正 VEC）选项建立的模型进行变量根分布图的分析结果（见图 3-7-37）。

对比结果发现，只有用 VAR 模型中有带修正参数的 VRC 的滞后二阶的模型根分布在圆圈内，显示出协整变量的平稳性，但有个点正好落在圆圈内测，说明数据的平稳性不是特别好。

学生可以仿照以上实验用 VAR 模型 "Bayesian"（贝叶斯定律）建立模型并用模型根分布检验各个模型，会发现用 "Bayesian"（贝叶斯定律）建立的 VAR 模型也是不平稳的。

因此，我们选择 VAR-VRC 滞后二阶模型为进一步检验的 VAR 协整模型。

我们保存该模型英文名为 "VAR-VRC"，中文演示解释名为 "VAR-VRC 修正滞后二阶协整模型"。

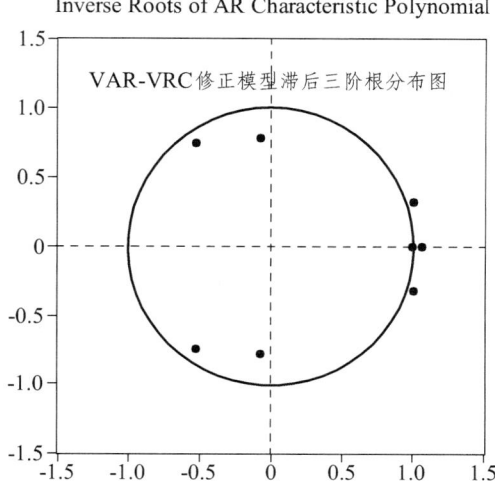
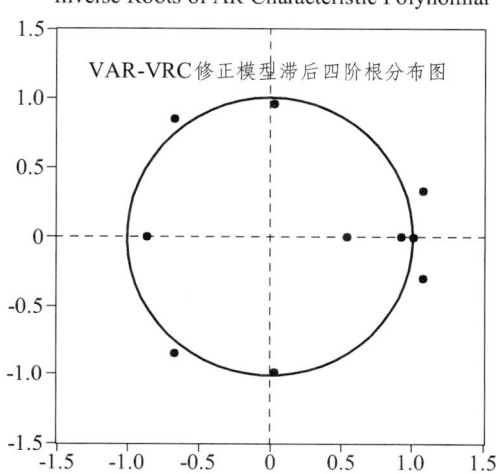

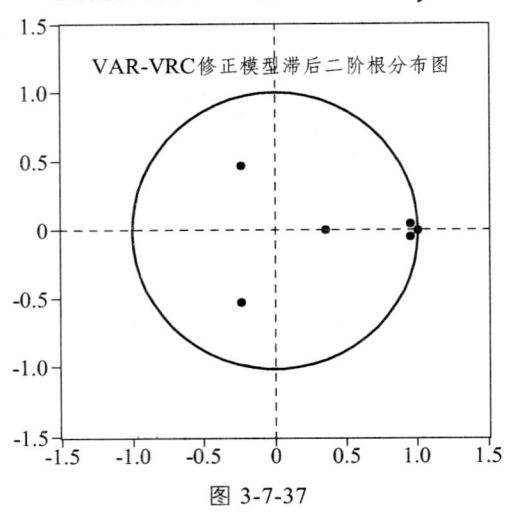

图 3-7-37

4. VAR 协整序列 Granger 格兰杰因果检验

协整检验只能说明之间存在长期均衡关系,但是否构成因果关系需要进一步检验。如果 X 有助预测 Y,即根据 Y 的过去值对 Y 进行自回归时,如果再加上 X 的过去值,若能够显著地增强回归的解释能力,那么称 X 是 Y 的 Granger 格兰杰原因。否则称 X 为 Y 的非 Granger 格兰杰原因。操作步骤为:

选中"VAR-VRC"模型—"VAR-VRC 修正滞后二阶协整模型"—单击"View"—"Lag structure"(滞后结构)—"VAR Granger Causality/Block Exogeneity Wald Tests"(VAR 格兰杰因果关系/块外生性 Wald 检验),得到的结果如图 3-7-38 所示。

VEC Granger Causality/Block Exogeneity Wald Tests			
Date: 04/27/18 Time: 17:59			
Sample: 1978 2016			
Included observations: 36			
Dependent variable: D(XF)			
Excluded	Chi-sq	df	Prob.
D(GDP)	16.25107	2	0.0003
All	16.25107	2	0.0003
Dependent variable: D(GDP)			
Excluded	Chi-sq	df	Prob.
D(XF)	7.880939	2	0.0194
All	7.880939	2	0.0194

图 3-7-38

Granger 格兰杰分析报告表明，时间序列数据 XF 和 GDP 若用 VAR 向量自回归建立协整模型，用 VRC 修正方式建立二阶自回归模型是比较合理的。用 VRC 修正后的 XF 和 GDP 可以相互解释，但用 XF 序列作为被解释变量（应因变量），其显著性水平 Prob = 0.000 3，可以通过 1%的严格显著水平检验；而把 GDP 作为解释变量建立的模型其显著性好于把 GDP 作为被解释变量（应因变量），其显著性水平 Prob = 0.019 4，则不能通过 1%的严格显著性水平检验。即把 XF 序列作为被解释变量，把 GDP 作为自变量的模型分析更具有经济预测价值。

五、修正协整模型的经济意义

1. 修正协整模型的方程描述

单击本窗口"Representations"（模型陈述），其模型方程陈述如下：

$D(XF) = A(1,1) \times [B(1,1) \times XF(-1) + B(1,2) \times GDP(-1) + B(1,3)] + C(1,1) \times D[XF(-1)] + C(1,2) \times D[XF(-2)] + C(1,3) \times D[GDP(-1)] + C(1,4) \times D[GDP(-2)] + C(1,5)$

$D(GDP) = A(2,1) \times [B(1,1) \times XF(-1) + B(1,2) \times GDP(-1) + B(1,3)] + C(2,1) \times D[XF(-1)] + C(2,2) \times D[XF(-2)] + C(2,3) \times D[GDP(-1)] + C(2,4) \times D[GDP(-2)] + C(2,5)$

2. 修正协整模型的模型系数

该修正协整模型的系数如下：

$D(XF) = -0.181\ 635\ 532\ 765 \times (XF(-1) - 0.040\ 854\ 948\ 014\ 2 \times GDP(-1) + 1945.825\ 953\ 99) - 0.323\ 139\ 685\ 773 \times D(XF(-1)) + 0.376\ 180\ 538\ 342 \times D(XF(-2)) + 0.0185\ 094\ 172\ 721 \times D(GDP(-1)) - 0.015\ 980\ 850\ 071\ 2 \times D(GDP(-2)) + 505.217\ 605\ 841$

$D(GDP) = -4.875\ 923\ 818\ 01 \times (XF(-1) - 0.040\ 854\ 948\ 014\ 2 \times GDP(-1) + 1945.825\ 953\ 99) - 31.573\ 366\ 036\ 6 \times D(XF(-1)) + 8.381\ 853\ 669\ 76 \times D(XF(-2)) + 1.064\ 832\ 975\ 63 \times D(GDP(-1)) - 0.122\ 557\ 622\ 295 \times D(GDP(-2)) + 15\ 192.771\ 700\ 7$

3. VAR 协整误差修正方差分解

VAR 模型是非结构模型，故不能用经典回归模型结构分析法来进行 VAR 结构的分析。在实际应用中，由于 VAR 模型是一种非理论性的模型，因此在分析 VAR 模型时，往往不详细分析一个变量的变化对另一个变量的影响。

本实验 VAR-VRC 模型说明 1978—2016 年中国居民消费水平 XF 和国民经济收入 GDP 两个时间序列数据是（2，2）协整序列。即如若居民消费水平 XF 每变化 1 单位，不仅受到前期 GDP 的影响，而且也深受居民自身消费水平前期的影响。但具体影响趋势如何呢？这可以通过两个方面来进行分析。

（1）脉冲响应函数。

对 VAR 模型而言，单个参数估计值的经济解释是困难的，其应用除预测外，最重要的应用是脉冲响应分析和方差分解。脉冲响应函数描述的是一个内生变量对残差（称为 Innovation）冲击的反应（响应）。具体而言，它描述的是在随机误差项上施加一个标准差大小的冲击（来自系统内部或外部）后对内生变量的当期值和未来值所产生的影响（动态影响）。这种分析方法称（Impulse response function，IRF）为脉冲响应函数。简单地讲，脉冲响应是说明残差如何将冲击传递给内生变量的。

注意：脉冲响应函数分析最好使用月数据或季节数据，并且使用无限制的 VAR 模型，因为它使用的是未经修正的原始数据。

脉冲响应函数实验步骤：

打开 VAR 模型"VAR_VRC"模型—单击本窗口"Estimate"（估计方程）—在"VAR Type"（VAR 类型）单选项卡中选择"Unrestricted"（无限制的），其他默认—"确定"，得到一个无限制修正的 VAR 协整模型。再单击本窗口"Impulse"（冲动）—弹出的对话框不同版本界面不一样，可以默认系统设置—"确定"，于是得到各序列之间的冲击图。本实验脉冲响应图如图 3-7-39 所示。

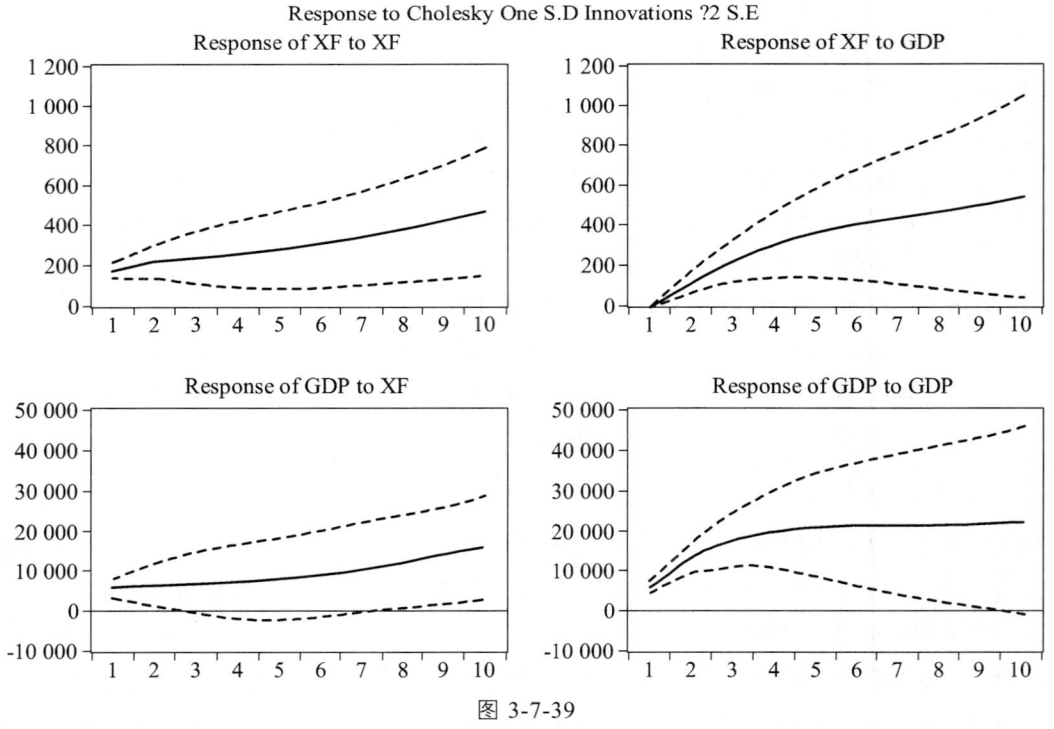

图 3-7-39

脉冲响应图中，"Response of XF to XF"表示 XF 滞后期值对 XF 自身的冲击，"Response of XF to GDP"表示 XF 滞后期值对 GDP 的冲击,其他以此类推。

脉冲响应图的横轴表示期数,纵轴表示冲击影响程度。红线表示置信区间,蓝线是冲击响应估计值。脉冲响应图主要用来判断哪个滞后期后变量趋于平稳。把鼠标移至蓝色线上显示出期数和冲击值。例如图"Response of GDP to GDP"中,根据趋势可看出滞后期为 3 期,滞后 4 期后趋于平稳,即稳定期为滞后 4 期。其他的脉冲响应图分析与此相似。

(2)方差分解。

VAR 模型的应用,还可以采用方差分解方法研究模型的动态特征。脉冲响应函数描述的是 VAR 模型中的每一个内生变量的冲击对自身与其他内生变量带来的影响,或脉冲响应函数是随着时间的推移,观察模型中的各变量对于冲击的响应。而方差分解(Variancedecomposition)是进一步评价各内生变量对预测方差的贡献度。Sims 于 1980 年提出了方差分解方法,定量地但是较为粗糙地计量了变量间的影响关系。方差分解是分析预测残差的标准差由不同信息的冲击影响的比例,亦即对应内生变量对标准差的贡献比例。

脉冲响应函数的实验步骤如下:

打开无限制的 VAR 模型窗口—单击本窗口"Variance decomposition"(方差分解)—选择"Combinedgraphs"(联合图形),其他默认—"确定"—得到方差分解图如图 3-7-40 所示。

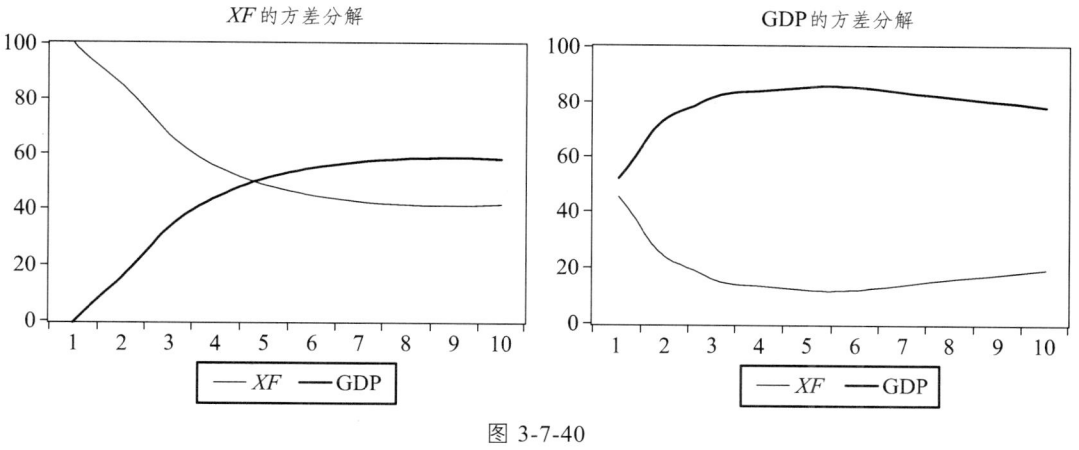

图 3-7-40

"XF 的方差分解"图表示 XF 滞后期值作为解释变量对 XF 和 GDP 的解释(影响值);"GDP 的方差分解"图表示 GDP 滞后期值作为解释变量对 XF 和 GDP 的解释(影响值)。

"XF 的方差分解"图表明 XF 滞后 1 期到滞后 5 期对自己的影响冲击大于 GDP 对 XF 的影响,但 XF 的影响在逐步下降,而 GDP 对 XF 的影响力逐步增大,并且第 5 期后 GDP 对 XF 的影响冲击大于 XF 对自己的影响冲击,第 6 期后 GDP 和 XF 的影响冲击趋于平稳。

"GDP 的方差分解"图表明 GDP 滞后期对 GDP 影响始终大于 XF 对 GDP 的影响。GDP 和 XF 期初的影响差别不大,但 GDP 滞后期值对 GDP 的影响冲击逐步增大,XF 滞后期值对 GDP 的影响冲击逐步减小,但到了滞后 3 期后 GDP 和 XF 的影响趋于平稳。

六、学生自主实验

数据说明：

中国财政收入 2008—2017 年，数据来源于财政部，东方财富网：http://data.eastmoney.com/cjsj。

本来我们收集了多年的数据，但为了方便实验，仅用了 2015 年 1 月到 2017 年 12 月的数据。（见表 3-7-11）

注意：一般来讲，一月为观测时间单位的时间序列数据模型分析的数据样本不能少于 3 年。

表 3-7-11　2015 年 1 月到 2017 年 12 月的数据

月份	累计/亿元	月份	累计/亿元
2015 年 1 月	16 203.42	2016 年 7 月	100 284
2015 年 2 月	25 716.5	2016 年 8 月	110 178
2015 年 3 月	36 407.12	2016 年 9 月	121 400
2015 年 4 月	49 909.21	2016 年 10 月	136 759
2015 年 5 月	64 264.7	2016 年 11 月	148 250
2015 年 6 月	79 599.94	2016 年 12 月	159 552
2015 年 7 月	93 849.3	2017 年 1 月	20 208
2015 年 8 月	103 520.63	2017 年 2 月	31 454
2015 年 9 月	114 412.49	2017 年 3 月	44 366
2015 年 10 月	128 847.57	2017 年 4 月	61 150
2015 年 11 月	139 934.95	2017 年 5 月	77 224
2015 年 12 月	152 217	2017 年 6 月	94 306
2016 年 1 月	17 166.3	2017 年 7 月	110 762
2016 年 2 月	27 385	2017 年 8 月	121 415
2016 年 3 月	38 896	2017 年 9 月	134 129
2016 年 4 月	54 419	2017 年 10 月	150 363
2016 年 5 月	69 880	2017 年 11 月	11 385
2016 年 6 月	85 514	2017 年 12 月	10 819

学生仿照实验项目七对 GDP 时间序列数据平稳性的检验过程进行检验分析。

七、实验报告及要求

本次实验报告的要素和内容必须包含以下几点：

（1）实验课名称、实验项目名称、实验学时、实验类型、实验起止日期、实验目的要求、实验原理或实验方案、使用的主要仪器设备、材料或软件、方法步骤、实验数据及处理、心得体会与建议。

（2）本次实验报告重点记录：实验过程的方法步骤、实验数据及处理（图、表）、实验结果（分析结论）以及心得体会与建议。

第四部分 附录

附录 1：D-W 检验表（杜宾-瓦特森检验表）（显著水平 $\alpha = 0.05$）

表 1

n	$k=1$		$k=2$		$k=3$		$k=4$		$k=5$		$k=6$		$k=7$		$k=8$		$k=9$		$k=10$	
	d_L	d_U	d_L	d_U	d_L	d_U	d_L	d_U	d_L	d_U	d_L	d_U	d_L	d_U	d_L	d_U	d_L	d_U	d_L	d_U
6	0.610	1.400	\	\																
7	0.700	1.356	0.467	1896																
0	0.763	1.332	0.559	1.777	0.367	2.287														
9	0.824	1.320	0.629	1.699	0.455	2.128	0.296	2.588												
10	0.879	1.320	0.697	1.641	0.525	2.016	0.376	2.414	0.243	2.822										
11	0.927	1.324	0.758	1.604	0.595	1.928	0.444	2.283	0.315	2.645	0.203	3.004								
12	0.971	1.331	0.812	1.579	0.658	1.864	0.512	2.177	0.380	2.506	0.268	2.832	0.171	3.149						
13	1.010	1.340	0.861	1.562	0.715	1.316	0.574	2.094	0.444	2.390	0.328	2.692	0.230	2.985	0.147	3.266				
14	1.045	1.350	0.905	1.551	0.767	1.779	0.632	2.030	0.505	2.196	0.389	2.572	0.286	2.848	0.200	3.111	0.127	3.360		
15	1.077	1.361	0.946	1.543	0.814	1.750	0.685	1.977	0.562	2.220	0.447	2.471	0.343	2.727	0.251	2.979	0.175	3.216	0.111	3.438
16	1.106	1.371	0.982	1.539	0.857	1.728	0.734	1.935	0615	2.157	0.502	2.388	0.398	2.624	0.304	2.860	0.222	3 090	0.155	3.304
17	1.133	1.381	1.015	1.536	0.897	1.710	0.779	1.900	0.664	2.104	0.554	2.318	0.451	2.537	0.356	2.757	0.272	2.975	0.198	3.184
18	1.158	1.391	1.046	1.535	0.933	1.696	0.820	1.872	0.710	2.060	0.603	2.258	0.502	2.461	0.407	2.668	0.321	2.873	0.244	3.073
19	1.180	1.401	1.074	1.536	0.967	1.685	0.859	1.848	0.752	2.023	0.649	2.206	0.549	2.396	0.456	2.589	0.369	2.783	0.290	2.974
20	1.201	1.411	1.100	1.537	0.998	1.676	0.894	1.828	0.792	1.991	0.691	2.162	0.595	2.339	0.502	2.321	0.416	2.704	0.336	2.885
21	1.221	1.420	1.125	1.538	1.026	1.669	0.927	1.812	0.829	1.964	0.731	2.124	0.637	2.290	0.546	2.641	0.461	2.633	0.380	2.806
22	1.239	1.429	1.147	1.541	1.053	1.664	0.958	1.797	0.863	1.940	0.769	2.090	0.677	2.246	0.588	2.407	0.504	2.571	0.424	2.735
23	1.257	1.437	1.168	1.543	1.078	1.660	0.986	1.785	0.895	1.920	0.804	2.061	0.715	2.208	0.628	2.360	0.545	2.514	0.465	2.670
24	1.437	1.446	1.188	1.546	1.101	1.656	1.013	1.775	0.925	1.902	0.837	2.035	0.750	2.174	0.666	2.318	0.584	2.464	0.506	2.613
25	1.288	1.454	1.206	1.550	1.123	1.654	1.038	1.767	0.953	1.886	0.868	2.013	0.784	2.144	0.702	2.280	0.621	2.419	0.544	2.560
26	1.302	1.461	1.224	1.553	1.143	1.652	1.062	1.759	0.979	1.873	0.897	1.992	0.816	2.117	0.735	2.246	0.657	2.379	0.581	2.513
27	1.316	1.469	1.240	1.556	1.162	1.651	1.084	1.753	1.004	1.861	0.925	1.974	0.845	2.093	0.767	2.216	0.691	2.341	0.616	2.470
28	1.328	1.476	1.255	1.560	1.181	1.650	1.104	1.747	1.028	1.850	0.951	1.959	0.874	2.071	0.798	2.188	0.723	2.309	0.649	2.431
29	1.341	1.483	1.270	1.563	1.198	1.650	1.124	1.743	1.050	1.841	0.975	1.944	0.900	2.052	0.826	2.164	0.753	2.278	0.681	2.396
30	1.352	1.489	1.284	1.567	1.214	1.650	1.143	1.739	1.071	1.833	0.998	1.931	0.926	2.034	0.854	2.141	0.782	2.251	0.712	2.363
31	1.363	1.496	1.297	1.570	1.229	1.650	1.160	1.735	1.090	1.825	1.020	1.920	0.950	2.018	0.879	2.120	0.810	2.226	0.741	2.333
32	1.373	1.502	1.309	1.574	1.244	1.650	1.177	1.732	1.109	1.819	1.041	1.909	0.972	2.004	0.904	2.102	0.836	2.203	0.769	2.306
33	1.383	1.508	1.321	1.577	1.258	1.651	1.193	1.730	1.127	1.913	1.061	1.900	0.994	1.991	0.927	2.085	0.861	2.181	0.796	2.281
34	1.393	1.514	1.333	1.580	1.271	1.652	1.208	1.728	1.144	1.808	1.079	1.891	1.015	1.978	0.950	2.069	0.885	2.162	0.821	2.257
35	1.402	1.519	1.343	1.584	1.283	1.653	1.222	1.726	1.160	1.803	1.097	1.884	1.034	1.967	0.971	2.054	0.908	2.144	0.845	2.236
36	1.411	1.525	1.354	1.587	1.295	1.654	1.236	1.724	1.175	1.799	1.114	1.876	1.053	1.957	0.991	2.041	0.930	2.127	0.868	2.216
37	1.419	1.530	1.364	1.590	1.307	1.655	1.249	1.723	1.190	1.795	1.131	1.870	1.071	1.948	1.011	2.029	0.951	2.112	0.891	2.197
38	1.427	1.535	1.373	1.594	1.318	1.656	1.261	1.722	1.204	1.792	1.146	1.864	1.088	1.939	1.029	2.017	0.970	2.098	0.912	2.180
39	1.435	1.540	1.382	1.597	1.328	1.658	1.273	1.722	1.218	1.789	1.161	1.859	1.104	1.932	1.047	2.007	0.990	2.085	0.932	2.164
40	1.442	1.544	1.391	1.600	1.338	1.659	1.285	1.721	1.230	1.786	1.175	1.854	1.120	1.924	1.064	1.997	1.008	2.072	0.952	2.149
45	1.475	1.566	1.430	1.615	1.383	1.666	1.336	1.720	1.287	1.776	1.238	1.835	1.189	1.895	1.139	1.958	1.089	2.022	1.038	2.088
50	1.503	1.585	1.462	1.628	1.421	1.674	1.378	1.721	1.335	1.771	1.291	1.822	1.246	1.875	1.201	1.930	1.156	1.986	1.110	2.044

附录 2：χ^2 卡方检验临界值表

表 2

自由度	显著性水平（a）					
	0.50	0.25	0.10	0.05	0.03	0.01
1	0.455	1.323	2.706	3.841	5.024	6.635
2	1.386	2.773	4.605	5.991	7.378	9.210
3	2.366	4.108	6.251	7.815	9.348	11.345
4	3.357	5.385	7.779	9.488	11.143	13.277
5	4.351	6.626	9.236	11.070	12.833	15.086
6	5.348	7.841	10.645	12.592	14.449	16.812
7	6.346	9.037	12.017	14.067	16.013	18.475
8	7.344	10.219	13.362	15.507	17.535	20.090
9	8.343	11.389	14.684	16.919	19.023	21.666
10	9.342	12.549	15.987	18.307	20.483	23.209
11	10.341	13.701	17.275	19.675	21.920	24.725
12	11.340	14.845	18.549	21.026	23.337	26.217
13	12.340	15.984	19.812	22.362	24.736	27.688
14	13.339	17.117	21.064	23.685	26.119	29.141
15	14.339	18.245	22.307	24.996	27.488	30.578
16	15.338	19.369	23.542	26.296	28.845	32.000
17	16.338	20.489	24.769	27.587	30.191	33.409
18	17.338	21.605	25.989	28.869	31.526	34.805
19	18.338	22.718	27.204	30.144	32.852	36.191
20	19.337	23.828	28.412	31.410	34.170	37.566
21	20.337	24.935	29.615	32.671	35.479	38.932
22	21.337	26.039	30.813	33.924	36.781	40.289
23	22.337	27.141	32.007	35.172	38.076	41.638
24	23.337	28.241	33.196	36.415	39.364	42.980
25	24.337	29.339	34.382	37.652	40.646	44.314
26	25.336	30.435	35.563	38.885	41.923	45.642

续表

自由度	显著性水平（α）					
27	26.336	31.528	36.741	40.113	43.195	46.963
28	27.336	32.620	37.916	41.337	44.461	48.278
29	28.336	33.711	39.087	42.557	45.722	49.588
30	29.336	34.800	40.256	43.773	46.979	50.892
31	30.336	35.887	41.422	44.985	48.232	52.191
32	31.336	36.973	42.585	46.194	49.480	53.486
33	32.336	38.058	43.745	47.400	50.725	54.776
34	33.336	39.141	44.903	48.602	51.966	56.061
35	34.336	40.223	46.059	49.802	53.203	57.342
36	35.336	41.304	47.212	50.998	54.437	58.619
37	36.336	42.383	48.363	52.192	55.668	59.893
38	37.335	43.462	49.513	53.384	56.896	61.162
39	38.335	44.539	50.660	54.572	58.120	62.428
40	39.335	45.616	51.805	55.758	59.342	63.691
41	40.335	46.692	52.949	56.942	60.561	64.950
42	41.335	47.766	54.090	58.124	61.777	66.206
43	42.335	48.840	55.230	59.304	62.990	67.459
44	43.335	49.913	56.369	60.481	64.201	68.710
45	44.335	50.985	57.505	61.656	65.410	69.957
46	45.335	52.056	58.641	62.830	66.617	71.201
47	46.335	53.127	59.774	64.001	67.821	72.443
48	47.335	54.196	60.907	65.171	69.023	73.683
49	48.335	55.265	62.038	66.339	70.222	74.919
50	49.335	56.334	63.167	67.505	71.420	76.154
51	50.335	57.401	64.295	68.669	72.616	77.386
52	51.335	58.468	65.422	69.832	73.810	78.616
53	52.335	59.534	66.548	70.993	75.002	79.843
54	53.335	60.600	67.673	72.153	76.192	81.069

续表

自由度	显著性水平（α）					
55	54.335	61.665	68.796	73.311	77.380	82.292
56	55.335	62.729	69.919	74.468	78.567	83.513
57	56.335	63.793	71.040	75.624	79.752	84.733
58	57.335	64.857	72.160	76.778	80.936	85.950
59	58.335	65.919	73.279	77.931	82.117	87.166
60	59.335	66.981	74.397	79.082	83.298	88.379
61	60.335	68.043	75.514	80.232	84.476	89.591
62	61.335	69.104	76.630	81.381	85.654	90.802
63	62.335	70.165	77.745	82.529	86.830	92.010
64	63.335	71.225	78.860	83.675	88.004	93.217
65	64.335	72.285	79.973	84.821	89.177	94.422
66	65.335	73.344	81.085	85.965	90.349	95.626
67	66.335	74.403	82.197	87.108	91.519	96.828
68	67.335	75.461	83.308	88.250	92.689	98.028
69	68.334	76.519	84.418	89.391	93.856	99.228
70	69.334	77.577	85.527	90.531	95.023	100.425
71	70.334	78.634	86.635	91.670	96.189	101.621
72	71.334	79.690	87.743	92.808	97.353	102.816
73	72.334	80.747	88.850	93.945	98.516	104.010
74	73.334	81.803	89.956	95.081	99.678	105.202
75	74.334	82.858	91.061	96.217	100.839	106.393
76	75.334	83.913	92.166	97.351	101.999	107.583
77	76.334	84.968	93.270	98.484	103.158	108.771
78	77.334	86.022	94.374	99.617	104.316	109.958
79	78.334	87.077	95.476	100.749	105.473	111.144
80	79.334	88.130	96.578	101.879	106.629	112.329
81	80.334	89.184	97.680	103.010	107.783	113.512
82	81.334	90.237	98.780	104.139	108.937	114.695

续表

自由度	显著性水平（α）					
83	82.334	91.289	99.880	105.267	110.090	115.876
84	83.334	92.342	100.980	106.395	111.242	117.057
85	84.334	93.394	102.079	107.522	112.393	118.236
86	85.334	94.446	103.177	108.648	113.544	119.414
87	86.334	95.497	104.275	109.773	114.693	120.591
88	87.334	96.548	105.372	110.898	115.841	121.767
89	88.334	97.599	106.469	112.022	116.989	122.942
90	89.334	98.650	107.565	113.145	118.136	124.116
91	90.334	99.700	108.661	114.268	119.282	125.289
92	91.334	100.750	109.756	115.390	120.427	126.462
93	92.334	101.800	110.850	116.511	121.571	127.633
94	93.334	102.850	111.944	117.632	122.715	128.803
95	94.334	103.899	113.038	118.752	123.858	129.973
96	95.334	104.948	114.131	119.871	125.000	131.141
97	96.334	105.997	115.223	120.990	126.141	132.309
98	97.334	107.045	116.315	122.108	127.282	133.476
99	98.334	108.093	117.407	123.225	128.422	134.642
100	99.334	109.141	118.498	124.342	129.561	135.807
101	100.334	110.189	119.589	125.458	130.700	136.971
102	101.334	111.236	120.679	126.574	131.838	138.134
103	102.334	112.284	121.769	127.689	132.975	139.297
104	103.334	113.331	122.858	128.804	134.111	140.459
105	104.334	114.378	123.947	129.918	135.247	141.620
106	105.334	115.424	125.035	131.031	136.382	142.780
107	106.334	116.471	126.123	132.144	137.517	143.940
108	107.334	117.517	127.211	133.257	138.651	145.099
109	108.334	118.563	128.298	134.369	139.784	146.257
110	109.334	119.608	129.385	135.480	140.917	147.414

续表

自由度	显著性水平（α）					
111	110.334	120.654	130.472	136.591	142.049	148.571
112	111.334	121.699	131.558	137.701	143.180	149.727
113	112.334	122.744	132.643	138.811	144.311	150.882
114	113.334	123.789	133.729	139.921	145.441	152.037
115	114.334	124.834	134.813	141.030	146.571	153.191
116	115.334	125.878	135.898	142.138	147.700	154.344
117	116.334	126.923	136.982	143.246	148.829	155.496
118	117.334	127.967	138.066	144.354	149.957	156.648
119	118.334	129.011	139.149	145.461	151.084	157.800
120	119.334	130.055	140.233	146.567	152.211	158.950

附录 3：t 分布表

表 3

n	P(2):	0.5	0.2	0.1	0.05	0.02	0.01	0.005	0.002	0.001
	P(1):	0.25	0.1	0.05	0.025	0.01	0.005	0.002 5	0.001	0.000 5
1		1	3.078	6.314	12.706	31.821	63.657	127.321	318.309	636.619
2		0.816	1.886	2.92	4.303	6.965	9.925	14.089	22.327	31.599
3		0.765	1.638	2.353	3.182	4.541	5.841	7.453	10.215	12.924
4		0.741	1.533	2.132	2.776	3.747	4.604	5.598	7.173	8.61
5		0.727	1.476	2.015	2.571	3.365	4.032	4.773	5.893	6.869
6		0.718	1.44	1.943	2.447	3.143	3.707	4.317	5.208	5.959
7		0.711	1.415	1.895	2.365	2.998	3.499	4.029	4.785	5.408
8		0.706	1.397	1.86	2.306	2.896	3.355	3.833	4.501	5.041
9		0.703	1.383	1.833	2.262	2.821	3.25	3.69	4.297	4.781
10		0.7	1.372	1.812	2.228	2.764	3.169	3.581	4.144	4.587
11		0.697	1.363	1.796	2.201	2.718	3.106	3.497	4.025	4.437
12		0.695	1.356	1.782	2.179	2.681	3.055	3.428	3.93	4.318
13		0.694	1.35	1.771	2.16	2.65	3.012	3.372	3.852	4.221
14		0.692	1.345	1.761	2.145	2.624	2.977	3.326	3.787	4.14
15		0.691	1.341	1.753	2.131	2.602	2.947	3.286	3.733	4.073
16		0.69	1.337	1.746	2.12	2.583	2.921	3.252	3.686	4.015
17		0.689	1.333	1.74	2.11	2.567	2.898	3.222	3.646	3.965
18		0.688	1.33	1.734	2.101	2.552	2.878	3.197	3.61	3.922
19		0.688	1.328	1.729	2.093	2.539	2.861	3.174	3.579	3.883
20		0.687	1.325	1.725	2.086	2.528	2.845	3.153	3.552	3.85
21		0.686	1.323	1.721	2.08	2.518	2.831	3.135	3.527	3.819
22		0.686	1.321	1.717	2.074	2.508	2.819	3.119	3.505	3.792

续表

n	P(2): P(1):	0.5 0.25	0.2 0.1	0.1 0.05	0.05 0.025	0.02 0.01	0.01 0.005	0.005 0.002 5	0.002 0.001	0.001 0.000 5
23		0.685	1.319	1.714	2.069	2.5	2.807	3.104	3.485	3.768
24		0.685	1.318	1.711	2.064	2.492	2.797	3.091	3.467	3.745
25		0.684	1.316	1.708	2.06	2.485	2.787	3.078	3.45	3.725
26		0.684	1.315	1.706	2.056	2.479	2.779	3.067	3.435	3.707
27		0.684	1.314	1.703	2.052	2.473	2.771	3.057	3.421	3.69
28		0.683	1.313	1.701	2.048	2.467	2.763	3.047	3.408	3.674
29		0.683	1.311	1.699	2.045	2.462	2.756	3.038	3.396	3.659
30		0.683	1.31	1.697	2.042	2.457	2.75	3.03	3.385	3.646
31		0.682	1.309	1.696	2.04	2.453	2.744	3.022	3.375	3.633
32		0.682	1.309	1.694	2.037	2.449	2.738	3.015	3.365	3.622
33		0.682	1.308	1.692	2.035	2.445	2.733	3.008	3.356	3.611
34		0.682	1.307	1.091	2.032	2.441	2.728	3.002	3.348	3.601
35		0.682	1.306	1.69	2.03	2.438	2.724	2.996	3.34	3.591
36		0.681	1.306	1.688	2.028	2.434	2.719	2.99	3.333	3.582
37		0.681	1.305	1.687	2.026	2.431	2.715	2.985	3.326	3.574
38		0.681	1.304	1.686	2.024	2.429	2.712	2.98	3.319	3.566
39		0.681	1.304	1.685	2.023	2.426	2.708	2.976	3.313	3.558
40		0.681	1.303	1.684	2.021	2.423	2.704	2.971	3.307	3.551
50		0.679	1.299	1.676	2.009	2.403	2.678	2.937	3.261	3.496
60		0.679	1.296	1.671	2	2.39	2.66	2.915	3.232	3.46
70		0.678	1.294	1.667	1.994	2.381	2.648	2.899	3.211	3.436
80		0.678	1.292	1.664	1.99	2.374	2.639	2.887	3.195	3.416
90		0.677	1.291	1.662	1.987	2.368	2.632	2.878	3.183	3.402
100		0.677	1.29	1.66	1.984	2.364	2.626	2.871	3.174	3.39
200		0.676	1.286	1.653	1.972	2.345	2.601	2.839	3.131	3.34
500		0.675	1.283	1.648	1.965	2.334	2.586	2.82	3.107	3.31
1000		0.675	1.282	1.646	1.962	2.33	2.581	2.813	3.098	3.3
∞		0.674 5	1.281 6	1.644 9	1.960 0	2.326 3	2.575 8	2.807 0	3.090 2	3.290 5

附录4：标准正态分布函数表（形式1）

$$\phi(x) = \int_{-\infty}^{x} \frac{1}{\sqrt{2\pi}} e^{-\frac{t^2}{2}} dt$$

表 4

$\phi(x)$ x / x	0	0.01	0.02	0.03	0.04	0.05	0.06	0.07	0.08	0.09
0	0.500 0	0.504 0	0.508 0	0.512 0	0.516 0	0.519 9	0.523 9	0.527 9	0.531 9	0.535 9
0.1	0.539 8	0.543 8	0.547 8	0.551 7	0.555 7	0.559 6	0.563 6	0.567 5	0.571 4	0.575 3
0.2	0.579 3	0.583 2	0.587 1	0.591	0.594 8	0.598 7	0.602 6	0.606 4	0.610 3	0.614 1
0.3	0.617 9	0.621 7	0.625 5	0.629 3	0.633 1	0.636 8	0.640 6	0.644 3	0.648	0.651 7
0.4	0.655 4	0.659 1	0.662 8	0.666 4	0.67	0.673 6	0.677 2	0.680 8	0.684 4	0.687 9
0.5	0.691 5	0.695	0.698 5	0.701 9	0.705 4	0.708 8	0.712 3	0.715 7	0.719	0.722 4
0.6	0.725 7	0.729 1	0.732 4	0.735 7	0.738 9	0.742 2	0.745 4	0.748 6	0.751 7	0.754 9
0.7	0.758	0.761 1	0.764 2	0.767 3	0.770 3	0.773 4	0.776 4	0.779 4	0.782 3	0.785 2
0.8	0.788 1	0.791	0.793 9	0.796 7	0.799 5	0.802 3	0.805 1	0.807 8	0.810 6	0.813 3
0.9	0.815 9	0.818 6	0.821 2	0.823 8	0.826 4	0.828 9	0.831 5	0.834	0.836 5	0.838 9
1	0.841 3	0.843 8	0.846 1	0.848 5	0.850 8	0.853 1	0.855 4	0.857 7	0.859 9	0.862 1
1.1	0.864 3	0.866 5	0.868 6	0.870 8	0.872 9	0.874 9	0.877	0.879	0.881	0.883
1.2	0.884 9	0.886 9	0.888 8	0.890 7	0.892 5	0.894 4	0.896 2	0.898	0.899 7	0.901 5
1.3	0.903 2	0.904 9	0.906 6	0.908 2	0.909 9	0.911 5	0.913 1	0.914 7	0.916 2	0.917 7
1.4	0.919 2	0.920 7	0.922 2	0.923 6	0.925 1	0.926 5	0.927 8	0.929 2	0.930 6	0.931 9
1.5	0.933 2	0.934 5	0.935 7	0.937	0.938 2	0.939 4	0.940 6	0.941 8	0.943	0.944 1
1.6	0.945 2	0.946 3	0.947 4	0.948 4	0.949 5	0.950 5	0.951 5	0.952 5	0.953 5	0.954 5
1.7	0.955 4	0.956 4	0.957 3	0.958 2	0.959 1	0.959 9	0.960 8	0.961 6	0.962 5	0.963 3
1.8	0.964 1	0.964 8	0.965 6	0.966 4	0.967 1	0.967 8	0.968 6	0.969 3	0.97	0.970 6
1.9	0.971 3	0.971 9	0.972 6	0.973 2	0.973 8	0.974 4	0.975	0.975 6	0.976 2	0.976 7
2	0.977 2	0.977 8	0.978 3	0.978 8	0.979 3	0.979 8	0.980 3	0.980 8	0.981 2	0.981 7

续表

$\phi(x)$ x / x	0	0.01	0.02	0.03	0.04	0.05	0.06	0.07	0.08	0.09
2.1	0.982 1	0.982 6	0.983	0.983 4	0.983 8	0.984 2	0.984 6	0.985	0.985 4	0.985 7
2.2	0.986 1	0.986 4	0.986 8	0.987 1	0.987 4	0.987 8	0.988 1	0.988 4	0.988 7	0.989
2.3	0.989 3	0.989 6	0.989 8	0.990 1	0.990 4	0.990 6	0.990 9	0.991 1	0.991 3	0.991 6
2.4	0.991 8	0.992 0	0.992 2	0.992 5	0.992 7	0.992 9	0.993 1	0.993 2	0.993 4	0.993 6
2.5	0.993 8	0.994 0	0.994 1	0.994 3	0.994 5	0.994 6	0.994 8	0.994 9	0.995 1	0.995 2
2.6	0.995 3	0.995 5	0.995 6	0.995 7	0.995 9	0.996	0.996 1	0.996 2	0.996 3	0.996 4
2.7	0.996 5	0.996 6	0.996 7	0.996 8	0.996 9	0.997	0.997 1	0.997 2	0.997 3	0.997 4
2.8	0.997 4	0.997 5	0.997 6	0.997 7	0.997 7	0.997 8	0.997 9	0.997 9	0.998	0.998 1
2.9	0.998 1	0.998 2	0.998 2	0.998 3	0.998 4	0.998 4	0.998 5	0.998 5	0.998 6	0.998 6
3	0.998 7	0.999 0	0.999 3	0.999 5	0.999 7	0.999 8	0.999 8	0.999 9	0.999 9	1
3.1	0.999 032	0.999 065	0.999 096	0.999 126	0.999 155	0.999 184	0.999 211	0.999 238	0.999 264	0.999 289
3.2	0.999 313	0.999 336	0.999 359	0.999 381	0.999 402	0.999 423	0.999 443	0.999 462	0.999 481	0.999 499
3.3	0.999 517	0.999 534	0.999 550	0.999 566	0.999 581	0.999 596	0.999 610	0.999 624	0.999 638	0.999 660
3.4	0.999 663	0.999 675	0.999 687	0.999 698	0.999 709	0.999 720	0.999 730	0.999 740	0.999 749	0.999 760
3.5	0.999 767	0.999 776	0.999 784	0.999 792	0.999 800	0.999 807	0.999 815	0.999 822	0.999 828	0.999 885
3.6	0.999 841	0.999 847	0.999 853	0.999 858	0.999 864	0.999 869	0.999 874	0.999 879	0.999 883	0.999 880
3.7	0.999 892	0.999 896	0.999 900	0.999 904	0.999 908	0.999 912	0.999 915	0.999 918	0.999 922	0.999 926
3.8	0.999 928	0.999 931	0.999 933	0.999 936	0.999 938	0.999 941	0.999 943	0.999 946	0.999 948	0.999 950
3.9	0.999 952	0.999 954	0.999 956	0.999 958	0.999 959	0.999 961	0.999 963	0.999 964	0.999 966	0.999 967
4	0.999 968	0.999 970	0.999 971	0.999 972	0.999 973	0.999 974	0.999 975	0.999 976	0.999 977	0.999 978
4.1	0.999 979	0.999 980	0.999 981	0.999 982	0.999 983	0.999 983	0.999 984	0.999 985	0.999 985	0.999 986
4.2	0.999 987	0.999 987	0.999 988	0.999 988	0.999 989	0.999 989	0.999 990	0.999 990	0.999 991	0.999 991
4.3	0.999 991	0.999 992	0.999 992	0.999 930	0.999 993	0.999 993	0.999 993	0.999 994	0.999 994	0.999 994
4.4	0.999 995	0.999 995	0.999 995	0.999 995	0.999 996	0.999 996	0.999 996	1.000 000	0.999 996	0.999 996
4.5	0.999 997	0.999 997	0.999 997	0.999 997	0.999 997	0.999 997	0.999 997	0.999 998	0.999 998	0.999 998
4.6	0.999 998	0.999 998	0.999 998	0.999 998	0.999 998	0.999 998	0.999 998	0.999 998	0.999 999	0.999 999
4.7	0.999 999	0.999 999	0.999 999	0.999 999	0.999 999	0.999 999	0.999 999	0.999 999	0.999 999	0.999 999
4.8	0.999 999	0.999 999	0.999 999	0.999 999	0.999 999	0.999 999	0.999 999	0.999 999	0.999 999	0.999 999
4.9	1.000 000	1.000 000	1.000 000	1.000 000	1.000 000	1.000 000	1.000 000	1.000 000	1.000 000	1.000 000

附录 5：Mackinnon 临界值表

Tables referenced in MacKinnon, D.P., Lockwood, C.M., Hoffman, J.M., West, S.G.& heets. V. (in press, 2002). A comparison of methods to test mediation and other intervening variable effects. Psychological Methods.

Cumulative Frequency distribution, 10 000 replications, no mediated effect, all continuous variables（累积频率分布，10 000 次重复，无中介效应，所有连续变量）.

表 5

cum %	Sample Size									
	50		100		200		500		1000	
	/se	zz	/se	zz	/se	zz	/se	zz	/se	zz
1	−1.100	−3.100	−1.074	−3.041	−1.112	−3.094	−1.051	−2.824	−1.095	−3.113
2	−0.952	−2.425	−0.938	−2.413	−0.969	−2.509	−0.916	−2.286	−0.964	−2.452
3	−0.871	−2.105	−0.852	−2.041	−0.871	−2.132	−0.830	−1.943	−0.859	−2.094
4	−0.796	−1.851	−0.787	−1.821	−0.760	−1.872	−0.768	−1.722	−0.796	−1.836
5	−0.738	−1.647	−0.747	−1.660	−0.713	−1.673	−0.705	−1.573	−0.736	−1.641
6	−0.688	−1.486	−0.700	−1.538	−0.663	−1.522	−0.669	−1.423	−0.693	−1.477
7	−0.650	−1.360	−0.657	−1.392	−0.617	−1.400	−0.633	−1.306	−0.649	−1.376
8	−0.610	−1.241	−0.621	−1.288	−0.580	−1.278	−0.594	−1.216	−0.608	−1.222
9	−0.573	−1.161	−0.586	−1.187	−0.548	−1.171	−0.558	−1.122	−0.575	−1.139
10	−0.546	−1.079	−0.555	−1.098	−0.518	−1.065	−0.532	−1.031	−0.547	−1.056
11	−0.516	−0.996	−0.528	−1.031	−0.492	−0.993	−0.508	−0.959	−0.519	−0.998
12	−0.491	−0.930	−0.507	−0.958	−0.468	−0.925	−0.486	−0.892	−0.494	−0.938
13	−0.466	−0.860	−0.474	−0.892	−0.443	−0.866	−0.464	−0.834	−0.474	−0.871
14	−0.437	−0.802	−0.453	−0.829	−0.421	−0.808	−0.441	−0.782	−0.443	−0.818
15	−0.417	−0.749	−0.428	−0.761	−0.401	−0.756	−0.417	−0.735	−0.425	−0.760
16	−0.393	−0.683	−0.401	−0.706	−0.386	−0.695	−0.397	−0.684	−0.404	−0.700
17	−0.376	−0.638	−0.384	−0.665	−0.364	−0.649	−0.375	−0.642	−0.383	−0.655
18	−0.353	−0.598	−0.361	−0.617	−0.351	−0.619	−0.359	−0.600	−0.368	−0.623
19	−0.336	−0.565	−0.343	−0.570	−0.333	−0.585	−0.341	−0.555	−0.349	−0.593
20	−0.321	−0.535	−0.324	−0.528	−0.318	−0.543	−0.325	−0.518	−0.334	−0.551

续表

cum %	Sample Size									
	50		100		200		500		1000	
	/se	zz	/se	zz	/se	zz	/se	zz	/se	zz
21	−0.304	−0.500	−0.307	−0.496	−0.299	−0.510	−0.308	−0.484	−0.316	−0.515
23	−0.274	−0.434	−0.271	−0.433	−0.265	−0.447	−0.269	−0.426	−0.287	−0.459
24	−0.261	−0.402	−0.256	−0.401	−0.250	−0.412	−0.254	−0.393	−0.269	−0.428
25	−0.245	−0.375	−0.240	−0.369	−0.235	−0.386	−0.239	−0.361	−0.253	−0.395
26	−0.232	−0.351	−0.226	−0.343	−0.221	−0.360	−0.224	−0.337	−0.241	−0.365
27	−0.217	−0.326	−0.212	−0.316	−0.204	−0.328	−0.210	−0.313	−0.228	−0.339
28	−0.205	−0.301	−0.198	−0.294	−0.192	−0.302	−0.197	−0.288	−0.214	−0.317
29	−0.191	−0.279	−0.186	−0.270	−0.179	−0.278	−0.184	−0.265	−0.201	−0.297
30	−0.181	−0.260	−0.175	−0.252	−0.165	−0.256	−0.173	−0.246	−0.187	−0.276
31	−0.167	−0.243	−0.164	−0.232	−0.152	−0.233	−0.159	−0.221	−0.178	−0.252
32	−0.156	−0.224	−0.156	−0.214	−0.139	−0.215	−0.147	−0.205	−0.164	−0.232
33	−0.143	−0.205	−0.144	−0.194	−0.128	−0.197	−0.138	−0.187	−0.151	−0.212
34	−0.134	−0.185	−0.131	−0.176	−0.117	−0.178	−0.128	−0.172	−0.138	−0.196
35	−0.123	−0.169	−0.120	−0.162	−0.107	−0.160	−0.116	−0.159	−0.129	−0.178
36	−0.113	−0.152	−0.110	−0.147	−0.099	−0.144	−0.103	−0.140	−0.117	−0.161
37	−0.102	−0.138	−0.099	−0.132	−0.090	−0.130	−0.094	−0.124	−0.106	−0.146
38	−0.092	−0.124	−0.087	−0.120	−0.081	−0.118	−0.082	−0.109	−0.097	−0.130
39	−0.083	−0.108	−0.079	−0.106	−0.073	−0.106	−0.073	−0.096	−0.087	−0.117
40	−0.074	−0.097	−0.070	−0.091	−0.065	−0.096	−0.064	−0.085	−0.078	−0.103
41	−0.065	−0.085	−0.060	−0.078	−0.059	−0.085	−0.057	−0.073	−0.069	−0.094
42	−0.057	−0.073	−0.052	−0.067	−0.052	−0.075	−0.049	−0.062	−0.062	−0.079
43	−0.049	−0.064	−0.043	−0.055	−0.044	−0.065	−0.041	−0.051	−0.054	−0.066
44	−0.042	−0.054	−0.036	−0.044	−0.037	−0.054	−0.034	−0.042	−0.045	−0.055
45	−0.035	−0.045	−0.029	−0.035	−0.029	−0.044	−0.027	−0.034	−0.038	−0.046
46	−0.028	−0.034	−0.022	−0.027	−0.022	−0.035	−0.021	−0.026	−0.030	−0.036
47	−0.022	−0.026	−0.016	−0.019	−0.017	−0.027	−0.016	−0.019	−0.023	−0.028
48	−0.009	−0.011	−0.005	−0.006	−0.003	−0.011	−0.006	−0.007	−0.011	−0.012

Cumulative Frequency distribution, 10 000 replications, small mediated effect (=0.14, = 0.14), all continuous variables（累积频率分布，10 000 次重复，小介导效应（ = 0.14，=0.14），所有连续变量）Mackinnon 临界值表。

表 6

cum %	Sample Size									
	50		100		200		500		1 000	
	/se	zz	/se	zz	/se	zz	/se	zz	/se	zz
1	−0.968	−2.635	−0.825	−2.311	−0.477	−1.141	0.479	1.406	1.669	7.177
2	−0.803	−1.994	−0.634	−1.600	−0.272	−0.600	0.757	2.143	1.821	8.264
3	−0.698	−1.633	−0.518	−1.208	−0.155	−0.310	0.862	2.565	1.912	8.895
4	−0.631	−1.364	−0.436	−0.986	−0.054	−0.129	0.933	2.940	1.978	9.497
5	−0.543	−1.183	−0.371	−0.769	0.001	0.003	1.012	3.249	2.037	10.027
6	−0.494	−1.035	−0.323	−0.633	0.066	0.108	1.061	3.503	2.102	10.516
7	−0.449	−0.910	−0.280	−0.525	0.124	0.223	1.115	3.750	2.157	10.897
8	−0.418	−0.806	−0.238	−0.424	0.172	0.341	1.166	3.969	2.199	11.175
9	−0.373	−0.715	−0.189	−0.335	0.215	0.439	1.205	4.190	2.239	11.517
10	−0.343	−0.645	−0.149	−0.268	0.266	0.523	1.245	4.374	2.271	11.817
11	−0.313	−0.568	−0.120	−0.201	0.300	0.608	1.287	4.509	2.305	12.119
12	−0.288	−0.499	−0.082	−0.135	0.334	0.709	1.321	4.674	2.333	12.348
13	−0.259	−0.438	−0.051	−0.082	0.370	0.804	1.351	4.842	2.364	12.566
14	−0.238	−0.393	−0.026	−0.043	0.406	0.893	1.379	5.003	2.391	12.782
15	−0.215	−0.346	−0.004	−0.004	0.437	0.978	1.409	5.167	2.412	13.021
16	−0.189	−0.309	0.017	0.028	0.467	1.053	1.434	5.346	2.436	13.225
17	−0.165	−0.272	0.045	0.067	0.495	1.131	1.462	5.510	2.457	13.514
18	−0.145	−0.232	0.069	0.103	0.520	1.201	1.487	5.638	2.483	13.725
19	−0.124	−0.199	0.093	0.144	0.545	1.279	1.510	5.780	2.501	13.964
20	−0.107	−0.166	0.115	0.182	0.570	1.350	1.536	5.918	2.519	14.124
21	−0.089	−0.132	0.137	0.226	0.599	1.421	1.558	6.065	2.542	14.324
22	−0.074	−0.107	0.161	0.269	0.623	1.507	1.578	6.182	2.561	14.521
23	−0.059	−0.083	0.181	0.311	0.645	1.577	1.601	6.290	2.582	14.699
24	−0.042	−0.060	0.201	0.348	0.672	1.650	1.618	6.396	2.597	14.840

注：完整的 2002 年版的 Mackinnon 临界值表很长，本附表只选取了部分数据。

附录 6：Dickey-Fuller（DF）单位根临界值表

Response Surface Study, MacKinnon 1991（曲线研究，麦金农 1991）

陕西理工大学张正新整理解释

临界值计算公式：$c_\alpha = \beta_0 + \beta_1 T^{-1} + \beta_2 T^{-2}$

其中：T 表示样本容量；N 表示变量数（包括解释变量和被解释变量）；α 表示显著水平。例如如果样本容量为 27 个，变量个数有 2 个，Dickey-Fuller 单位根测试方程公式里只含有截距项 C，给定显著性 α 为 5%，那么临界值计算结果为：

$$C(\alpha) = -2.8621 + (-2.783/29) + (-8.36/29^{\wedge}2) = -2.96645434$$

然后用 DF 检验的临界值与 EViews 中 DF 检验分析报告中的 T Test critical values 对应的值进行比较。

表 7

公式变量选项	None 没有截距项 C 和时间趋势项			intercept 含有截距项 C			trend and intercept 有截距项 C 和时间趋势项		
α	1%	5%	10%	1%	5%	10%	1%	5%	10%
$\beta 0$	2.5658	−1.9393	−1.6156	−3.4335	−2.8621	−2.5671	−3.9638	−3.4126	−3.1279
$\beta 1$	−1.96	−0.398	−0.181	−5.999	−2.738	−1.438	−8.353	−4.039	−2.418
$\beta 2$	−10.04	0	0	−29.25	−8.36	−4.48	−47.44	−17.83	−7.58
常见样本容量的 DF 检验的临界值									
公式变量选项	None 没有截距项 C 和时间趋势项			intercept 含有截距项 C			trend and intercept 有截距项 C 和时间趋势项		
α	1%	5%	10%	1%	5%	10%	1%	5%	10%
25 T	−2.66	−1.96	−1.62	−3.72	−2.98	−2.63	−4.37	−3.60	−3.24
50 T	−2.61	−1.95	−1.62	−3.57	−2.92	−2.60	−4.15	−3.50	−3.18
75 T	−2.59	−1.94	−1.62	−3.52	−2.90	−2.59	−4.08	−3.47	−3.16
100 T	−2.59	−1.94	−1.62	−3.50	−2.89	−2.58	−4.05	−3.45	−3.15
200 T	−2.58	−1.94	−1.62	−3.46	−2.88	−2.57	−4.01	−3.43	−3.14
∞T	−2.57	−1.94	−1.62	−3.43	−2.86	−2.57	−4.96	−3.41	−3.13

附录 7：EG 协整临界值表

Engel-Granger cointegration critical values（恩格尔-格兰杰协整关键值）
陕西理工大学张正新整理解释

其中：T 表示调整后的样本容量；N 表示变量数（包括解释变量和被解释变量）；α 表示显著水平。

协整检验临界值表中的截距项 C（常数项）和时间趋势项指的是 OLS 回归方程中是否含截距项 C（常数项）和时间趋势项，并不是指残差 EG 单位根检验式是否包含截距项 C（常数项）和时间趋势项，残差检验式只是无截距项 C（常数项）和时间趋势项情形。

N 表示协整回归中所含变量个数——被解释变量加所有解释变量个数。例如：如果样本容量为 34 个，变量个数有 2 个协整回归方程里含有截距项 C，给定显著性 α 为 5%，那么 EG 协整检验临界值计算结果为：

$$C(\alpha) = -3.780\,9 + (-9.421/34) + (-15.06/34^2) = -4.071\,015\,17$$

然后用 EG 检验的临界值与 EViews 中 EG 检验分析报告表中对应的值进行比较。

N = Number of variables = 2（变量的数量=2）

表 8

公式变量选项	None 没有截距项 C 和时间趋势项			intercept 含有截距项 C			trend and intercept 有截距项 C 和时间趋势项		
α	1%	5%	10%	1%	5%	10%	1%	5%	10%
β_0	-3.900 1	-3.337 7	-3.046 2	-4.326 6	-3.780 9	-3.495 9	-3.900 1	-3.337 7	-3.046 2
β_1	-10.534	-5.967	-4.069	-12.531	-9.421	-7.203	-10.534	-5.967	-4.069
β_2	-30.03	-8.98	-5.73	-34.03	-15.06	-4.01	-30.03	-8.98	-5.73
常见样本容量的 EG 检验的临界值									
公式变量选项	None 没有截距项 C 和时间趋势项			intercept 含有截距项 C			trend and intercept 有截距项 C 和时间趋势项		
α	1%	5%	10%	1%	5%	10%	1%	5%	10%
25T				-4.37	-3.59	-3.22	-5.00	-4.18	-3.79
50T				-4.12	-3.46	-3.13	-4.65	-3.98	-3.64
75T				-4.05	-3.42	-3.10	-4.54	-3.91	-3.59
100T				-4.01	-3.40	-3.09	-4.49	-3.88	-3.57
200T				-3.95	-3.37	-3.07	-4.41	-3.83	-3.53
∞T				-3.90	-3.34	-3.05	-4.33	-3.78	-3.50

表 9

N = Number of variables = 3（变量的数量=3）

公式变量选项	None 没有截距项 C 和时间趋势项			intercept 含有截距项 C			trend and intercept 有截距项 C 和时间趋势项		
α	1%	5%	10%	1%	5%	10%	1%	5%	10%
$\beta 0$				−4.298 1	−3.742 9	−3.451 8	−4.667 6	−4.119 3	−3.834 4
$\beta 1$				−13.790	−8.352	−6.241	−18.492	−12.024	−9.188
$\beta 2$				−46.37	−13.41	−2.79	−49.35	−13.13	−4.85
常见样本容量的 EG 检验的临界值									

公式变量选项	None 没有截距项 C 和时间趋势项			intercept 含有截距项 C			trend and intercept 有截距项 C 和时间趋势项		
α	1%	5%	10%	1%	5%	10%	1%	5%	10%
25T				−4.92	−4.10	−3.71	−5.49	−4.62	−4.21
50T				−4.59	−3.92	−3.58	−5.06	−4.37	−4.02
75T				−4.49	−3.86	−3.54	−4.92	−4.28	−3.96
100T				−4.44	−3.83	−3.51	−4.86	−4.24	−3.93
200T				−4.37	−3.78	−3.48	−4.76	−4.18	−3.88
∞T				−4.30	−3.74	−3.45	−4.67	−4.12	−3.83

表 10

N = Number of variables = 4（变量的数量=4）

公式变量选项	None 没有截距项 C 和时间趋势项			intercept 含有截距项 C			trend and intercept 有截距项 C 和时间趋势项		
α	1%	5%	10%	1%	5%	10%	1%	5%	10%
$\beta 0$				−4.667 6	4.119 3	3.834 4	4.649 3	4.100 0	3.811 0
$\beta 1$				−18.492	12.024	9.188	17.188	10.745	8.317
$\beta 2$				−59.2	21.57	5.19	50.22	19.54	9.88
常见样本容量的 EG 检验的临界值									

公式变量选项	None 没有截距项 C 和时间趋势项			intercept 含有截距项 C			trend and intercept 有截距项 C 和时间趋势项		
α	1%	5%	10%	1%	5%	10%	1%	5%	10%
25T				−5.50	−4.63	−4.21	−5.42	−4.56	−4.16
50T				−5.06	−4.37	−4.02	−5.01	−4.32	−3.98
75T				−4.92	−4.28	−3.96	−4.89	−4.25	−3.92
100T				−4.86	−4.24	−3.93	−4.83	−4.21	−3.90
200T				−4.76	−4.18	−3.88	−4.74	−4.15	−3.85
∞T				−4.67	−4.12	−3.83	−4.65	−4.10	−3.81

附录8：EViews7.0及9.0英文菜单汉化解释

EViews菜单在不同的窗口有不同的菜单，菜单的名称、数量和子菜单取决于用户当前操作的对象，现就主菜单的英文菜单汉化解释如下。

表11

主菜单名	汉语含义	子菜单名及汉语含义
File	文件	New——新建 Open——打开 Save——保存 Save As——另存为、 Close——关闭 Import——输入（导入）文件 Export——出口（输出）文件 Print——打印 Print Setup——打印设置 Run——运行 Exit——退出
Edit	编辑	Undo——撤销 Cut——剪切 Copy——复制 Paste——粘贴 Paste Special——选择性粘贴 Delete——删除 Find——查找 Replace——替换 Next——下一个 Insert Text File——插入文本文件
Object	对象	New Object——创建新对象 Generateseries——创建系列 Fetch From DB——从外部数据文件中获取序列值… Managelinksformulae——管理链接公式 Updateselected——选择更新（7.0版无此项，9.0版有） Store selected to DB——选择对象存储到数据库 Copy Object——复制对象（7.0版有此项，9.0版没有） Renameselected——更名选择的对象 Deleteselected——删除选择的对象 Printselected——打印选择的对象

续表

主菜单名	汉语含义	子菜单名及汉语含义
View	查看	Noneavailable for this window——没有可用于此窗口（没打开或选择对象时），如果打开或选择了对象，那么不同的对象窗口"View"的子菜单不一样。
Proc	程序 （也称"过程"或"处理"）	Set Sample——设置样本 Structure/ resizecurrent page——调整当前页面数据结构大小 append tocurrent page——更改当前工作表文件附加说明 contractcurrent page——压缩当前文档数据范围 reshape current page——恢复重塑当前页面 Copy/extract fromcurrent page——从当前页面复制/提取 Sortcurrent page——当前页面排序 Load workfile Page——加载工作文件页面 Save workfile Page——保存工作文件页面 Renameworkfile Page——重新命名当前工作文件页面 Delete workfile Page——删除当前工作文件页面 Import——输入（导入）其他工作文件页面或文件 Export——出口（输出）工作文件页面到其他文件或页面
Quick	快速	Sample——样本 Generate Series——生成序列 Show——展示 Graph——制作图表 Empty Group（Edit Series）——添加无值的空组（编辑系列） Series Statistics——序列统计 Group Statistics——序列组数据描述性统计：平均、最大、最小、误差、协方差、矩阵等等统计 Estimate Equation——建立估计方程 Estimate VAR——添加估计自定义变量
Options	选项	General Options——图形一般常规选项 Graphics defaults——图形默认的线性、颜色、大小等 Database Registry——数据库注册表 EViews auto update Form Web——EViews自动更新来自网站
Add-ins	加载项 是对标准EViews菜单和命令行程序的无缝访问来扩展编程的工具。创建一个加载项是一个简单的过程，只需要为现有的EViews程序定义一个命令和菜单项	Manage Add-ins——管理加载项 Download Add-ins——下载加载项和库包 请记住，加载项不仅仅适用于EViews程序员，EViews9.0还有以下子菜单： Manage User objects——管理用户对象 Download User objects——下载用户对象

续表

主菜单名	汉语含义	子菜单名及汉语含义
Window	窗口	Cascade——级联 close all——全部关闭 close allobjects——关闭全部对象 toggle Command docking——切换命令窗口位置形状 swap Command Edit focus——交换命令编辑焦点 activatenext——激活下一个
Help	帮助	EViews help topics——EViews 帮助主题 …… EViews7.0 有 14 个子帮助菜单；EViews9.0 有 16 个子帮助菜单

附录9：模型回归分析报告表中英文术语简介

1. Dependent Variable：因变量。
2. Method： Least quares：方程模型建立的方法——最小二乘法。
3. Sample：样本区间。
4. Included observations：包含的观察值，即包含的观察样本数量。
5. Ccoefficient： 回归系数，也叫斜率项 β。回归系数的正负要符合理论和实际。截距顶的回归系数无论是否通过 T 检验都没有实际的经济意义。
6. Std. Error：回归系数的标准误差。标准误差越大，回归系数的估计值越不可靠。
7. t-Statistic：T 统计值。T 值检验回归系数是否等于某一特定值，在回归方程中这一特定值为 0，因此 T 值=回归系数/回归系数的标准误差。T 值的正负应该与回归系数的正负一致，回归系数的标准误差越大，T 值越小，回归系数的估计值越不可靠，越接近于 0。另外，回归系数的绝对值越大，T 值的绝对值越大。一般的置信度大概看是不是接近 2 或比 2 大。
8. Prob：概率，一般称 P 值。P 值为理论 T 值超越样本 T 值的概率，应该联系显著性水平 α 相比，α 表示原假设成立的前提下，理论 T 值超过样本 T 值的概率，当 P 值<α 值，说明这种结果实际出现的概率比在原假设成立的前提下这种结果出现的可能性还小但它偏偏出现了，因此拒绝接受原假设。
9. R-squared：决定系数拟合度 R^2。可决系数表示解释变量对被解释变量的解释贡献，决定系数拟合度 R^2，表示在回归方程中，自变量对因变量的解释比例，这一比例越大，回归方程可以解释的部分越多，模型越精确，回归的效果越显著。R^2 是一个介于 0 到 1 的数，越接近 1 说明回归拟合效果越好。一般地，如果 R^2 取值超过 0.8，认为模型的拟合优度比较高。
10. Adjusted R-squared：调整后的可决系数，即经自由度修正后的可决系数，从计算公式可知调整后的可决系数小于可决系数，并且可决系数可能为负，此时说明模型极不可靠。
11. S.E. of regression：回归标准误差 $\hat{\sigma}_u$。残差的经自由度修正后的标准差，OLS 的实质其实就是使均方差最小化，而均方差与此的区别就是没有经过自由度修正。
12. Sum squared resid：残差平方和，简称 RSS。在异方差检验时，戈德费尔德-匡特检验法需要使用残差平方和计算 F 统计量，比较与临界值的大小关系，进而确定是否存在异方差。
13. Log likelihooa：对数似然估计函数值，简称 L 值。残差越小，L 值越大，越大说明模型越正确。

极大似然估计法。极大似然估计法虽然没有 OLS 运用广泛，但它是一个具有更强理论性质的点估计方法。极大似然估计的出发点是已知被观测现象的分布，但不知道其参数。极大似然法用得到观测值（样本）最高概率（离散分布以概率聚集函数表示，连续分布以概率密度函数表示。因为要使样本中所有样本点都出现，假定抽样是随机的，则各个样本点是独立同分布的，所以最后总的概率表现为概率聚集函数或者概率密度函数的连乘形式，称之为似然函数。要取最大概率，即将似然函数对未知参数求导令导数等于 0 即可获得极大似然函数。一般为简化函数的处理过程都会对似然函数进行对数化处理，这样最后得到的极大似然函数就称之为对数极大似然函数的那些参数的值来估计该分布的参数，从而提供一种用于估计刻画一个分布的一组参数的方法。

对数似然估计函数值。对数似然估计函数值一般取负值，实际值（不是绝对值）越大越好。第一，基本推理。对于似然函数，如果是离散分布，最后得到的数值直接就是概率，取值区间为 0～1，对数化之后的值就是负数了；如果是连续变量，因为概率密度函数的取值区间并不局限于 0～1，所以最后得到的似然函数值不是概率而只是概率密度函数值，这样对数化之后的正负就不确定了。第二，EViews 的计算公式解释。公式值的大小关键取之于残差平方和（以及样本容量），只有当残差平方和与样本容量的比值很小时，括号内的值才可能为负，从而公式值为正，说明参数拟合效度很高；反之公式值为负，但其绝对值越小表示残差平方和越小，因而参数拟合效度越高。

14. F-statistic：F 统计量。F 统计量考量的是所有解释变量整体的显著性，所以 F 检验通过并不代表每个解释变量的 t 值都通过检验。当然，对于一元线性回归，T 检验与 F 检验是等价的。

15. prob (F-statistic)：相伴概率，F 统计量的概率 P 值。F 统计量的双尾或者单尾概率值，一般来说 F 检验统计量是检验整个方程的显著性的。

16. Mean dependent var：被解释变量的样本均值。

17. S.D. dependent var：被解释变量的样本标准误差，是解释变量的样本标准差。

18. Akaike info criterion：赤池信息准则，简称 AIC 准则。判断滞后阶数的，越小越好。一般理解：根据 AIC 的计算公式（$-2 \times L/N + 2 \times k/N$，$L$ 为对数似然估计函数值，k 为滞后阶数，N 为样本容量）可知：当滞后阶数小时，$2 \times k/N$ 小，但因为模型的模拟效果会比较差所以 L（负值）会比较小，加上负号之后则变得较大，因此最后的 AIC 有可能较大；当滞后阶数大时，模型的模拟效果会比较好所以 L（负值）会比较大，加上负号之后则变得较小，但是 $2 \times k/N$ 过大（损失自由度的代价），因此最后的 AIC 也有可能较大。综上，AIC 较小意味着滞后阶数较为合适。

19. Schwarz criterion：施瓦茨准则，简称 SC 准则。其检验思想也是通过比较不同分布滞后模型的拟合优度来确定合适的滞后期长度。检验过程：在模型中逐期添加滞后变量，直到 SC 值不再降低时为止，即选择使 SC 值达到最小的滞后期 k。SC 比更加 "严厉地处罚" 在模型中额外添加不重要的解释变量。

其值越小说明模型越精确。与 AIC 没有任何本质区别，只是加入样本容量的对数值以修正损失自由度的代价。

20. Hannan-Quinn criter：汉南-奎因准则，简称 HQC 准则。在统计方面，Hannan-Quinn criter 信息准则是模型选择的标准。它是赤池信息准则（AIC）和贝叶斯信息标准（BIC）的替代方案。

时间序列数据模型 DF 单位根检验主要观测比较的数值就是 Akaike info criterion（赤池信息准则）、Schwarz criterion（施瓦茨准则）和 Hannan-Quinn criter（汉南-奎因准则）。

21. Durbin-Watson stat：德宾-沃森统计量，也称 DW 检验值。DW 检验是计量经济和统计分析中常用的一种检验序列一阶自相关最常用的方法。DW 检验的基本思想：通过观察 Durbin-Watson stat 的值与 D-W 表的对应值，然后可判断模型有无自相关性。给出假设 H_0，$P=0$，随机干扰项不存在序列相关；H_1，$p \neq 0$，随机干扰项存在一阶序列相关。

参考文献

[1] 李子奈,潘文卿. 计量经济学[M]. 2版. 北京:高等教育出版社,2013.

[2] 高铁梅. 计量经济分析方法与建模:EViews 应用及实例[M]. 2版. 北京:清华大学出版,2009.

[3] 张晓峒. EViews 使用指南与案例[M]. 北京:机械工业出版社,2008.

[4] 杜江. 计量经济学及其应用[M]. 北京:机械工业出版社,2015.

[5] 傅征. 计量经济学实验教程[M]. 湖北:武汉大学出版社,2010.

[6] 刘巍. 陈昭计量经济软件 EViews6.0 建模方法与操作技巧[M]. 北京:机械工业出版社,2011.

[7] 赵国庆. 计量经济学[M]. 北京:中国人民大学出版社,2001.

[8] 邓翔,杜江,张蕊. 计量经济学[M]. 成都:四川大学出版社,2002.

[9] 沃尔特·恩格斯. 应用计量经济学:时间序列分析[M]. 3版. 杜江,袁景安,译. 北京:机械工业出版社,2012.

[10] 伯特 S 平狄克,丹尼尔 L 鲁宾菲尔德. 计量经济模型与经济预测[M]. 钱小军,等,译. 北京:机械工业出版社,1999.

[11] 成九雁,秦建华. 计量经济学在中国发展的轨迹[J],经济研究,2005(4).

后 记

我们处在一个伟大开放的时代,它让我们有机会了解和学习西方先进的经济理论和现代信息处理技术,同时也给我们带来了许多挑战,这需要我们勇于尝试与创新。从 2003 年开始尝试开设计量经济学实验课时,我们就有了出版基于 EViews 软件的计量经济学实验教材的设想。15 年来,我们每年都在编写和修改仅用于本校经济类专业的 EViews 实验指导书,现在我们的愿望终于要实现了。本次出版的《计量经济学实验指导书(适用于 EViews7.0—9.0)》教材,是对我们历年编写的非正式出版的 EViews 实验指导书的整理、修改和扩充,使其更准确具体,也较为系统全面,可以说是我们多年实践经验的结晶。

本书是陕西理工大学教材建设经费资助项目,对于学校对我们工作的认可和资助,我们深表感谢,同时还应该感谢同事同行的帮助与大力支持。

首先要感谢本校马静博士的鼎力相助。马静博士长期从事计量经济学教学,也多次参与本校 EViews 实验指导书的编写,在申请出版本教材的过程中,她做出了极大的贡献,可以说没有马老师的帮助就没有本书的顺利出版。另外,马静博士有较好的计量经济学和统计学理论功底,它对我们原来的 EViews 实验指导书中出现的理论性错误进行了纠正。在书稿完成之后,马静博士对其进行了全面的审查,提出了许多宝贵的修改意见,这对本书质量的提高有很大的帮助。

本书另外一个副主编王敏副教授是一位多年从事计量经济学理论和实验教学的老师,其理论和实践经验非常丰富,可以说她是一个双师型教师。在本书编写过程中,她不仅收集整理了一些新数据材料,而且多次组织学生对实验项目进行验证,修正了一些错误,对本书质量的提高有很大的作用。

我作为本书的主编,从 2003 年起一直从事经济管理类实验教学,熟悉多种经济类实验软件的操作,参与了我校历年 EViews 实验指导书的编写和修改,是本书的执笔人。在编写本书时,孙女刚出生,急需陪伴照顾,但却因承担着很多教学任务,加之为了本书的顺利出版,一年多来不仅牺牲了自己的节假日,还经常为撰写书稿而工作到深夜,无暇照顾家庭。尽管得到家人的理解和支持,但仍深感内疚。不过本书付梓后,也可以看作是对家人的一份特殊礼物吧。

本书初稿形成后,陕西理工大学经法学院国际贸易专业张云、陈坤、张忠欢等学生参与了实验项目的操作验证和文字校对，在此对他们的辛苦劳动和无私奉献一并表示感谢。

本书原计划采用双色印刷，原初稿中对需要强调和对比的文字、数据和图形线条都用了加粗加红标识。原初稿实验项目内容还有"截面数据实验""虚拟变量模型实验"和"EViews程序设计"等章节。但原初稿形成后，发现篇幅太长，又由于出版资金有限，故正式出版稿删除了许多章节，同时采用传统的黑白印刷，这是非常遗憾的。

尽管我们做出了不少努力，但因为知识能力和时间等原因，本书肯定存在不少缺点乃至错误，恳请大家批评指正。我们一定会在今后的实际教学中加以修正，同时，如果有机会我们下一个版本会采纳大家的建议，纠正本书的错误，弥补缺憾，使本书更加完善。

张正新

二〇一八年六月十八日于陕西理工大学